江西理工大学清江学术文库

中央苏区青年思想政治教育的实践与价值研究

周石其　黄芳　著

北京
冶金工业出版社
2019

内 容 提 要

本书从中央苏区青年思想政治教育开展的现实原因、得以顺利推行的原因以及发展的阶段阐述中央苏区青年思想政治教育工作的背景，从共产国际对苏区青年工作的指导、马克思主义经典著作的翻译和传播、革命实践中探索出来的青年思想政治教育理论等角度，概括了中央苏区青年思想政治教育的理论基础。从中央苏区青年思想政治教育的具体实践出发，归纳出中央苏区青年思想政治教育的原则、特点及作用，重点凝练了中央苏区青年思想政治教育的规律、基本内容、教育方法、历史经验、当代价值，作为中央苏区青年思想政治教育的启示。

本书可供高等院校思想政治教育专业以及相关专业师生阅读，也可供科研院所相关研究人员参考使用。

图书在版编目(CIP)数据

中央苏区青年思想政治教育的实践与价值研究/周石其，黄芳著.—北京：冶金工业出版社，2019.12
(江西理工大学清江学术文库)
ISBN 978-7-5024-8366-1

Ⅰ.①中…　Ⅱ.①周…　②黄…　Ⅲ.①中央苏区—青年—思想政治教育—研究　Ⅳ.①K269.407　②D432.62

中国版本图书馆CIP数据核字(2019)第289547号

出 版 人　陈玉千
地　　址　北京市东城区嵩祝院北巷39号　邮编　100009　电话　(010)64027926
网　　址　www.cnmip.com.cn　电子信箱　yjcbs@cnmip.com.cn
责任编辑　杨盈园　姜晓辉　美术编辑　彭子赫　版式设计　禹　蕊
责任校对　李　娜　责任印制　李玉山
ISBN 978-7-5024-8366-1
冶金工业出版社出版发行；各地新华书店经销；北京中恒海德彩色印刷有限公司印刷
2019年12月第1版，2019年12月第1次印刷
169mm×239mm；11印张；211千字；161页
49.00元

冶金工业出版社　投稿电话　(010)64027932　投稿信箱　tougao@cnmip.com.cn
冶金工业出版社营销中心　电话　(010)64044283　传真　(010)64027893
冶金工业出版社天猫旗舰店　yjgycbs.tmall.com
(本书如有印装质量问题，本社营销中心负责退换)

前　言

毛泽东同志曾经说过："世界是你们的，也是我们的，但是归根结底是你们的。你们青年人朝气蓬勃，正在兴旺时期，好像早晨八九点钟的太阳。希望寄托在你们身上。"青年在国家发展中起着重要的作用，党和国家特别关心青年和青年工作，始终坚持继承和发扬中国共产党人关注青年成长成才、重视青年教育培养的优良传统。

思想政治教育是教育群众、组织群众和动员群众为实现其自身利益而奋斗的强大思想武器，是一切工作的生命线。1932 年 7 月，中共中央在给苏区中央局及苏区闽赣两省省委的信中指出："政治工作在红军中有决定的意义，……政治工作不是附带的，而是红军的生命线"。[1]这里所说的"政治工作"就是思想政治教育。

即使在艰难困苦的斗争时期党都特别重视青年，重视对青年的思想政治教育。

中央苏区是第二次国内革命战争时期的中央革命根据地，是毛泽东、朱德等直接领导苏区军民在赣南、闽西红色割据区域开辟发展而来的，是中华苏维埃共和国党政军首脑机关所在地，"是全国苏维埃运动的大本营"。从 1929 年 1 月毛泽东、朱德、陈毅等率领红四军下井冈山，转战赣南、闽西，至 1934 年 10 月主力红军长征西去、根据地军民坚持游击战争，中央苏区通过党的建设、武装建设、群团建设和发展教育文化事业来加强对青年的思想政治教育，留下许多宝贵的精

---

❶ 中央档案馆.《中共中央文件选集》(1932～1933)［M］. 北京：中共中央党校出版社，1985：269.

神财富。

中央苏区时期，以毛泽东同志为代表的中国共产党人，以青年为主体，思想政治教育覆盖了其范围内围绕青年开展的宣传、教育、文艺、新闻、出版等各个精神层面的各类活动，形成了较系统的青年思想政治教育机制，改变了当地当时青年的心理和精神面貌，乃至青年群体的世界观、人生观、价值观和风俗习尚，较大鼓舞了苏区人民的革命斗志，为革命军队的主要力量提供了思想上的保障。❶ 中国共产党人在实践中也深刻意识到青年是进行革命的主力，大力加强青年的思想政治教育，是探索、开辟中国革命新道路的根本保证和必然要求，在实践中确立了青年思想政治教育的重要地位和基本原则，积累了宝贵的经验。

"青年兴，则国家兴；青年强，则国家强。"青年的进步与国家的进步息息相关。青年思想政治教育关系到党和国家的未来与发展。凝集青年，为革命胜利、巩固政权奠定了坚实的基础。中央苏区时期，广大青年身上体现出了不怕牺牲、无私奉献的精神，战争中，广大青年积极参军，支援战争。后期在敌人的军事"围剿"和对苏区经济封锁的情况下，青年们更是抛头颅、洒热血，同时在物质条件极度匮乏的条件下，正是青年的这种执着信念，巩固了苏维埃政权，巩固了中国共产党的执政地位。通过借鉴革命时期中央苏区青年的思想政治教育方法与经验，挖掘出中央苏区青年思想政治的当代价值，让青年们在思想上、心理上和行动上产生对国家的归属感与自豪感，为将来个人的成才和祖国的发展打好基础，正是撰写本书的意义。

本书以中央苏区青年思想政治教育工作的背景和理论为出发点，结合具体实践，分析中央苏区时期青年思想政治教育的背景，指出青

---

❶ 徐天兰，蒋永勤．中央苏区青年思想政治教育探究［J］．经贸实践，2015（13）：24.

年思想政治教育的理论基础，阐述群众团体、军队、学校、党政机关等领域中青年思想政治教育工作，总结出中央苏区时期青年思想政治教育的主体内容、特点、原则、规律，进而揭示青年思想政治教育的当代价值，在前人的研究基础上，较为全面、系统地进行了中央苏区青年思想政治教育的研究，为当下的青年思想政治教育工作的开展提供借鉴和参考。

在写作过程中，收集到了众多专家、学者的宝贵意见和建议，参阅了相关研究者的各类资料，在此一并表示衷心的感谢。引用和参考文献如有遗漏，敬请谅解。本书由周石其拟定提纲，周石其撰写了前言、第二至七章，黄芳撰写了第一、八章和后记，最后由周石其统稿。

因作者水平有限等方面的原因，本书还存在一些瑕疵和疏漏之处，恳请读者批评指正。

作　者

2019 年 10 月

目　录

第一章

中央苏区青年思想政治教育工作的背景

中央苏区时期，以毛泽东同志为代表的中国共产党人，在实践中深刻意识到思想政治教育工作的重要性，并且不断地在加强思想政治教育工作，时刻把思想政治教育工作摆在非常重要的位置。中国共产党在建党之初，就特别重视青年的力量，在思想政治教育中，将青年作为教育的重点对象，这是因为大力加强对青年的思想政治教育，是开辟中国革命新道路的根本保证和必然要求。中国共产党人通过艰辛探索，确立了青年思想政治教育的重要地位和基本原则，积累了宝贵的经验。

第一节　中央苏区青年思想政治教育开展的现实原因

一、党工作重心的转移

自 1840 年中国沦为半殖民地半封建社会以后，遭受着帝国主义和封建势力的双重压迫，举步维艰，人民大众饱受疾苦。寻求民族独立、国家富强成为人民大众的历史使命，中国青年也毫无疑问地被卷入民主革命的斗争中，成为探索民族独立的一支重要力量。在第二次国内革命战争时期，中国共产党人真正找到了一条农村包围城市、最后夺取城市道路、继续革命的大旗。中国同时也开拓了建立和发展人民大众的、科学的新民主主义教育的正确道路。党的工作重心由城市转移到农村，此时，中国共产党面临着许许多多的未面临过的新情况和新问题。以高昂的革命斗志为革命继续努力奔走，将党的思想、方针以及革命主张让更多的群众知晓，赢得广大群众对革命的支持和参与，成为了青年的使命与担当。因而稳固广大青年思想，不断加强对青年的思想政治教育工作变得尤为紧迫。

二、严峻的外部环境

在第二次全国苏维埃代表大会上，毛泽东同志明确地提到，受到国民党所统治的所有一切的教育文化机关，都是由地主阶级所掌控着的，他们企图要消灭人民大众的革命思想以及推行愚民政策，不仅教育文化机关推行反动武装的宣传，而且压制人民大众受教育，将工农群众排斥在教育对象之外❶。国民党拿了教育的经费，并将经费当成是进攻革命的军费，导致绝大部分的学校都已经停办了，学生们都无处求学。正是国民党推行的政策，导致了民众的愚昧，据统计，当时全国文盲的数量，已经占到了全国人口数量的80%以上。国民党还变本加厉地推行白色恐怖政策，企图消灭革命的文化思想。针对一切教育文化机关中的先进分子，还包括当时进步的文学家、社会科学家等，国民党都开展了无端的摧残。人民大众认为，当时的一切教育文化机关都成了黑暗的地狱，造成了资源的极端浪费，人民大众受到精神上的摧残，这便是国民党主张推行的愚昧的教育政策。

三、红军艰难辗转的经历

一路走来，红军遭受了极大困苦，度过了无数个艰难转战的日子，克服了巨大困难，面对这一形势，对思想政治工作的开展，提出了新的特殊的要求。红四军向赣南和闽西进军，在闽粤赣边界转战，转战地域偏僻，行军非常艰难，沿途皆是两省交界地区。红军平均每日急行路程在90里以上，没有群众能够帮助红军，为摆脱敌人的穷追，有时急行需要连续一个月之久。红军沿途经过的地方，都是大片的冰雪不化之地。除了这些遭遇的困难之外，红军还经常性地遭遇敌人的各种围剿，再加之物质供给严重不足，最起码的生活供给不能保证，除粮食外，每人每天的油盐菜都是难以为继的，异常的艰辛。在如此困难的条件下，要保证不发生叛变逃离，并且促使红军队伍发挥整体作用，无怨无悔地勇往直前，不依靠坚强有力的思想政治工作，不依靠青年来开展，不将青年作为重要的力量，便难以继续革命的事业。

四、军队的复杂情况

当时的红军军队成员较为复杂。由于此前一直开展农村游击战吸纳的成员，直接导致了红军队伍中的成员主要是农民，同时还有不少成员是从国民党起义部队改编过来的。此外，还有部分是国民党军队的俘虏。红军军队中的党员成分也比较复杂。据统计，红军军队中工人党员的数量为23%，知识分子和小商人出身的党员数量为22.6%，农民为47%，其他成分的党员数量约为7%；农民和小资产阶级出身的党员占70%。红军军队组成成分复杂，也使得当时的思想和作风都带有较多的农民与小资产阶级的思想观点。无组织无纪律、流寇的思想、军阀主义残余、单纯军事的观点、极端的民主化等各种思想严重的腐蚀着红军队

❶ 苏维埃中国［M］. 北京：中国现代史资料编样委员会翻印. 北京市印刷二厂印刷，1957：282.

伍。因此，加强红军军队中的思想政治教育，尤其是青年的思想政治教育，把红军队伍建设成完全服从无产阶级的领导的队伍，是亟待解决的问题。

五、培养造就革命干部的需要

1931 年 11 月中华苏维埃共和国临时中央政府成立，当时在中央苏区范围内，建立了各级苏维埃政权，包括乡、县、省都建立了，政权建立之后经济、政治都获得了发展，土地革命又继续深入，随之相应的文化、教育、体育和卫生事业的发展也在不断地加快，需要大批的管理人员做好相关工作，这就需要培养出大批的有志向的革命干部。培养干部，考虑将青年群体作为重点和主力，是思想政治工作的新形势。同时由于形势的特殊性，为了培养好尤其是在各级机关中担任要职的干部，需要做的是引导他们做到廉洁奉公，一心为民，防止出现贪污腐化、以权谋私等现象。强化对广大干部的思想政治教育变得尤为重要，特别是如何对青年干部开展有效的思想政治教育，成为了中国共产党思想建设中需要迫切面对的问题。

在当时的环境下，谁要是能到苏区去看一看，感受一番，那就能真正见到一个自由光明、充满能量的新天地。苏区的样貌便是，由工农群众掌握着所有的教育文化机关，工农群众及其子女都享有着受教育的优先权。苏区政府用各种方式、各种办法，积极激励工农群众参加学习，激发其学习的兴趣，通过各种方式来提高工农的整体文化水平和文化素养。苏区政府还不断提供给群众政治及物质条件上的支持。当时的苏维埃政府，可谓是面临着非常残酷的国内战争环境，同时苏区所在区域大部分都是过去文化水平和条件比较落后的地方，当时面对着这些条件和环境，只有将重点先放在青年身上，不断加速进行革命的文化建设，加强青年的思想政治教育，鼓励青年不断地宣传党的主张。

第二节　中央苏区青年思想政治教育顺利推行的原因

一、共产党人作出大量努力

在这之前，我国早期的共产主义者和共产党人，虽然已经把教育作为工农追求解放的武器，办教育来培养革命干部，对广大工农群众传播革命思想，比如党成立之前，早期的共产主义者所提倡的著名留法勤工俭学，为革命培养了一大批革命家。党成立之后，毛泽东创办的湖南自修大学；先是彭湃、后是毛泽东主持的广州农民运动讲习所；国共合作后，以周恩来为代表的共产党人起核心作用的黄埔军校；此外，中国共产党人创办的上海大学、平民女校、劳动学院等，都为中国革命培养了大批政治、军事和工农运动的青年干部，其中许多人后来成为创建红军和革命根据地的青年领导骨干。这些学校的创立，为苏区教育的发展做出了贡献，在办学的过程中，还积累了不少的经验。通过这些学校，中国共产党扩大了对共产主义的宣传，此外，还组织、动员了不少青年群众参加革命，都发挥了积极作用。但是，这些学校都是在党没有掌握人民武装、没有建立人民政权的情况下创办的，没有民主的政治经济作为发展人民教育事业的基础和保证，因而在办学规模、教学内容及办学条件等许多方面，不得不受到历史条件的限制。苏区教育则不然，它是在新的特定的历史条件下，在中国共产党领导下的，开展的规模大、性质特殊的群众教育的实践活动。

二、工农武装割据形成的产物

1927 年 8 月 1 日，在轰轰烈烈的大革命失败以后，周恩来、贺龙、叶挺、朱德、刘伯承等领导的南昌起义，打响了武装反抗国民党反动派的第一枪。这也揭开了由中国共产党独立领导的，创立革命军队、开展革命战争的序幕。党的“八七”会议，确定的总方针是施行土地革命和武装起义。由毛泽东同志领导的在湖南和江西边界地区开展的秋收起义，创建了工农革命军第一军第一师。之后经历三湾改编，开始向井冈山进军，从而正式举起了工农武装割据的大旗，也由此拉开了坚持游击战，最后夺取全国胜利的伟大战略的序幕。

毛泽东同志指出：“因为强大的帝国主义及其在中国的反动同盟军，总是长期地占据中国的中心城市，如果革命的队伍不愿意和帝国主义及其走狗妥协，而要坚持地奋斗下去，如果革命的队伍要准备积蓄和锻炼自己的力量，并避免在力量不够的时候和强大的敌人作决定胜负的战斗，那就必须把落后的农村建造成先进的巩固的根据地，造成军事上、政治上、经济上、文化上的伟大的革命阵地，借以反对利用城市进攻农村区域的凶恶敌人，借以在长期战斗中逐步地争取革命的全部胜利。”[1] 实践证明，这是一条夺取中国革命胜利的正确道路。把落后的农村建造成伟大革命阵地的过程，就是党领导下的“工农武装割据”的过程；对青年的思想政治教育也正是在这个过程中产生和发展起来的，是配合和服务于“工农武装割据”这一革命总战线中的一条必要的和重要的战线。

三、农民革命战争的影响

工农武装割据实行的是个巨大的工程，这个工程三位一体，包含了土地革命、武装斗争和根据地建设的内容，教育是基础性的工作，完成这三项任务都离不开教育的过程。在旧中国，有百分之九十的民众从未接受过文化教育，这个民众的组成成员里，农民就占了绝大多数。赣南、闽西所处的地理位置较为偏僻，也多为山区，文化、经济条件极度落后。就闽西而言，据 1927 年的一项调查，

[1] 毛泽东．毛泽东选集（第二卷）［M］．北京：人民出版社，1991：63．

闽西土地65%是地主的，25%是公堂的，农民只占10%。因此，占人口80%以上的农民为了生活，只得向地主租地耕种，地租又很高。梯田要交60%，圾田要交80%。农民整年辛苦，秋收后所剩无几，经常处于“禾镰挂上壁，肚子夹背脊”的地步，刚刚收割完毕，就又挨饿了。要养活全家老小，农民就要借贷，地主富农乘机放高利贷，通利率平均在2分以上，有的高达10分，本利相等。这些加二利、加三利、加半利、加对利，利滚利，常常迫使农民无力偿还而倾家荡产。除此之外，在国民党军阀豪绅地主等反动统治下的闽西，还有各种名目繁多的苛捐杂税，除征收田赋、房产税等以外，另有“人头税”“灶头税”，甚至还有“冠婚丧祭屠宰捐”，龙岩县捐税就有40多种，每人要负担28元。“百般都有税，只剩屁无捐”。与此相应的，便是文化上的落后，教育的缺失，致使人民群众也处在愚昧与黑暗中。依据闽浙赣边界各地1923年的调查统计数据，90%以上的人口都属于文盲，地处山区的闽西所辖江县有250万人口，群众都不识字；而漳平县直到1901年才有了1所学堂，1924年有了1所中学，军阀混战导致中学只办了一年就解散了，当时地处闽西文化较为发达地区的汀州府，总人口大约30万，只有7所中学。[1] 江西弋阳第八区第八乡即樟树墩乡，全乡总人口150户，1400余人，只有两个高小毕业生，其余都是文盲或半文盲。在反动统治阶级直接推行封建和迷信、奴化以及宗教思想等的毒害下，工农劳苦大众长期都处在黑暗和愚昧的氛围状态中。这足以证明，要自觉、理智、有效地投身于革命的浪潮中，首先就必须认真学习，提高文化素养。

中国共产党要唤醒成千上万的劳苦民众，壮大革命的队伍，开展文化教育和革命宣传的工作是较为急迫的工作。急需做的就是引导广大人民群众认字读书，提高文化水平，从而摆脱愚昧和精神枷锁，能够明白天下大道理，提高思想觉悟，激发广大人民群众的革命斗志，组织动员更多的民众投身到革命斗争中，充实革命的力量。农民推翻了封建统治，又分得了土地，开始了物质生产建设，政治上、经济上彻彻底底的翻身，文化教育上也会要求彻底翻身和进步；这一切，对文化教育事业工作的发展具有极大的促进作用。以瑞金的叶坪、洋溪两村为例，这是瑞金县云集区第四乡的两个行政村，有10多个自然村，2700多人口，是党中央、中央工农民主政府和中革军委所在地。这个乡在1931年夏天以前，敌我双方反复多次争夺，到第三次反“围剿”胜利后，才一直在共产党手里。但在“查田运动”开展以前，工作局面打不开，文化教育工作也搞不起来，可是“查田运动”一搞，面貌迅速改变，到列宁小学、识字班读书的人剧增。徐特立为此十分高兴，他感慨地说：“过去，我们中央教育部帮助他们解决桌子、凳子、灯油、书本等困难，没有人来念书；现在不声不响，就有这么多人来念革

---

[1] 邵新顺．马克思主义大众化的历史经验研究（1919～1949）［D］．天津：南开大学，2012．

命书了。可见肃清封建势力，提高群众觉悟是一个根本问题。”❶ 而在教育工作开展起来以后，特别是围绕青年开展的思想政治教育，农民中的积极青年都踊跃参加红军队伍，积极参与到根据地的建设当中，参军热情高涨，革命的力量得以壮大。毛泽东同志在《长冈乡调查》《兴国调查》以及《才溪乡调查》中，都记载了大量的事例，这些事例都具有生动的说服力。

四、建立军队的先决条件

军队是开展武装斗争的主要组织形式。据红一方面军 1933 年 9 月统计，红军的社会成分，工人占 30%，农民占 67%，职员占 1.6%，其他成分的占 1.4%；另外，从红军成员的来源来看，参与过苏区土地革命斗争的再参军的占 68.6%，从白区工农斗争中参军的占 14.8%，敌人的俘虏兵占 9.6%，兵变兵暴来的占 6.7%，其他占 0.3%。一支以农民构成为主要成员的军队，如果不推行切实有效的思想政治教育，不了解青年的实际情况，就无法克服文盲或半文盲状态，同时也无法摆脱旧思想意识和小生产观念造成的影响。而且，不接受无产阶级的思想领导，就无法战胜强大的反动军队，取得革命战争的最终胜利。中国几千年的农民战争的历史经验早已证明了这一点。

分散的农村游击战争持续了较长一段时期，这就导致了军队里面的成员情况较复杂，红军队伍中党员的成分为农民占 47%，小资产阶级和农民出身的党员占队伍的 70%。在红军队伍中，较为突出的思想与作风就是农民和小资产阶级的思想。把红军建设成为为根据地建设和人民斗争服务的队伍，建设成为能经受得住考验的队伍，是紧迫而又重大的问题。

若没有推行对青年的强有力的思想政治教育，要使部队能够做到团结一致，毫无怨言地奋勇直前对抗敌军，是难以做到的。

第三节　中央苏区青年思想政治教育工作的发展阶段

中央苏区党的青年思想政治工作的形成，总的而言，大致经历了四个阶段。

一、奠定基础阶段

自建立革命根据地开始，党的思想政治教育工作逐步开展，到 1929 年 12 月古田会议的召开，这期间党的青年思想政治教育工作的发展为后期相关工作的开展奠定了坚实的基础。毛泽东同志于 1927 年 10 月率领秋收起义部队进驻茨坪，正式建立了中国第一个农村革命根据地，将红旗插到了井冈山上。毛泽东和朱德

---

❶ 李国强．中央苏区教育史［M］．南昌：江西教育出版社，2001：6.

同志于1929年率领红四军向赣南、闽西进军，建立了闽西和赣西南革命根据地。在这一时期，根据地进一步发展，党的思想政治工作也进一步推向深入。在这一过程中，积累了众多宝贵的经验，为中国共产党的青年思想政治工作的进一步开展，奠定了扎实的理论基础。根据当时中国的国情，中国共产党党内对于半殖民地半封建社会应该走什么样的道路，存在较大分歧。当时存在左倾和右倾两种思想，左倾思想主张要通过中心城市的武装起义来夺取革命的最终胜利；而右倾主义思想则认为，革命形势一度走低，农村根据地的建立没有意义，要通过流动形式的游击战争，争取赢得更多群众的支持和加入，从而扩大政治的影响，直到建立稳固的政权。在与左倾和右倾的思想斗争中，毛泽东同志在其撰写的《中国的红色政权为什么能够存在?》《井冈山的斗争》《星星之火，可以燎原》等著作中，都较为明确地阐述了工农武装割据的思想，明确了中国民主革命胜利的道路，为党的思想政治工作正确指明了具体方向。中国共产党不断地总结经验和教训，自大革命失败以后总结的教训，到各地武装斗争的实践中总结经验，意识到了武装斗争的重要性。至此，也使得党的青年思想政治工作的重点开始了转移，转到了服务农村根据地的建设中来。

红四军在进军赣南、闽西途中，共产党内和红军队伍中出现了一些错误的思想，出现了反对的不同意见，造成了不良的影响。党的领导人意识到了各种错误的思想给党和军队造成的危害以及导致的后果，下定决心要消除这些思想。1929年12月，在毛泽东、朱德和陈毅同志的努力下，在古田村召开了红四军党的第九次代表大会，会议通过了毛泽东起草的《中国共产党第四军第九次代表大会决议案》。这一伟大纲领对思想和政治上建党建军提出要求，指出党内存在着八种错误思想，即单纯军事观点、极端民主化、非组织观点、绝对平均主义、主观主义、个人主义、流寇思想、盲动主义残余，并分析了各种错误思想的根源及其危害；谈到了通过党内教育、开展党内的正确批评等方式和途径，加强对党的思想政治建设。真正意识到了，加强党的思想政治建设的重要意义。[1] 这一伟大的纲领文件中还提到了，教育的问题，是红军队伍中最需要解决的问题，要不断提升队伍的文化水平和思想觉悟。决议中规定了，党内教育的具体内容和方法等内容，规定教育的具体内容就有10项，关于士兵政治训练的内容共有19项，规定了7种训练的方法，规定了18种具体的教育方法。

《古田会议决议》奠定了党思想上政治上建党建军的基础，这一伟大纲领性的文件，也为中国共产党的青年思想政治教育的建设奠定了理论方面和实践方面的基础，也正是这一文件，标志着党的青年思想政治工作的原则和方法的理论得以逐步形成。

---

[1] 袁征．论中央苏区的思想政治工作［J］．南昌大学学报（人文社会科学版），1993（2）：86～90.

二、走向规范化阶段

自古田会议的召开，到1931年11月中华苏维埃共和国临时中央政府成立这一阶段，党的青年思想政治工作取得进一步发展，不断走向条理和规范化。红军全体指战员在贯彻《古田会议决议》的同时，边战斗边学习，并且不断总结出新的经验，使得思想政治教育工作的作风和方法得到充实和发展。在红四军二纵队当中，官兵关系紧张，还有不少旧的不良的风气存在，如官长打骂士兵的军阀主义作风等。毛泽东同志到二纵队作调研，总结了七条部队管理教育的经验，里面谈到了干部与士兵的相处之道、管理教育的方法等内容。毛泽东同志总结的这七条经验，不仅是教育管理的方法，也是思想政治工作的方法。毛泽东在1930年5月的《反对本本主义》一文中，提出了“没有调查，就没有发言权”的著名论断，揭示了实事求是，坚持一切从实际出发，理论联系实际，实践是检验真理的标准的思想路线，使党的青年思想政治教育工作，在作风和方法以及理论上更加系统与深入。

制定与颁布了思想政治工作的相关条例，使得党的青年思想政治工作更加规范了。红四军政治部于1930年4月，颁布了《宣传员工作纲要（十八条）》，明确了宣传员的职责和注意事项；红四军制定了《红军第四军各级政治工作纲要》，对红四军与纵队两级政治部及支队与大队两级政治委员的职权和任务作了明确规定；9月，红一方面军，总政治部颁布了《红军士兵会章程》，要求全体官兵遵守三条纪律八项注意；同年冬天，中共中央制定了《中国工农红军政治工作暂行条例（草案）》，《条例》分为三部分：一是总则，《条例》总则指出了在红军中建立政治工作的目的和任务，揭示了思想政治工作鲜明的党性和阶级性。二是10个具体条例，即政治指导员、政治委员、各种政治机关党支部党务委员会、共青团等条例，这些具体条例对政治指导员、政治委员的任职条件与职责，对红军政治工作机关的性质任务、组织机构都作了明确而具体的规定。三是关于中国工农红军的政治机关系统图。中国共产党和红军有条理地开展思想工作的章程和规范，都依赖于思想政治工作条例的制定和颁布，为其提供了行为准则，对于加强红军的思想政治工作起到了积极促进作用。当然，条例制定也无法做到尽善尽美，还有不少的不足之处，其中最为突出的就是强调了政治委员的权利。❶

青年思想政治教育工作要落到实处，需要依靠一定的组织开展工作。1924年6月孙中山创立的黄埔军校，就是青年思想政治教育的一项创举。黄埔军校首次建立了一套比较完善的思想政治教育体制。周恩来任政治部主任后，推行了较

---

❶ 黄保华．中央苏区红军思想政治工作的主要经验［J］．赣南师范学院学报，2008（5）：36～39.

为完善的政治部工作制度，并且增设了宣传科和组织科，加强了对青年学生的思想政治教育工作。毛泽东赞扬道："军队设立了党代表和政治部，这种制度是中国历史上没有的，靠了这种制度使军队一新其面目。"❶ 中央军事部 1930 年设立了总政治部，同时也正式改为中央军事委员会，《关于总政治部的任务及红军中政治部与政治委员的关系》中，对组织的相关机构做了进一步的说明和相应的规定。特别是，总政治部还专门在军以上政治部设立了青年部，团政治处也下设了青年委员会，连队设立了列宁室和宣传队。1930 年，党的六届三中全会颁布了《中共六届三中全会告青年团书——关于纠正错误倾向、转变团的工作》，其中谈到，要加紧苏维埃区域内青年团的工作。❷ 至此，党团关系也逐渐清晰起来，开展青年思想政治教育的组织机构日益完善和成熟，使得青年思想政治教育工作也越来越规范。

三、全面铺开阶段

（一）强化对马克思列宁主义的学习

中华苏维埃临时中央政府成立后，到第五次反"围剿"战争的失败，是思想政治工作在多方面展开，进一步发展并经历左倾错误干扰的阶段。这一时期，尤其是 1933 年以后，党的思想政治教育工作的开展过程，受到了王明的左倾冒险主义的干扰。临时中央政府成立后，思想政治工作同中央苏区根据地的斗争相结合，在各方面全面展开。党的思想政治工作在党的建设、政权建设、经济建设、文化建设以及保卫革命根据地等方面，重视对党员和党员干部的培养，培养过程中通过向其传授马克思主义的理论知识和党的理论知识，不断提升党员和党员干部的政治理论水平，达到提升思想觉悟的水平。1934 年在张天闻的倡导下，成立了马克思主义的研究会。1934 年 8 月 10 日，中央组织局发出《关于党内教育计划致各级党部的信》中指出，"应当有计划有目的提高党内政治理论水平，以马克思列宁主义的思想武装所有新旧同志们的头脑，进行经常有组织的教育工作。为深造中央一级及省县级工作人员的思想与理论，各机关内应成立马克思主义研究分会，在马克思主义研究总会领导之下，经常有系统的研究马克思列宁主义，讨论中国革命的基本问题"。❸ 马克思强调，报纸"每日都能干预运动，能够成为运动的喉舌，能够反映丰富多彩的每日事件，能够使人们和人民的日刊不断的、生动活泼的联系"，而杂志则可以"详细地科学地研究作为整个政治运动

---

❶ 毛泽东．毛泽东选集（第二卷）［M］．北京：人民出版社，1991：380.

❷ 共青团中央青运史工作指导委员会，中国青少年研究中心，中央档案馆利用部编．中国青年运动历史资料（第 8 册）［M］．北京：中国青年出版社，1981：452 ~ 455.

❸ 闫俊明．民主革命时期国共两党思想理论建设比较研究［J］．山东师范大学硕士论文，2016（6）.

的基础的经济关系”。[1] 实践证明，通过加强马列主义的学习，来进行青年思想政治教育是一条重要的经验。

（二）各类刊物蓬勃发展

通过报纸、杂志、书籍等进行宣传，是中央苏区推行宣传工作的主要工作手段，当时的宣传做得非常出色，在中央苏区党的青年思想政治工作中发挥着极其重要的作用。当时的中央苏区，印刷条件有限，出版条件困难，但是通过努力克服了重重困难，毅然出版并发行了不少革命导师的著作，如马克思、恩格斯、列宁和斯大林等的著作，如《共产党宣言》《共产主义运动中的“左派”幼稚病》《无产阶级革命与叛徒考茨基》《国家与革命》《论列宁主义基础》。

中央苏区的各类刊物经历了一个从无到有、从少到多、从初创到鼎盛的历史过程。中央苏区红色报刊的初创始于1930年间。1929年春，毛泽东、朱德率领红四军主力游击赣南、进军闽西时，便发现攻克后的长汀城里有个“毛铭新印刷厂”，印刷设备尚可。红军在长汀分兵期间，前委书记毛泽东会见了闽西党组织负责人，并接见了印刷厂的共产党员毛钟鸣等人，询问了印刷厂的情况，决定利用该印刷厂印制各类文件，创办红色报刊。1930年春，闽西苏维埃政府创办了中央苏区的早期红色报刊，即《福建红旗报》（后改为中共福建省委机关报）。与此同时，《列宁青年》（闽鄂赣苏区团省委机关报）、《前进》（少共闽西特委机关报）亦相继出版问世，而且还发行到苏区内外。1931年，中央苏区第一家出版发行机构，即列宁书局，在闽西长汀县城创办开业，开始大量出版发行苏区的早期红色报刊《红旗报》《战线报》等。1931年秋，中央苏区的红色报刊出版进入蓬勃发展阶段。《红色中华》创刊于1931年12月，开始为苏维埃临时中央政府机关报，1933年2月改为中共苏区中央局、苏维埃临时中央政府、全总苏区执行局、共青团苏区中央局四家署名的联合机关报，成为苏维埃中国具有权威性的重要喉舌，主要刊登政府的各类重要决议、法令、文告、宣言等，主要是传达党的方针和政策，旨在动员人民群众参与到革命战争中去，建设红色政权。《红色中华》内容丰富，形式多样，除刊登新闻，发表社论、专电、时评外，还开辟了多种专栏，如党的生活、中央苏区消息、战士通讯、苏维埃建设、工农民主法庭、红色小辞典、工农通讯、铁锤、警钟、红匾、红色小品、赤焰副刊等内容，受到了苏区广大军民的深深喜爱，发行量稳定在四五万份，总共出版了264期，是中国革命史和新闻史上一笔非常宝贵的文献资料及精神财富。

《青年实话》是针对青年读者发行的报纸，属于共青团苏区中央局的机关报，设有团的建设、红军中的青年工作、青年工人、青年妇女、少年先锋队、工

---

[1] 马克思，恩格斯．马克思恩格斯全集（第十卷）［M］．北京：人民出版社，1998：115～116．

作检查与自我批评、红报等专栏，富有青年特色，为苏区广大青年喜闻乐见，发行量近3万份，是仅次于《红色中华》的畅销报刊之一，共出版了113期。中央苏区各级党政军领导机关以及群众团体创立各种报刊、读物100余种，众多的进步报纸、杂志都是党进行青年思想政治教育的有效载体和有利阵地。

（三）开设干部训练班和创办干部学校

中央苏区还开展了各种类型的干部训练班和各类干部培训学校，为促进党的青年思想政治教育工作的开展发挥极大的促进作用。

中央苏区还开办了支部流动培训班，目的就是为了加大开展对党员的教育和训练，它是培训党员的学校，在鼓励党员参加生产的闲暇时间，给党员开展各类教育活动。[1]

为了提高干部的素质，中央苏区的党组织在极其艰苦的条件下，想方设法创办各种干部学校。1930年1月，中共赣西南特委就开始办党校，招收学员60人。学员对象是县区委的常委；条件是忠实，工作积极，政治观念正确，身体健康，无恶劣嗜好，略通文理，年龄在30岁以下；学习内容有政治、组织、宣传、工运、政权、军事、兵运、秘密工作知识、社会经济等12个科目。1932年春，中央苏区也开始开办党校，培养县、区级干部等。

1933年春，中央苏区结合当时的情况，着力开办干部学校，培养干部，比较著名的有马克思共产主义大学、中国工农红军学校、苏维埃大学、中央农业学校、中央教育干部学校、高尔基戏剧学校等。

1933年3月，中央苏区在瑞金洋溪创办了马克思主义共产主义大学，1934年7月迁至瑞金田心乡公背侣玉公祠。它是中国共产党创办的第一所中央高级党校，一是为了纪念马克思，二是为了广泛地、系统地学习和传播马克思所创立的共产主义学说，培养党的政治工作干部。

毛泽东在党校讲中国苏维埃运动史时，深入浅出地阐述了中国共产党如何在实际中，把马列主义同中国革命的具体实际相结合，开创有中国特色的革命新道路的理论。他说，“我们党从1927年秋天始独立领导的革命战争，先是南昌暴动，接着是秋收暴动，然后是广州暴动，在城市里都站不住脚，打了几个败仗，秋收暴动成立的工农革命军首先转移到井冈山，成立了红四军，建立了边界工农政权。虽然敌人不断向我们进攻，但我们发动工农群众组织革命武装，背靠大山，面对赣江、湘江这两江，坚持创造和扩大了井冈山红色政权，红旗就始终不倒。此外，闽浙赣、湘鄂西、鄂豫皖、左右江和陕北等地的共产党都领导了农民暴动，打起了红旗子，建立了根据地。”

---

[1] 肖小华．试析中央苏区时期思想政治教育的针对性［J］．福建党史月刊，2008（3）：64～66．

毛主席说，“那时有人提出‘红旗到底能打多久?’我们回答了这个问题。在四面白色政权的包围中，有一小块或几小块红色区域的存在，虽然是世界各国从来没有的事，但我们中国有它存在的条件。因为我国经济发展不平衡，受各帝国主义欺负，各派军阀混战，有利红色政权发展，我们有很好的群众，有很好的党，有相当力量的红军，还有有利作战的地势，有经济给养能力。所以我们的红色政权能够长期存在和发展。而印度和其他国家没有这些条件，游击战一下子就打不起来。”

毛主席还强调说，“革命的根本问题是政权问题，由于我们的国情和别国不同，革命道路也就不完全相同。中国革命不可能搞什么议会罢工等长期的合法斗争，也不是像俄国那样先占城市后占乡村，而是走相反的道路，必须把落后的农村变成军事上、政治上、经济上、文化上先进的根据地。”党校的学员回忆道，听了毛主席讲课，很容易就全部懂了，毛主席讲课摆事实讲道理，举实例，越听感觉心里越亮堂。

为了进一步培养苏维埃建设所需要的高级干部，1933 年 8 月苏维埃中央人民委员会第 48 次会议决定创立苏维埃大学，毛泽东任校长，沙可夫任副校长。8 月 21 日，苏维埃大学委员会召开第一次会议，决定在苏维埃中央政府附近（瑞金沙洲坝）建筑新校舍，招收学生 1500 人，分普通班和特别班。

创立中国工农红军学校。红一方面军在 1931 年，合并了当时的红一军团和红三军团的随营学校，成立了中央军事政治学校。1931 年 11 月，中央军事政治学校开始招收第一期学员。开始招收第三期学员时，改名为“中国工农红军学校”，随着当时革命战争的开展，为了更好地适应形势，1933 年开展了较大规模的扩充红军队伍的运动，扩大了红军的力量，扩充了红军的队伍支援革命，并开始建立了新的兵团和新的兵种，此时，红军队伍中的指挥员、训练人员、专门性的人才都非常缺乏，确实无法满足发展的需要。为切实培养好红军干部以及专门人才，1933 年 9 月，中国工农红军学校已经办完了第五期，1933 年 10 月，中华苏维埃共和国中央革命军事委员会决定将中国工农红军学校分解为五所学校。红军大学，主要培训教育对象是政治工作人员，以及中级军事指挥员。红军第一步兵学校（红军彭杨步兵学校），主要培训人员为初级红军指挥员，校址在现在的瑞金县九堡乡九堡村。红军第二步兵学校（红军公略步兵学校），围绕初级和中级的指挥员进行培训。红军特科学校，负责培训特种部队和专门性人才。游击队干部学校，专门围绕游击队伍中的干部开展专门培训，主要开设的课程有政治课和军事课等，政治课上，主要讲授的内容为革命战争的任务、性质和主要目的，讲授党的理论知识；军事课上，主要讲授的是军事理论知识和军术技术知识，包括攻防的具体知识，如爆破、架桥、构筑工事，以及协同作战。红军大学、红军公略步兵学校、红军彭杨步兵学校、红军特科学校这四所学校在 1934 年合并，新建立了中国工农红军学校。中国工农红军学校，在红一方面军作为长征主力期间，组建了干部团，随其一起行动。

创立中央教育干部学校。中央教育干部学校的主要任务是培养省、县两级的教育干部，1933 年 8 月开始第一期招生，对象是现任县、区教育部长、科长、科员和指导员中的积极分子，规定每县每区各一人，以训练和提高现任的各级教育行政干部。

随着根据地发展的需要，具有农业知识的人才缺乏，于是 1933 年创办了中央农业学校，为的是培养具有专业的农业方面知识的人才，以及具备专门的农业技术方面的人才。该校设立了 3 个班种，一个是本科教学班，一个是预科教学班，还有一个是教员研究班。本科一般学习一年，预科则是 2 个月，教员研究班则无具体的学习时间限制。

创立高尔基戏剧学校。它的前身是 1933 年 4 月工农剧社创办的蓝衫团学校，经中央人民教育部部长瞿秋白提议，命名为高尔基戏剧学校，1934 年正式开学，重点培养苏维埃戏剧运动、剧社、俱乐部、剧团的艺术方面的人才和干部。

（四）召开第一次红军全国政治工作会议

第一次的红军全国政治工作会议在 1934 年的 2 月 7 日，于瑞金召开了。此次会议是我国在战争岁月中唯一的一次全军政治工作会议。

在这次会议中所讨论的问题有 10 个，一是对此次会议之前的工作进行总结；二是共产党对红军要多加强领导，特别是在红军中的工农联盟要多加巩固；三是如何发展党团组织、党如何对群众的艺术进行领导；四是政治教育相关政策详细的实施计划；五是对政治工作暂时实行的相关条例予以修改，以及对政治机关相关的组织进行讨论；六是讨论敌人那边的政治工作；七是关于游击队的政治工作，还有赤卫队的；八是在地方上，关于广大群众方面的政治工作；九是在政治工作中，对于作风方面和方法的相关问题；十是对战时的政治工作进行的总结。在会议上，对自古田会议以后的政治工作进行总结，明确政治工作在红军中的重要地位。

这次会议较为全面地对政治工作进行了总结，重申了政治工作对于部队的重要作用，提出了要对政治工作的方式予以改进。但是，此次会议是中央苏区“左”的错误发展到极点的情况下召开的，所以此次会议仍然受到“左”倾思想的影响。特别是在第五次反“围剿”上，对于此次战役是和敌军作“最后的决战”，以及“解决谁胜谁负”等一系列的问题。而且还多次地对诸如游击战相关的好战略予以批判，甚至提倡堡垒战、持久战等以抵抗敌军的围剿，这些错误主张正是“左倾”错误路线的体现。还有在会议上，李德对“左”倾思想进行了大篇幅的宣扬，提出了“短促突击”。“短促突击”是对于从堡垒中出来作短距离推进筑堡的敌人，乘其立足未稳，进行迅速的、短促的突击，予以歼灭。然而此种战术的要求却是相当高的，因为它对于情报之准确性、兵力的精锐、同敌人进行阵地战这些要求较高。现实中的敌军却是兵强马壮，军备武器等各方面均比红军好很多，所以红军置于此种苦境，若一不谨慎以致出错，便会陷入险境。由此，此战术大大地不利于红军进行主动的出击，导致红军只能在敌人出碉堡时才能进行出击。这在一定程度上折射出了一种对敌人的恐惧心理，尤其是敌军的堡垒主义。这种战术也被称为"肉包子打狗战术"，红军也转变为以防御为主的保守主义。当然也有一些同志提出批判，但博古和李德并未听取、改进，继续让红军在城镇和隘口等地方去建筑碉堡，把"短促突击"和阵地防御战这两种战术结合起来，以不断削弱敌人，以此阻止敌军第五次"围剿"的得逞。毛泽东也将其称为"乞丐要和龙王比宝"。

四、健全工作机制贯穿始终

思想政治工作的制度化、规范化、科学化，离不开组织机构的健全，工作条例的制定、落实。健全工作机制，工农红军的思想政治教育工作取得了可喜成效。

（一）若干政治工作条例的制定

为了巩固和发展党在红军中的思想政治教育成果，使之更有条理、更有秩序地进行，以适应革命形势发展和战争的需要，中共中央、中央军委总政治部和各部队相继制定了一系列政治工作条例和制度，规定了思想政治教育的具体内容，也展现了红军思想政治教育工作的特色。

（二）明晰政治工作的任务

1930 年和 1932 年的《中国工农红军政治工作暂行条例草案》指出，做好红军队伍中的政治工作，目的是巩固中国共产党的领导，加强红军队伍建设，训练红军成为强有力的工农革命的武装力量。其主要内容就是实施无产阶级的教育，使红军战斗员与指挥员，明了红军之阶级的政治责任、与敌人作战的阶级意义以及对于地方居民之阶级的友爱与仇恨。

（三）规定各级政治工作组织机构及其工作职责

反"围剿"期间红军的政治工作，特别注重组织机构的建立及各组织机构间的相互关系，多次规定各级政治机关编制系统及组织关系，除两次中国工农红军政治工作暂行条例均附有红军政治机关系统图（表）外，1932 年 2 月还专门颁布《各级政治机关编制系统表与组织及其工作纲要》，对红军总政治部、军区、军团及军政治部、师政治部、团政治处的编制及工作纲要作了明确、详尽的规定。

（四）对各类政工人员工作要求严格

1930年底，《中国工农红军政治工作暂行条例草案》中明确规定，政治指导员，尤其是连的指导员，对党史知识、工农红军的组织原则、目的、任务要有深入了解，要经常性自觉的学习军事理论和战术知识。在具体工作中，指导员要做好模范，发挥好榜样的作用，言行要保持一致。

（五）各级政治工作组织机构的设置与健全

作为全军政治工作的总负责机关，总政治部的设置与健全有个过程。1930年3月，党成立了中央军事委员会，虽然首次设有总政治部，主任是鲁易，但并无具体机构和其他工作人员。中共中央军事委员会总政治部，于1931年2月15日正式成立，毛泽东兼任主任。2月17日，中央军委发布《总政治部的任务及红军中政治部与政治委员的关系》的通令，规定总政治部指挥红军中的政治部并指导政治委员，由于当时的工作需要和实际状况，总政治部暂时兼任第一方面军总政治部职务。1931年11月，中华苏维埃共和国中央革命军事委员会成立，总政治部亦称中华苏维埃中共革命军事委员会总政治部，下设组织部、宣传部、敌工部、地方工作部、青年部和红军最高裁判所等，组织机构趋于完备。1932年1月，总政治部又改称中国工农红军总政治部。1933年5月，中国工农红军总部组成，总政治部被称为中国工农红军总部总政治部，主任王稼祥，副主任贺昌、袁国平。随着中国工农红军总政治部组织日趋健全，各部队政治工作组织系统也越来越完备，从上而下形成了组织严密的工作网络。

（六）思想政治工作是红军的“生命线”原则的确立

思想政治工作作为红军的“生命线”体现了我党的优良传统，同时也体现了其工作的重要性。大革命时期，中国共产党对思想政治工作的作用、地位就有了论述。1926年9月，恽代英在《军队中政治工作的方法》一文中指出，要摆正政治工作在军队（国民革命军）中的位置，认识到政治工作是重要的。1929年12月，在《古田会议决议》中，“生命线”的思想已见端倪，将思想建设放在第一位，指出“红军党内最迫切的问题，要算是教育的问题”，要从教育上提高党内的政治水平，有计划地进行党内的教育，纠正过去无计划的听其自然的状态，是党的重要任务之一。

“生命线”论断的最早提出是在1932年7月21日《中央给苏区中央局及苏区闽赣两省委信》中，信中指出：“政治工作在红军中有决定的意义，每一个红军战斗员不仅要能够有充分的军事技术一手的武器，而且最重要的是脑子的武装。必须充实现有军队中的政治工作，实现中央政治工作条例。政治工作不是附带的，而是红军的生命线。虽然“生命线”的概念和思想早已有之，但系统地加以阐述并上升为理论，则是在红军第一次全国政治工作会议上。红军第一次全国政治工作会议使“生命线”的论断系统化、理论化，使政治工作的重要地位和作用得到进一步强调和加强。

为了总结红军政治工作的经验教训，研究确定粉碎国民党第五次反革命“围剿”形势下战时政治工作的指导方针和基本原则，总政治部于1934年2月7～12日在中华苏维埃共和国首都瑞金召开了红军第一次全国政治工作会议。会议期间，中央军委、总政的领导人多次全面、系统地谈到“生命线”问题。王稼祥首先在开幕词中指出：“大家都明了，政治工作是我们红军的生命线，一切战争中如果没有政治工作的保障是不能达到任务的。政治工作就是要提高红军战士与工农群众的积极性，政治工作是提高红军战斗力的原动力”。朱德在致辞和演说中强调，如果没有政治工作，没有党和无产阶级的领导，是不会产生红军的，政治工作是红军的生命线，我们不仅加强前方兵团的政治工作，同样要加强预备队游击队的政治工作。周恩来还从政治工作与前线胜利的角度特殊地阐述了政治工作的重要地位。

红军第一次全国政治工作会议从服务、保证、结合三方面阐述“生命线”的科学内涵，即政治工作要为实现党的纲领、路线、方针、政策服务；政治工作要保证部队战斗力的提高；政治工作要结合军事工作和各项任务去做。红军的“生命线”原则的确立，对进一步加强和改进政治工作，极大地发挥政治工作的优势，反对国民党反动派的反革命“围剿”，具有重要的指导作用和实际意义。

总之，以毛泽东同志为代表的中国共产党人，成功克服了巨大困难，解决了存在的问题，从理论和实践上，使党的青年思想政治教育工作深入发展。

参 考 文 献

[1] 马克思恩格斯选集（第一卷）[M]. 北京：人民出版社，1995.
[2] 毛泽东. 苏维埃的文化教育 [N]. 红色中华. 二苏大特刊第3期，1964（3）.
[3] 毛泽东. 毛泽东选集（第一卷）[M]. 北京：人民出版社，1991.
[4] 苏区教育资料选编 [M]. 南昌：江西人民出版社，1981.
[5] 肖小华. 试析中央苏区时期思想政治教育的针对性 [J]. 福建党史月刊，2008（3）.
[6] 闽西革命史文献资料（第二辑）[G]. 龙岩：中共龙岩地委党史资料征集领导小组编辑出版，1982.
[7] 袁征. 中央苏区思想政治工作研究 [M]. 南昌：江西高校出版社，1999.
[8] 周榜师、曾金玉. 从中央苏区“扩红”看国家、地方组织和民众的互动 [J]. 党史文苑，2004（8）.

[9] 扩大红军的具体办法［A］中央革命根据地史料选编（中）［G］. 南昌：江西人民出版社，1983.
[10] 关于动员对日宣战的训令［N］. 红色中华，1932-4-21（5）.
[11] 唐国平. 论中央苏区“扩红”运动中的宣传工作［J］. 求索，2010（3）.
[12] 中央革命根据地词典［M］. 北京：档案出版社，1993.
[13] 刘佳. 中央苏区时期毛泽东对意识形态建设的重要贡献与启示［J］. 井冈山大学学报（社会科学版），2014（3）.
[14] 编写组. 湘赣革命根据地斗争史［M］. 南昌：江西人民出版社，1982.
[15] 马齐彬，黄少群，等. 中央革命根据地史社［M］. 南昌：江西人民出版，1986.
[16] 中国人民解放军政治学院政治工作教研室编. 军队政治工作历史资料（第 3 册）［M］. 1982.
[17] 王家兵. 中央苏区青少年儿童新闻出版探析［J］. 青年记者，2013（8）.
[18] 王家兵，罗金妮. 中央苏区四大红色报刊及其功能比较［J］. 青年记者，2017（15）.
[19] 中共中央宣传部《“五五”报告大纲》纪念马克思诞生［N］. 红色中华，1934-04-19.
[20] 陈建华. 谈苏区高等教育的办学特点［J］. 江西大学学报（社会科学版），1991（3）.

第二章

中央苏区青年思想政治教育的理论基础

第一节　共产国际对苏区青年工作的指导

1919 年，共产国际成立。作为国际组织，共产国际的主要任务便是把工人阶级与广大劳动群众团结起来，围绕马克思主义教育，并积极团结好广大的青年一致来反对帝国主义战争，为争取无产阶级专政和实现社会主义展开斗争，对世界范围内的共产主义运动具有重大的作用。当然，对中国青年团及其运动的开展及发展，也有着重大而深远的影响。如我国青年团的成立，还有国民大革命，共产国际都发挥着重要的思想指导作用，为中国青年提供了重要的指导思想，确保了中国青年团和广大中国青年运动的有序良好发展。在经历了国民大革命的失败之后，共产国际对我国共青团转向群众工作有着积极的指导作用。然而，“第三时期”理论，则对我国共青团及其运动造成了重大的损失。在 1933 年之后，共产国际和中国共产党对中国共青团和中国青年运动进行积极的指导，使中国青年运动在抗日战争时期起到了重要作用。

一、指导中央苏区青年坚持马克思主义指导思想

第一个中国青年团在 1920 年 8 月成立，但那时青年团“只不过带有社会主义的倾向，并没有确定到底属于哪一派的社会主义”[1]，因为当时缺乏统一的思想上的指导，所以中国青年团及中国青年运动的组织都显得比较涣散，直到 1921 年 5 月，全国各个地方的青年运动都陆陆续续地停止了。1921 年 8 月张太雷根据共产国际的指示和中国共产党的意见，开始整顿和恢复团组织。1933 年 3 月，在共产国际的指导下，在瑞金建立了马克思主义学校，学校的相关领导也都积极地在学校开展学习马克思主义的活动，如组织和马克思主义相关的学术活动和演讲活动，以此来不断加强马克思主义的学习。根据共产国际的相关指示的精神，在《关

[1] 中青团中央办公厅．中国青年运动历史资料．第一册［M］．中青团中央办公厅，1979：1.

于马克思逝世五十周年纪念的决议》中，中共中央也提出了要在中国共产党内和团组织里，成立公开的各种学术组织。1933 年 4 月，在马克思共产主义学校的学术演讲会结束后，在张闻天的提议下，马克思主义研究会成立，随即明确了其宗旨，即“研究学习马克思列宁主义，围绕共产国际、中共中央的总路线展开斗争。”[1]

二、指导中央苏区青年进行工作重点的转移

1928 年的 6 月，中共“六大”召开，提出中国共产党和中国共青团的总任务是去争取群众，积极进行群众工作。1928 年在莫斯科召开第五次中国共青团代表大会，并在《组织问题决议案》里指出，要从根本上去改变中国共青团工作上的路线，过去工作路线“偏重在不深入群众的政治运动，没有真正的群众组织工作，尤其是命令群众、强迫群众和盲动主义情绪，简直是群众工作的自杀政策。现在应当重新去组织群众说服群众，从日常斗争中积聚群众力量，扩大群众同情。”[2] 在《政治任务决议案》中，“团中央再次强调，暴动的口号已经转变为宣传的口号，而不是直接实际行动的口号了”“坚决转变工作方针，移向夺取群众的斗争与工作，努力扩大群众工作以夺取广大劳苦青年群众。”[3]

我国较早的青年运动是学生自主发动起来的运动。而共青团的组成当中，团员大多数是学生，学校学生的人数占总人数的绝大部分，所以最初的中国共青团的重心主要是学生。然而，这种情况跟无产阶级的性质是不相符合的。中央苏区青年中很多也是工农青年，而不是仅仅只局限于学生，在共产国际以及中国共产党的领导和努力下，中央苏区青年也加快了和工农相结合的速度，不断壮大了青年队伍的建设，推动了马克思主义在更大范围的工农群众中的传播，进而引导更多的中央苏区青年积极地投向伟大的战争中去。

三、指导中央苏区青年进行维护党的领导权的斗争

在国共合作期间，国民大革命在 1924～1927 年期间取得了较多的胜利，大大地打击了帝国主义、封建主义。然而 1927 年，由于共产国际代表和中国共产党主要领导人放弃了革命领导权，国民大革命失败。在 1927 年 5 月，共青团的第四次代表大会上，提出中国共青团要在共产国际的领导下，以及中国共产党的领导下，带领工农进行维护党的领导权的斗争。随后土地革命兴起，对中共党团组织的重新整顿成为当务之急。

---

[1] 魏建克．中央苏区马克思主义研究会的成立及历史贡献［J］．兰台世界，2014（5）：31～32.

[2] 中国共产主义青年团中央委员会办公厅．中国青年运动历史资料．第四册［M］．北京：中国青年出版社，1957：157～158.

[3] 中国共产主义青年团中央委员会办公厅．中国青年运动历史资料．第四册［M］．北京：中国青年出版社，1957：143.

第二节 马克思主义经典著作的翻译和传播

马克思主义经典著作在中国的翻译和传播经历了一个曲折而漫长的过程。马克思主义著作，主要指马克思、恩格斯、列宁、斯大林这四位代表人物的著作。马克思主义著作，主要包括马克思主义政治经济学、马克思主义哲学、科学社会主义这三大部分。

在旧民主主义革命时期中的 1899 ~ 1919 年，只有在个别的一些杂志才刊登了一些相关资料，而那时的人们能看到的也大多数是跟马克思主义相关的一些传记而已，没有系统的马克思主义著作相关的较为全面的翻译资料。在此阶段，各个学派都会有一些专家学者去参与到马克思主义经典著作译著的创作中，如资产阶级改良派的梁启超、无政府主义者刘师复、资产阶级革命派马君武等学者，但是他们大多数都是偏向于对马克思主义相关学说的批判，这源于当时他们对马克思主义著作的误读，从而导致更多的误解。

在新民主主义革命时期，也就是从 1919 ~ 1949 年，这个时期相对来说，中国涌现了颇多的马克思主义著作的译著，这些跟俄国 1917 年的“十月革命”息息相关，它的爆发同时为我们带来了马克思主义。马克思主义在中国的传播是从“十月革命”开始的，如在 1918 年李大钊发表了《庶民的胜利》《布尔什维克主义的胜利》等文章，还出现了一些新文化的刊物，这些新出现的刊物陆陆续续地大量刊登与科学社会主义相关的著作，在 1924 年《新青年》发表的《列宁主义基础》的翻译；1925 年上海文化出版社，对《帝国主义是资本主义的最高阶段》和《国家与革命》的翻译。与此同时，许多著名专家学者也都积极地加入了对马克思主义著作的翻译，如李达翻译的《唯物史观》《马克思经济学说》，施存统对河上肇的《见于“共产党宣言”中的唯物史观》翻译，陈望道对《共产党宣言》的全译本。这些译著的出现，大大地加快了马克思主义在中国的传播速度。

一、中央苏区时期马克思主义的传播

在这个时期对马克思主义进行传播的最主要的途径就是对马克思主义经典著作的翻译。据统计，1927 ~ 1937 年，经翻译后出版了的马克思和恩格斯、列宁以及斯大林所写的经典著作，一共有 113 种。[1] 张友渔、李一氓、瞿秋白、彭嘉生、李达等专家学者为此做了重要的贡献，侯外庐曾说李达是我国传播马克思主义真理的普罗米修斯。这些学者的译著主要包括以下几类：一是对马克思主义哲

[1] 张静庐. 中国现代出版史料. 乙编 [M]. 北京：中华书局，1955：147.

学方面相关的译著，这类著作在中央苏区时期被大量地进行翻译及出版，比较有代表性的著作是《社会主义从空想到科学的发展》的翻译，也有诸多版本。二是对马克思主义经济学方面相关的译著，这类著作也被大量地翻译，如《资本论》的翻译，在当时可谓是出现了诸多版本，众多学者都积极地去对其进行翻译。三是对马克思主义文艺理论方面的译著，在这方面著作的翻译上，瞿秋白、冯雪峰、鲁迅、郭沫若等众多学者都在这方面做出了一定的贡献，同时也分别都发表了各自对马克思主义文艺理论方面著作的译著。四是马克思主义社会科学方面的论著，有代表性的便是苏联的哲学家西洛可夫所写的《辩证法唯物论教程》，还有米丁的《辩证唯物论与历史唯物论》等。这些都是我国 20 世纪 30 年代时，诸多专家学者对于马克思主义的最新研究的成果。

二、中央苏区时期马克思主义传播的特点

马克思主义在中央苏区时期的翻译及传播有如下特点：

一是对经典著作的中文翻译有多种版本，如《反杜林论》就有两种，还有《资本论》中的第一卷便存在四种中文翻译的版本，《政治经济学批评》也有两种译本。

二是马克思主义经典著作的论文选编和专题文集。如潘鸿文的《马克思主义的基础》、李一氓的《马克思论文选译》，这些是我国最早的有关马克思主义经典著作的选集本。❶ 比较有代表性专题文集要数林超真在 1929 年时的译著《宗教·哲学·社会主义》。此外，还有其他的专题合集，如《黑格尔哲学批判》译著、《马克思主义的民族革命论》译著、《辩证法经典》译著等。

三是更加系统的翻译。用“众书”的形式来翻译马克思主义经典著作，成套的“众书”在各大出版社出版，并在各大书店销售。其中较为典型的便是在 1928 年之后的两年内，由上海的泰东图书局出版的《马克思研究丛书》，这本“众书”译著，包括《马克思的社会民族及国家概念》《马克思的伦理概念》等共有十册。1929 年，“马克思学体系丛书”出版，该丛书是由文摘汇编而成，特别是马克思和恩格斯，以及列宁所写的马克思主义理论上的文摘。❷ 1930 年，《科学的社会科学丛书》在上海的明日书店出版，这套丛书包括《唯物史观的基础》和《唯物史观的辩证法》等共 22 种的书籍。❸ 同年从 3 月至 8 月，“江南文库”

---

❶ 宋原放主编，陈江辑注．中国出版史料，第一卷，现代部分，（上册）［M］．济南：山东教育出版社，2001.

❷ 周子东．民主革命时期马克思主义在上海的传播［M］．上海：上海社会科学院出版社，1994：199.

❸ 中国社会科学院哲学研究所．中国哲学年鉴：1983［M］．北京：中国大百科全书出版社，1983：484.

在江南书店，出版了近7种。此外，在文艺方面也编译和出版了很多这方面的丛书，如水沫书店“科学的艺术论丛书”的出版和“马克思主义文艺论丛”的出版等。

四是坚持党的领导，并和实际的革命战争情况相适应。在中央苏区时期的马克思主义著作的翻译都是围绕战争时局的需要服务的。在当时，基于更好地认清中国的基本国情，专家学者们翻译的马列著作中大部分是有关殖民地以及半殖民地、中国革命方面的著作，如《马克思主义浅说》和《共产党和共产党员》等。1928年，无产阶级书店成立，后来改名华兴书局；中央出版局在1931年成立了；在1933年，“中央苏区马克思主义研究会”成立了，在进一步宣传马克思主义中发挥着积极的作用。

第三节　从革命实践中探索出来的青年思想政治教育理论

一、毛泽东的青年思想政治教育理论

在1926开始的北伐战争中，在党的号召下，广大青年积极参与到北伐战争中。北伐军队中，除党员外，有许多青年怀着满满的革命热情，在战场上冲锋杀敌，英勇牺牲的也不在少数。此外他们还组成慰问队、宣传队、向导队等，他们的支持和援助在北伐战争时发挥了很好的协助作用。1927年4月，以蒋介石为首的国民党在北伐战争赢得胜利的重要关头发生叛变。然而，笼罩在“白色恐怖”氛围下的共青团仍然紧跟共产党，听党的指挥，执行党制定的各项决议。积极响应党的号召，主动上前线支持武装起义，积极投身于农村的革命根据地，由此展开了漫长而曲折的土地革命斗争。1931年，随着“九·一八”事变的发生，在共产党对青年的思想政治动员下，广大青年积极加入抗日救亡的队伍中，上海、北京等多个城市都有学生代表去南京请愿并示威，反对蒋介石对红军的“围剿”，反对蒋介石对日的不抵抗政策。在1932年的“一·二八”事件中，青年纷纷踊跃参与十九路军，并支援他们的抗日战斗。1933年5月，第五次反“围剿”时在江西省内所有苏区的红军人数扩充至2.5万人，这些都是广大青年积极参军的结果。到1934年，青年们在党的号召下积极踊跃地加入到了由方志敏带领的抗日先遣队。1935年，青年学生中又掀起了“一二·九”爱国救亡的运动，大大地推动了全国的抗日战争。

毛泽东的思想体系的雏形在中央苏区时期基本上形成了。在中央苏区时期，毛泽东的思想与其在中央苏区的实践紧密相关，其实践极其丰富，比以往更甚。毛泽东在这个时期的实践活动可以从以下三个阶段来说。

一是创立中央苏区。1929年，在井冈山面对敌军的进攻，由毛泽东领导的

红四军转向闽西、赣南。途经瑞金大柏地时，把尾随其后的国民党军刘士毅部消灭了。在1929年2月抵达东固，3月攻占了长汀，4月在很多县里建立苏维埃政权，如宁都、于都、兴国等县，此时苏区规模已有雏形。5月创立闽西根据地，毛泽东在闽西召开了古田会议。1930年8月，除闽西外，赣南和赣西都已连成一片，合称赣西南苏维埃政府，从此，"中央根据地"和"中央苏区"，这些称号也开始被正式地运用于文件中。

二是反"围剿"时期军事思想的系统化。在1930年的第一次反"围剿"中，毛泽东制定的"诱敌深入"这一战略思想的实践得到了肯定。在1931年2月第二次反"围剿"中，"诱敌深入"这一军事战略思想在斗争过程中又得到了运用，对此次反"围剿"斗争的胜利，有着关键性的作用。自此，这一战略思想为人们所熟知。在1931年的第三次反"围剿"中，毛泽东仍然继续运用这一战略思想。上述三次反"围剿"斗争的胜利，是毛泽东军事思想成熟的标志。

三是领导中央政府工作。1931年11月在赣南会议和1932年10月宁都会议后，毛泽东的工作重心主要在政府工作上。在查田运动中，对"左"的倾向予以纠偏的过程中，于1933年写下《怎样分析农村阶级》《查田运动的初步总结》等著作。毛泽东在中央苏区的实践工作中，立足实际，很好地运用了马克思列宁主义，其思想也愈加成熟。在整个中央苏区时期的毛泽东思想中，对于苏区青年思想政治教育方面的思想理论也是相当丰富的。

（一）毛泽东青年思想政治教育理论的主要内容

毛泽东一贯重视青年，尤其是青年运动。在1920年，他便建立了社会主义青年团。在其所写的《兴国调查》，以及《长冈乡调查》便对青少年之革命活动予以了高度的肯定。当然，青年革命活动也是经历了一个过程，即从革命根据地开始就被称为"童子团"。毛泽东后来也把广大的青年比喻成"早晨八九点钟的太阳"，在青年身上寄托了很大的希望，提出了和青年切身相关的一些问题，如青年对于社会来说意味着什么，青年对于社会究竟有着怎样的作用，青年在自身的成长中是遵循着怎样的规律，青年又肩负着怎样的使命，青年应当如何去开展运动等。在青年思想政治教育上，毛泽东在立足于复杂的战争环境中，深入地分析青年的前提下，不断地总结青年的特征，如从青年的价值观念方面、政治观念方面、组织观念方面、教育观念方面、工作观念方面等，从方方面面中去不断地深入分析并进行总结。他还提出广大青年及青年运动都要和群众保持密切联系，不能脱离群众，因为我国的广大青年的运动也是我国革命的一大重要的部分。❶

毛泽东对青年的思想政治教育吸取了马克思主义中关于青年思想政治教育的

❶ 王慧．中共历代领导核心的青年观研究［D］．青岛：中国石油大学（华东），2014.

观点，在立足于中国青年的实际情况的基础上对青年进行思想政治教育，指出必须要听从中国共产党的指挥，同时还要努力地去提高我国广大青年的积极性。结合马克思主义理论，积极号召青年们去学习马克思主义经典著作。毛泽东作为党的第一代领导核心，一直以来都比较重视青年的思想教育工作，为此还提了大量和青年相关的方法，让广大青年朝着更为全面方向发展，以培养更多优秀的青年。毛泽东对于学校不重视青年学生全面发展的现象很关注，同时要求那些学校都要重视学生的身体健康，而不是一味地只是学习，特别是在中央苏区时期，在战争年代，没有坚强的体魄往往难以适应那种艰苦的环境，难以行军打仗。

毛泽东要求广大青年要以马列主义理论武装好自己的头脑，努力学习文化知识的同时亦要加强对马列主义理论和党的理论的学习，在努力学习的过程中不断地去提升自身的思想觉悟能力，相应地使自身的品德也得到一定提升。尤其是处于战争时期，往往就是对人性和道德的考验的时刻，人性的冷漠在战争年代是较为普遍的，道德品质的修养也是很多人所缺乏的，也是广大青年需要去不断提升的一种素质。在中央苏区时期，面对战争时艰苦卓绝的环境，更加需要精神动力的支持，马列主义理论对于广大青年来说，是一大精神动力，学习这方面的理论知识，有利于青年树立马克思主义信仰，有利于他们更好地接受共产主义信念的崇高信仰，为了实现共产主义理想信念而努力奋斗。毛泽东也特别提出青年学生必须要有一定的政治觉悟，对于基本的政治立场要有自己的判断，而不能人云亦云，随波逐流或者持事不关己高高挂起的态度，这些都是不利于我们国家的。正确的政治观点，是中央苏区时期青年学生所必须要具备的，因为这是青年所必备的灵魂，也是青年运动所必须的基本要求。

在青年平时的学习上，毛泽东提出青年学习不仅要努力学习理论知识，还要多向广大工农学习，工农在我们国家所占比例居多，也是我们红军的重要组成力量，他们是我们战争中的战斗力，也是战斗的主力军，工农的建设和组成在中国共产党中也是一大重点，共产党党内也特别重视工农思想政治教育。因此，工农是青年要学习的重要对象，他们身上的品质和心中所怀的斗志皆是广大青年们所要认真学习的，这样才能把广大青年建设成为一支强大的队伍。而且在向工农学习的过程中，广大青年也能加深和他们的感情，由此为青年和工农的结合奠定一定的基础，让青年能知晓人民所需，真正地在心底里为人民着想，为人民服务。工农大众是我们最应该信任的，这也要追溯到我国反帝反封建时期的那段历史，在那个时候，我国的工人和农民是最大的主力军，正是因为他们的努力和支持，中国反帝反封建才能坚持下去。所以，在我国不管是什么革命，工农都是一大不可缺少的力量，他们就是我们的力量之源。中央苏区时期的革命战争便是。在那时，中国共产党也是很注重这一重要经验教训，中国共产党也由一大批工农组成，工农在苏区反“围剿”也起到了关键性的作用，其中也涌现了大批先锋模范，他们为了反“围剿”的胜利呕心沥血，为无产阶级的共产主义信念奋斗终身，甚至不惜牺牲自己的生命来赢得胜利。这些正是战争年代青年所需要学习的，具有永恒的价值。

（二）毛泽东青年思想政治教育的特征

1. 青年的思想政治教育要与革命、生产实践紧密结合

毛泽东认为青年的思想政治教育应当和我国革命的实际情况紧密结合，特别是在中央苏区时期，在苏区对那里的青年实施思想政治教育时，则更要注意青年革命性的培养，要让中央苏区青年们都树立好崇高的革命斗志。特别是青年的自觉自主，青年是我们国家和民族的希望，他们积极主动地投身革命，争做革命先锋模范，才是我国最为可靠而有力的支撑。

在对青年的思想政治教育上，毛泽东提出的观点也具有创新性，如青年思想政治教育和实践紧密结合，和工农群众紧密相连。反对以往的青年死读书，不关注国家大事的状态，转而提倡要根据青年的自身的特点来开展相应的教育，不然则容易适得其反，这样便很得不偿失了。[1]

在对青年的思想政治教育中，毛泽东提出了要结合生产劳动，生产劳动在社会主义国家占据着重要的地位，我们党是无产阶级政党，也很注重生产劳动。我们的每一天都离不开生产劳动，我国的国家体制也是体现这一特点。作为青年一代，置身于中央苏区时期，身处那种吃穿用度都极其匮乏的年代，不去劳动和工作，难以生存。我们党是代表工人阶级领导工农联盟和统一战线，广大工农青年更要明白生产劳动的重要性。同时，这也启示我们青年在学习理论知识的同时也要注重生产劳动这一实践。

理论联系实际也是毛泽东所倡导的，理论也只有结合实践才有其实际意义，唯有经得起实践的考验方能更好地运用于实践指导。在中央苏区时期，中国共产党也很注重实践这一重要经验教训，如在战术谋略中，对马列主义的经验借鉴亦是如此，毛泽东便是在理论联系实际的指导下，结合中央苏区的实际情况，以及红军的具体情况来灵活地运用马列主义，而非生搬硬套，不讲究其适用性。在前四次红军的反“围剿”中，红军便是遵循着这么一个道理，所以也都胜利了。然而，就在第五次反“围剿”中，便是遵循了王明主义的左倾教条主义错误路线的指导，虽然期间也经历了第一次的全国政治工作会议（1934 年的 2 月 7 日于瑞金召开），但是这次会议也未能真正地挽救第五次反“围剿”战争。由此说明理论和实际相结合的重要性，这一点也是颠扑不破的一条真理。毛泽东也指出了人唯有于实践中才能得到真正的锻炼，才能更好地成长，那些坐井观天、两耳

[1] 叶敦卫．历代中央领导集体核心青年观比较研究［D］．南京：南京林业大学，2011．

不闻窗外事的行径是最不可取的。

2. 青年的思想政治教育要发挥榜样的示范作用和青年的主体作用

在对中央苏区青年思想政治教育中，注重榜样的示范教育。在青年中，榜样往往能发挥很大的作用，如果单靠理论教育往往枯燥乏味，是远远不行的，如果多讲一些现实中发生的那些真实人物的话，往往会使青年更加信服，也更乐意去向榜样看齐，这种看齐意识往往能起很大的促进作用。在青年的时间段里，这种模范榜样是较为有效的，反观中央苏区时期，在那时候涌现的模范榜样也是很多的。那么，抓住这一契机往往是很重要的。把榜样身上的好的方面拿出来，如他们积极学习并接受党的思想的熏陶和不断提升自己政治思想觉悟，这些均是青年思想政治教育所需要的，在青年当中开展学习榜样的活动具有重大的现实意义。在中央苏区时期，毛泽东在总结经验的基础上，也着重讲了抓榜样这一举措，用榜样的力量来更好地推动对中央苏区的青年的思想政治教育，榜样身上的优点具有很大的教育价值，要充分挖掘好并利用好。此外，毛泽东还提了很多榜样，让广大青年向他们学习，由此鼓舞更多的青年学习他们身上的斗志，学习他们为无产阶级奋斗终身，为人民服务，对人民怀有深厚的感情。这些先进的模范，为青年的学习指明了方向。

在对中央苏区青年思想政治教育中，注重青年的主体作用，青年是每一个个体组成的，广大青年都有自身的能动性，发挥好每个青年个体的能动作用很重要，有利于他们更加自觉自主地去学习马列主义的无产阶级思想，有利于他们更好地接受党的思想的熏陶。自觉主动学习是一个良好的学习习惯，对于广大青年来说，自觉自主往往更为有效，远远比那些灌输式或者“填鸭式”的教育要好。原本思想政治教育就较为枯燥乏味，倘若能进一步去激发广大青年的学习乐趣，那效果则会是很不一样的，而且处于青年时期，青年们思想也是较为活跃的，如果要让他们信服，让他们主动去学习，生硬地教育是行不通的。在中央苏区时期，毛泽东也很重视这一点，所以在很多时候，毛泽东也都强调我们要注重这一点。那么，要如何使青年自觉主动呢？这往往需要去培养广大青年的自觉性，这也是从长远的角度来考虑的，毕竟我们党的思想政治教育本来就是一个长期要抓的工作，所以要把培养青年的自觉性作为长期工作来做。毛泽东认为青年的主体性便能很好地解决好这一问题，青年自身的主体性在他们学习马列主义理论知识的时候能大大地促进他们学习的效果。在这种自觉自主氛围的影响下，将会有越来越多的青年一起加入学习的队伍中来，这样马列主义理论在青年中的影响将会越来越广，也会有越来越多的先进青年支持无产阶级，甚至加入我们的党组织。

3. 青年的思想政治教育要注重启发教育

在对中央苏区青年思想政治教育中，注重启发式的教育。在古代启发式的教育便已经在提倡了，如孔子的“不愤不启，不悱不发，举一隅不以三隅反，则不复也。”从此便能看出启发式教育的运用了。启发式教育自古便有，所以无论是放在何时都有其一定的现实价值，对学生都是受益匪浅的。在中央苏区时期，开办了多所学校，虽然那时候条件艰苦，但是在毛泽东的指导下，中央苏区还是比较注重教育的，特别是启发式的教育，在对青年学生注重教育的同时也讲究教育教学方法的创新与实践，其中的启发式教育教学便是如此。当青年在学习的同时，若只是放任他们自由自主地学习也是不够的，还需要在旁及时有效地对其予以启发。青年思想较为活跃，急需要教育者的指导，特别是面对其他思想的剧烈冲击，青年若是对无产阶级不坚定，则很容易受其他思潮的影响。所以，启发式教育很重要，使青年不容易受非无产阶级思想的影响，能一心一意地坚持共产党的领导，思想不容易走偏，党也能及时地掌握青年们的思想动态和特点，同时也有助于在中央苏区对青年开展更好更全面的思想政治教育。

二、周恩来的青年思想政治教育理论

在长期的革命战争中，周恩来也形成了一系列的和青年思想政治教育相关的思想、理论和观点，这些可以从其一系列的论述和谈话中得以表现出来，其基本立场是马克思主义。周恩来青年思想政治教育是立足于中国青年和我国国内的实际情况，结合马克思主义而形成的。1927 年的 11 月，周恩来把阳翰笙派去创造社工作，创造社对青年的影响较为深远，特别是在五四运动期间有着至关重要的作用。周恩来则认为这个文化社团很好，我们党可以充分地去把它利用起来，作为一个阵地，以更好地发展我们中国共产党的革命势力，特别是当处于新兴文艺下，白色恐怖笼罩在青年中，这时创造社便给了青年莫大的鼓舞，逐步地将广大的青年都慢慢地引入到救国救民的道路。在当时，发展青年团也是周恩来所关注的一大重点，他指导着青年团的工作，提出青年团应当维持组织系统的独立性。

周恩来本身有着强大的人格魅力，在对于青年思想政治教育中，他也是以其自身的崇高人格去感染广大的青年，号召他们要积极地加入革命战争中，以报效祖国。他提出青年要不怕吃苦，敢于接受挑战，在磨难和挑战中不断地去锻炼自己，使自己越来越成熟。[1] 周恩来在学习并运用马克思主义的过程中，以科学的视觉去认识青年、教育青年，他用一分为二的方法去对待青年，既看到青年的优点，又看到其缺点，即青年对于新事物较为容易接受，对于挫折也更能接受，然而青年也有其自身的缺点，他们容易骄傲自满。对于青年思想政治教育，他认为应坚持实事求是的观点，在 1929 年 9 月 28 日，在给长江局的信件中，周恩来便写了对于青年工作中出现的那些不重视青年的实际情况的现象，有些甚至想要把青年团取消掉。针对这些情况，周恩来认为青年团应保持好其自身的独立，在开

---

[1] 中央教育科学研究所编．周恩来教育文选［M］．北京：教育科学出版社，1984：17.

展青年工作的时候也要让青年亲自去做；在党团合并下，团不再独立，此做法是不对的，因为团并不是从属于党的组织，而是党允许其保持组织系统及工作的独立；在团组织的组成上，让成年人去做，此做法不太好，他认为在发展的角度来看青年要有长远的目光和计划，不单是要对自己的一生负责，还需对自己的后代子孙负责。

（一）周恩来青年思想政治教育理论的主要内容

马克思、恩格斯曾说过："一切划时代的体系的真正内容都是由于产生这些体系的那个时代的需要而形成起来的。"❶ 周恩来认为青年具有以下特点：一是青年具有旺盛的精力，学习和思维逻辑能力都比较强，在人生最有精力的时刻，是思维最为活跃的时刻，也是接受思想政治教育最佳的时刻，青年拥有着极强的识记能力，这些都是青年自身身体和年龄上的优势。二是青年具有强大的力量，且敢于接受挫折和困难，有时候往往能创造新事物，青年有着"初生牛犊不怕虎"的勇气，这些都给我们的革命事业带来了很大的鼓舞，使我们党不管遇到什么困难，都有充足的力量去解决。在青年阶段，每个人都是要经历很多的挫折和困难，这是必然，然而青年并不会因为一时的困难而气馁了，往往能迎难而上，抵达成功的彼岸。三是青年进取心较强，这是毋庸置疑的，周恩来认为青年前进的方向是对的，他们是为着新生力量的阶级而去服务的；青年趋向于新事物，他们往往不喜欢那些陈旧腐朽的事物，对于不喜欢的往往也较为直接地予以反对，他们也会关心国家政治，特别是处于战争年代。

对青年进行理想信念教育。周恩来一直都很重视青年，认为其思想政治教育是重点。在对他们进行教育的过程中，提倡要注意多多进行理想信念的教育。周恩来认为理想能帮助人们指明方向，但理想源于现实，也需于现实中脚踏实地，一步一步地实现。理想信念对于青年来说至关重要，没有理想容易迷茫，有理想有目标，青年才能更加有动力，做事也更加努力，人生也才更有规划。理想信念无论在何时都是很需要的，我们每个人都离不开它。特别是在艰苦的中央苏区时期，在那时面对蒋介石的疯狂"围剿"，中国共产党人正是因为有着坚定的理想信念，才能在那种艰难的环境中一直坚持下去，才能顶住敌人一波又一波的"围剿"。理想信念是一个很重要的动力支撑，青年更应该学习共产党人的崇高理想信念和斗志。

对青年进行劳动方面的教育，鼓励青年和工农相结合，这一点很重要。在中央苏区，周恩来在对青年的思想政治教育中，指出对青年要全面地去培养，不能

❶ 中共中央马克思恩格斯列宁斯大林著作编译局编译．马克思恩格斯全集（第一卷）[M]．北京：人民出版社，1995：459.

偏重某一方面。同理，对青年的思想政治教育也是这样，不能只是从理论方面去教育青年，还要注重实践中的教育。唯有从多方面地去实施思政教育方能取得一定的教育效果，这也是我们党在实践中总结的经验。

要注意结合我国的优良传统。中华民族有许多传统美德，不管是在哪个时代，传统美德都有其现实价值，对于青年的思政教育有着积极的促进作用。传统美德具有丰富的内涵，随着时代的不断变迁，其内涵也愈加丰富，且总能适应社会和时代的变化发展，具有很强的包容性。在中央苏区时期，周恩来也是较为关注青年的，对于青年的思想品德也是有一定的要求。他认为青年要有良好的品德，提升自身思想品德的途径之一便是学习我们中华民族传承下来的优秀品德。传统美德是青年思想政治教育的重要素材，重要内涵和精神力量，党对青年的思想政治工作的开展是对传统美德的继承和发展。传统美德只是我国传统文化的一部分，以后倘若要想更好地培养好青年，就要取其精华，去其糟粕，把优秀的传统文化融入进来。唯有如此，方能成功。

加强青年集体主义教育。周恩来认为青年作为一个人数众多的大群体，团结就显得特别重要。尤其是在组织青年运动的时刻，如果一个团体，里面人人都很团结的话，往往能取得事半功倍的效果。集体主义教育对于青年来说有很多好处，如在青年自身发集体利益和个人利益之间有利益冲突时，个人应服从集体之利益。在青年内强调团结的重要性也是为了在他们那里培养一种集体的意识，使青年们都不会离开集体，能做到以集体为先，以集体为主。[1] 青年作为一个大集体，其发展和壮大离不开里面每一青年的努力，我们国家向来都很重视青年，特别是在中央苏区时期，整个苏区的青年都是培养的重点对象，他们是苏区反“围剿”时的重要一部分，苏区军队的建设和苏区战争的主要力量都离不开青年，青年就是其中一个重要的力量，时刻给我们以希望和鼓舞。

培养青年的纪律意识。周恩来早在作为旅欧中国少年共产党时，便尤为重视青年在纪律方面的教育。在其起草的青年团章程中便有专门的纪律条款。在1925年黄埔军校的开学典礼上也提出了守纪律的重要性。在红军军队建设中，在周恩来的支持下，全军青年开展了“四不五要三努力”竞赛活动，即“不抽烟、不喝酒、不怕苦、不掉队，要团结友爱、遵守纪律、讲究卫生、搞好军民关系、积极参加文体活动，努力提高政治觉悟、军事本领、文化水平”，收到了显著效果。[2]

提高青年的思想素质。青年的思想素质水平对于国家来说很重要，它能反映我们思想政治教育的总体水平，也是一个衡量的很好的标准，所以提高青年的思想素质是较为迫切的。特别是在中央苏区时期，在对青年的思想政治教育中，对

[1] 中央教育科学研究所编．周恩来教育文选［M］．北京：教育科学出版社，1984.

[2] 秦筱萌．周恩来青年思想研究［D］．重庆：西南师范大学，2005.

广大青年进行马克思主义教育，让他们学习马列理论，让他们知道无产阶级的优越性，坚定共产主义理想信念，这对于我国青年有着重要的意义。正确的政治思想素质是青年所必备，然而培养青年的思想政治素质需要他们在自身的条件上积极主动地学习。

（二）周恩来青年思想政治教育的特征❶

周恩来青年思想政治教育具有科学性。他以马列主义为其基本立场，吸收其精华，同时也吸收我国优秀的传统文化，其思想理论较为丰富且新颖。在对青年进行思想政治教育中，他将理论同中央苏区青年的实际相结合，以探索出更加适合中央苏区青年的思想政治教育的方法。周恩来的青年思想政治教育具有较强的实践性。周恩来对青年思想政治教育工作坚持实事求是的观点，即立足实际，秉持着认真负责的态度，不管是在制定教育工作方针政策上，或是对青年实际情况上，皆秉着实事求是的态度，踏踏实实地做好青年思想教育。这既能对青年相关的各项工作都予以深刻实在的总结，又能为未来进一步去落实好青年相关的那些工作，同时都进行一定的指导。

周恩来青年思想政治教育具有实践性。实践性是马克思主义的显著特点，是推动马克思主义的动力，也是马克思主义较为根本的观点。周恩来对青年同样要求他们要注重实践，理论最终都要回归实践，服务于实践。周恩来的实践精神贯穿于青年思想政治教育中，在中央苏区时期，他便号召广大青年要积极投身于军队中为国效力，要勇于肩负起时代赋予自身的使命。在实践精神下，周恩来针对青年思想政治教育所作出的一系列方针政策都是立足于对青年的实际情况的观察，根据广大苏区青年的实际特点来开展相关的教育工作，同时又依据在中央苏区开展的实际工作来不断地总结经验，以此不断为以后的青年工作奠定基础，由此也不断推动中央苏区青年的思想政治教育的发展。

周恩来青年思想政治教育具有民族性。周恩来对青年的思想政治教育是立足于我们中华民族的青年，植根于我们民族优秀的传统文化，其背景是在中华民族处于水深火热之时。在中央苏区时期，周恩来在苏区青年的思想政治教育中提倡我国传统文化，积极地引导苏区青年学习优秀传统文化，鼓励他们要多从自己本民族的优秀传统文化中汲取养分。他少年时代就特别欣赏范仲淹的“先天下之忧而忧，后天下之乐而乐”，认为青年就应把国家、民族的利益摆在第一位，青年应该有广阔的胸襟和过人的胆魄。他在读书时代便认为自己读书是为了中华之崛起而读书，始终把中华民族的兴亡时刻记于心中。周恩来认为在批判继承传统文化的同时还要立足于马列主义，结合时代之趋势，赋予其新的内涵，使青年之教

❶ 秦筱萌．周恩来青年思想研究［D］．重庆：西南师范大学，2005.

育更为合理有效。让广大苏区青年学习更多优秀的思想，并积极主动地用马列主义理论来武装自己的头脑，不为非无产阶级的思想所影响，坚定地跟党走，并坚信中国共产党一定能取得革命战争的最终胜利。在1931年抗日战争的爆发，国家到了生死存亡的危急时刻，周恩来更是号召青年要肩负起拯救国家的重任，他指出青年要读好书，学好科学文化知识，尤其是救国的道理，要在这生死存亡的历史紧要关头，自觉主动地承担责任。

周恩来青年思想政治教育具有传承性。其传承性是一大特点，主要是指其青年思想政治教育的思想继承了马列主义、斯大林等青年思想，而且还与我们无产阶级的思想不谋而合。马克思和恩格斯很重视青年思想政治教育，列宁和斯大林亦是，这些无产阶级的革命导师们对青年的思想政治教育工作都很有经验，且有自己独立的思想体系，而周恩来便是在吸收他们思想的前提下不断地进行创新。在中央苏区时期，周恩来所遵循的也是马列主义，由于我们在青年这方面实践和经验的缺乏，所以向列宁和斯大林这些革命导师学习也是时代之需。在中央苏区那里，很多的无产阶级思想家，他们也是深入地对青年进行了大量的研究，他们也在实践调查研究中提出了许多青年思想，尽管各有其自身特色，但是在本质上的认识却都基本一致。

三、朱德的青年思想政治教育理论

朱德自加入了中国共产党之后做了大量的青年思想政治教育工作，他是一个忠实的马列主义者，去过苏联学习，阅读了许多马列主义经典著作。朱德对于军队事务的领导工作是做得比较出色的，在军队的地位也较高，这些实践工作为以后朱德对青年思想政治教育奠定了基础。

（一）朱德青年思想政治教育背景

从1928年的井冈山会师，一直到1933年的第五次反“围剿”，这个重要的革命期间，是朱德青年思想政治教育初步形成的一个阶段。在这个重要的阶段里，朱德立足于我们中国伟大的革命战争实际情况，特别是军队里面思想政治教育工作，对其中的工作之作用和地位进行了较为系统全面的讲述，由此逐渐地形成了自身较具特色的理论。而且，他在理论和实践的紧密结合下也写下了一系列文章，例如1931年时写的《怎样创造铁的红军》，1934年的《红军建设报告》《朱主席的演说》等，这些均显示了朱德青年思想政治教育理论有了一个雏形。1928年至1933年，这一阶段是中国革命斗争星星之火逐渐形成一个燎原之势的阶段，而且红军在这一阶段也取得了诸多战争的胜利，中国共产党在这一时期也对青年开展了许多的思想政治教育，这些都是紧密相连的。由此，朱德对我们党的思想政治教育工作有了一个较为系统全面的认识。朱德在这一时期加强了思想政治教育理论的学习，积极参加党开展的一系列活动。学习《星星之火，可以燎原》，朱德深受其影响，其中对于革命战争的实况，革命形势的描述等都是较为到位的，给当时党对青年的思想政治教育指明了方向，也给了中国革命一个希望。还有《古田会议决议》亦是如此，为我们广大农村那时的革命困境指出了解决的方法。在当时，农村极其落后，如何在农村建立共产党以指导农村革命战争走向胜利，如何建立人民军队。这两个问题在古田会议的决议上都给出了解决的办法，即古田会议提出了思想政治工作的一系列原则，这也是我们党的一大创举，也为我们党在军队上的思想政治教育工作奠定了一定的理论基础。同时，这也为朱德开展思想政治教育工作奠定了坚实的理论基础。

在这一时期也有一件对党具有特别意义的事发生了，即井冈山会师，这在党的历史中也是意义较为重大深远的。从此，朱德和毛泽东的联系更加紧密了，我国工农武装斗争由此翻开了一个历史的新篇章。就像美国的一个女作家所述的那样，从他们见面的那一个瞬间，朱毛便浑然一体了，就像是身体上的一对臂膀那样。由此可知，朱德和毛泽东这一结合对朱德来说有着极其重要的意义，对于中国革命来说也是一大幸事。比如朱德和毛泽东便团结一致，抵制“左”倾思想，提出了正确的思想路线。在反“围剿”的战争中，朱德和毛泽东用正确的军事策略，取得了四次反围剿战争的胜利。与此同时，朱德在军中的威望也得以树立，这些战斗经历也为他之后所从事的青年思想政治教育奠定了政治基础。

（二）朱德青年思想政治教育的内容

1. 政治工作是红军的生命线

政治工作，即红军的生命线，这是对政治工作的地位所进行的较为全面的总概括。在1934年中国工农红军第一次全国政治工作会议上，朱德和周恩来等强调了思想政治工作是红军的生命线。在根本上来说，对于政治工作之地位便有了一个较为明确的说法。朱德还强调，我们不但需对战争前线的军队之思想政治工作同予以高度重视，同理，还要积极地去加强我们预备队，以及游击队的思想政治教育工作。朱德还提出对于思想政治教育工作，要确保军队里面的目标能和思想政治教育相联系，这样才能使红军的战斗热情时刻保持在一定热度。朱德还于开幕式上，指出红军从以前的游击队规模，逐渐发展至如今有着大规模队伍之正规红军，这不单是党努力在政治工作中的领导下得来的，还是党在坚持无产阶级之领导下逐渐发展起来的。红军唯有于政治思想实践中，方能更好地去保证红军能真正地去为无产阶级的利益而无私奉献，甚至牺牲自己宝贵的生命。因此，努力把思想政治教育工作开展好，有利于党培养一支英勇无敌、在战争中能百战百胜的战斗力超强的红军。在他看来，军队的不断发展及壮大，主要是坚持了党的领导，特别是在政治上强有力的领导。倘若没有这些方面的强力支持，就不会有无数勇敢无畏的红军战士，以及强大的红军队伍。

朱德认为思想政治教育工作就是红军的军魂，在中央苏区要抓好政治工作，在着重分析红军思想政治教育工作基本特征的同时，结合红军为人民服务和保家卫国的宗旨，提出在中央苏区要务实开展军队思想政治教育工作。在1931年7月，恰逢第二次反"围剿"前夕，朱德在当时的苏区中央局机关报《战斗》，写了《怎样创造铁的红军》一文。在该篇军事论著中，朱德明确提出了红军的性质，即红军是工农的军队，也是所有劳苦群众的军队，从这点也进一步决定了红军的重要历史任务是夺取政权，建立、巩固苏维埃政权。同时，还强调要保证军队的纯洁性。在治军方面，要对军队进行适时的政治训练，即信仰和军队性质任务的训练、人民群众观念的训练、革命形势和前途认识的训练。提倡"治军先治心""带兵要爱兵"。1933年，朱德为脚起血泡的战士洗脓血，自己挑着两箱炸药进瑞金城的事迹便是用实际践行了这一点。在纪律方面，提倡在纪律面前，指挥员和战斗员均无任何特殊性；红军的纪律是"建筑在无产阶级团结上面"，用自我批评和教育，相互督促与勉励来实现纪律的自觉遵守。朱德认为政治工作对于军队之战斗力来说是可靠的保证。这要从其所经历的各种战役来说，即在很多情况下，他面临的皆是敌强我弱，但是他仍然可以以劣胜优，甚至频频创造奇迹。之所以能这样，也源于他自身对军队士兵的思想政治教育相关，他特别注重去发掘士兵的政治觉悟。

2. 马列主义理论教育

中国共产党在建党之时便特别注重马列主义理论方面的教育。朱德是共产党的领导人之一，也是一位极其重视对青年进行马列主义理论方面学习的典型。他平时也是以身作则，一直都专注于马列著作的学习，专注于毛泽东著作的学习，在红军中树立了好榜样。他还说这些理论都是很好的精神食粮，共产主义终将遍布全世界。朱德认为马列主义理论教育的重要性有如下几点：首先，有利于青年素质的提升，特别是中央苏区的广大青年，统一政治思想是很有必要的。而理论方面的提高，才更能去遏制不良思想的倾向。其次，有利于启发中央苏区广大青年在政治上的觉悟，以马列主义理论来教育苏区广大的青年，有利于培养他们优秀的品德，有利于他们真心实意地去为人民服务。最后，马列主义理论有利于促使青年学好科学，进而推动革命战争的进程。朱德认为马列主义不仅仅限于社会科学抑或是历史科学。它是所有科学中最高的成果，其世界观及方法论，当然也是对所有科学都很适用。❶

3. 勤俭节约教育

在对中央苏区进行思想政治教育时，还要注意对他们进行勤俭节约的教育。

---

❶ 高小枚．朱德思想政治工作理论研究［D］．长沙：湖南师范大学，2007.

朱德从小就受其母亲勤俭节约思想的深刻影响，所以他始终都坚持勤俭节约的优良传统。在中央苏区的青年思想政治教育中，他仍然还是强调青年教育要注重勤俭节约思想的教育，这对于青年的成长是极为有利的。勤俭持家于国于民都是极为有益的，朱德认为应当成为每一个青年的良好的习惯。在艰苦的中央苏区时期，红军则根据斗争之需要，制定了一系列的严格纪律，例如政治纪律、群众纪律、指挥纪律、组织纪律等。这些纪律是党的政策落实的保障，是党的领导地位的保障，也是革命战争胜利的重要保证。

参考文献

[1] 施苑，郑范．《毛泽东选集》第五卷历史背景介绍［J］．北京师范大学学报（社会科学版），1977（2）：25～32.

[2] 张宇，张业振．从《青年实话》看中央苏区青年思想政治教育的主要特征［J］．青年发展论坛，2017，27（3）：83～90.

[3] 徐天兰，蒋永勤．中央苏区青年思想政治教育探究［J］．经贸实践，2015（13）.

[4] 肖小华．中央苏区思想政治教育的实践及经验［J］．理论月刊，2009（10）：179～181.

[5] 肖小华．试析中央苏区时期思想政治教育的针对性［J］．福建党史月刊，2008（3）：64～66.

[6] 卢忠萍，周珊，曹京燕．中央苏区思想政治教育的历史经验与启示［J］．思想理论教育导刊，2015（4）：105～108.

[7] 张美琴．论中央苏区扫盲教育的历史经验［J］．成人教育，2009，29（12）：13～14.

[8] 卢忠萍，李根寿．中央苏区干部教育的思想旨归与运行机制［J］．求索，2016（1）：51～55.

[9] 陈世润，聂国林．中央苏区时期毛泽东思想政治教育的人学特色［J］．学术论坛，2010，33（7）：26～29.

[10] 李秀红．论中国共产党在中央苏区初始执政的思想文化基础［J］．东南大学学报（哲学社会科学版），2010（S2）：13～15.

[11] 郑志发．中央苏区民众政治思想态势浅探［J］．江西师范大学学报（哲学社会科学版），1998（2）：65～69.

[12] 彭月英，孙海林．毛泽东中央苏区教育思想的形成及特点［J］．求索，2010（8）：244～246.

[13] 王玉福．毛泽东与中央苏区时期党的建设［J］．河南师范大学学报（哲学社会科学版），2003，30（1）：117～120.

[14] 汪木兰．中央苏区文化方针政策的形成与发展［J］．江西师范大学学报（哲学社会科学版），1990（2）：68～74.

[15] 李武林．《周恩来：思想和实践》评介［J］．东岳论丛，1998（5）：121～122.

[16] 刘健清，邹佩丛，邓丽兰．八十年代的周恩来研究［J］．文史哲，1993（1）：51～57.

[17] 璞玉霍．周恩来在十年内战时期的人民战争思想［J］．毛泽东思想研究，1993（1）：121～124.

[18] 钟昌火．论中央苏区时期政治动员的特点［J］．中共福建省委党校学报，2011（6）：96～100.
[19] 余伯流．中央苏区的历史地位及其深远影响——纪念中央苏区创建暨苏维埃共和国成立70周年［J］．党史研究与教学，2001（6）：3～7.
[20] 红色中华［N］．二苏大特刊（第三期），1934-01-26.
[21] 袁征．中央苏区思想政治工作研究［M］．南昌：江西高校出版社，1999.
[22] 毛泽东．毛泽东选集（第二卷）［M］．北京：人民出版社，1991.
[23] 江西省教育学会．苏区教育资料选编［M］．南昌：江西人民出版社，1981.
[24] 潘勇．论朱德对党的思想政治教育理论的贡献［J］．教育与教学研究，2007，21（8）：1～4.
[25] 毛志强，杨德辉．朱德对马克思主义思想政治教育理论的贡献［J］．思想政治教育研究，2012，28（3）：30～34.
[26] 敖天颖．朱德军事教育思想初探［J］．毛泽东思想研究，2010（5）：40～43.
[27] 欧阳恩良．朱德论思想政治工作的基本原则［J］．湖北社会科学，2007（12）：187～189.
[28] 商志志．周恩来思想政治工作理论研究［D］．济南：山东师范大学，2008.
[29] 阮剑兰．周恩来思想政治工作理论研究［D］．长沙：湖南师范大学，2007.
[30] 熊吕茂，肖添．近十年周恩来思想研究综述［J］．湖南城市学院学报，2004，25（5）：12～16.
[31] 欧阳国庆，胡解旺．周恩来思想政治工作方略及其启示［J］．世纪桥，2009（1）：62～64.
[32] 覃雪梅．中国传统文化与周恩来思想政治工作理论［J］．湖北民族学院学报（哲学社会科学版），2012，30（3）：115～118.
[33] 韩同友．五四前后周恩来思想转变的历程及其对当代青年的启示［J］．党悟，2009（3）：59～62.
[34] 高永昌．1927—1937：青年共产国际与中国青年运动［D］．武汉：华中师范大学，2008.

第三章

群众团体中的青年思想政治教育

依据中央苏区革命的发展形势，苏区革命的发展重点已转移到农村。第一，生活所需非常紧缺，群众的思想文化水平低下。根据 1930 年数据显示，半封建、半殖民地的旧中国，全国人口总数的 80% 是农民，知识分子和工人只有 10%。第二，共产党和军队的组成是复杂的，有非无产阶级思想的残余。第三，农民、小资产阶级、国民党起义军和被俘虏的白军的参与增加了党和军队数量。但是，复杂的组织构成混淆了党和军队的内在思想，非无产阶级思想严重侵蚀了党和军队思想建设。国民党的不断封锁和“围剿”加剧了中央苏区的贫困，让苏区处于更加危险的境地。总之，中央苏区的建设和革命斗争在困难的内外困境条件下，没有坚定的精神指导，没有强大的思想政治教育工作就很难展开。

红军三次反“围剿”战争胜利之后，赣南、闽西根据地联合起来，成为有利条件，1931 年 11 月中华苏维埃第一次全国代表大会在江西瑞金召开，成立了中华苏维埃共和国临时中央政府。在建设苏区必须面对许多新情况和新挑战，这些都是从苏区形成之初到后期巩固发展思想政治教育的动力。

中央苏区的青年思想政治教育在教学内容、教授方法、课程设置等方面，体现了深厚的马克思主义色彩。坚持为革命战争和阶级斗争仍然是苏区的核心目标。此外，理论联系农村的实际情况，中央苏区的思想政治教育注重利用红色报刊、戏剧等生动灵活的多样教育形式。

第一节　农民组织的青年思想政治教育

一、农民组织思想政治教育的时代背景

中国共产党成立以来，共产党和国民党第一次反对帝国主义和封建主义的伟大革命战争是在 1924 ~ 1927 年进行的革命。工农群众建立的农民协会是由共产党在革命刚开始的时候建立的，在进行了激烈的农民革命后，对封建反动势力造成了沉重的打击并削弱了封建军阀和帝国主义的反动统治基础。大革命的失败，

客观上是由于反革命力量的强大、统一战线出现剧烈的分化、蒋汪集团被拉进反革命营垒，主观上是中国共产党领导机关后期犯了右倾机会主义错误，农民运动在革命斗争的晚期受到了阻碍和破坏。大革命的失败减弱了中国无产阶级革命的力量。共产党通过这次大革命的失败清楚地意识到了农民问题对中国革命的极端重要性，也得到了惨痛的教训，使得农民阶级反对帝国主义和反封建社会运动的积极性遭到了严重的阻碍。

1927 年 7 月中旬，在这危急的关头，年轻的中国共产党有被解体和摧毁的危险。中共中央为了挽救革命，决定准备举行武装起义，即南昌起义。1927 年 8 月 7 日的汉口会议，彻底清算了大革命后期陈独秀的右倾机会主义错误，确定了土地革命和武装反抗国民党反动派统治的总方针。土地革命和反对国民党的政策以及“枪杆子夺取政权”的主张，为中国共产党指出一条新的出路，不仅挽救了党，也为共产党的未来革命做出了不可磨灭的奉献，成为党领导的革命战争从大革命失败到土地革命兴起的历史转折点。

随后有了南昌起义、秋收起义和广州起义，进入了创造红军的新时期，开启了中国革命新纪元。除毛泽东率领的秋收起义部队及时转移到井冈山地区、创建农村革命根据地以外，南昌起义余部一部分转移到海丰、陆丰地区与当地农民会合，主要部分由朱德、陈毅率领转移到湘南农村，在那里开始探索上山打游击、开展农村革命的新的途径，后来也上了井冈山。广州起义余部一部分也转移到海丰、陆丰地区与农民会合；一部分后来随朱德上了井冈山；另一部分则从广州西北郊转入农村，后来参加了广西左右江起义。客观环境迫使一批又一批的中国革命者深入到农村区域去坚持革命斗争。

（一）中央苏区有一定的理论基础和实践基础

在共产国际的影响下，中国共产党主要领导人学习了苏联的“城市中心论”，蔑视或否定了农民游击战和农村根据地，忽视农民运动在中国革命中的重要作用，从陈独秀的右倾机会主义错误汲取了大革命失败的教训。在农村的工作“很少的注意到革命的群众的实际情形”“没有叫公众理解政治斗争真正含义及其与人民自身利益的关系，它没有指出政治斗争中的出路”❶，给中国革命造成了极其严重的危害。1927 年 8 月 7 日在武汉汉口举行的“八七会议”确定了土地革命和武装斗争的总方针，毛泽东提出了“枪杆子里面出政权”的著名论断。会议是在中国革命的关键时刻举行的，要贯彻落实会议的精神，完成党的中心任务，必须在农村开展思想政治教育。在当时的情况下，思想政治教育的苏区农民

---

❶ 中共江西省委党校，党史教研室．中央革命根据地史料选编（中册）［M］．南昌：江西人民出版社，1982：18.

群众有一定的理论基础和实际条件。

首先，闽西、赣南和赣西的农民群众具有一定的思想政治理论基础。五四运动后，广泛开展了一场促进民主和自由的新文化运动。

俄国十月革命爆发之后，中国人第一次广泛地了解马克思及其理论学说，这使中国人看到了希望。俄国革命的胜利使中国的先进知识分子提升了对革命的新认识。俄国十月革命和中国五四运动为中国人接受马克思列宁主义开辟了道路。在江西，马克思主义的早期传播者是袁玉冰、方志敏、赵醒侬等人，其中袁玉冰主办的杂志《新江西》产生了很大的影响，它是传播马克思主义的主要文化阵地，为江西人民宣传了宝贵的十月革命经验。苏区地区坚实的思想政治基础和组织基础，原由新文化运动的广泛开展，促使绝大多数青年人能够增加知识、开阔视野、激发他们的思想。这些年轻人外出学习，加入中国共产党，把马克思主义带回了赣南、闽西地区并广泛流传。陈奇涵、胡灿、刘维锷、邝才诚、古柏等人都是在外地加入中国共产党的，马克思主义的书籍和期刊被送回了家乡，使马克思主义在赣南广泛宣传和传播；让苏区人民意识到党和苏维埃政府的革命都是在帮穷人打天下，为了让所有的老百姓过上好日子，连政公等在上海学习马克思主义理论回到宁都县里之后建立了《孤灯报》，大力宣传马克思主义。

其次，在一定的物质基础和良好的群众基础条件下，所有工人和农民群众的政治意识相对较高，革命经验相对丰富。早在赣南、闽西地区经过革命洗礼过的农民进行的武装暴动时，各地就创建了党组织，所以当时的革命在苏区便于发展。“八七会议”后，赣西南部同年 10 月成立了党的特委组织。在党的领导下，各地开展了工农运动，建立了农民协会。万安县有超过 300 个乡镇农民协会，拥有超过 40000 名会员。❶ 农民自卫队是在遂川、莲花、宁冈和安福等地的农民协会基础上建成的。在 1928 年前后闽西地区，形成了小型游击队根据地，在一些地区实施了土地分配。闽西的反革命武装力量较弱，他们中的大多数都是当地的土著军阀，战斗力也很低，内部充满着阴谋和互相争斗。当时福建处于一片混乱之中。此外，在闽西有着良好的地理优势、地区广阔、物产丰富的有利条件。❷

（二）苏区农民群众思想政治教育的紧迫性

中国共产党在赣南和闽西创建了革命根据地，使党有了相对稳定的立足之地。党的思想政治教育工作对于根据地的建立和壮大有着重要的保障作用。

中央苏区当时处于非常危险的处境，苏区的建设和革命面临巨大的困难。国民党的不断“围剿”更是加剧了农民生活水平的贫困。如此苦难的形势下，如

❶ 余伯流，凌步机．中央苏区史［M］．南昌：江西人民出版社，2001：25.

❷ 刘光华．论中央苏区农民思想政治教育及其启示［D］．南昌：江西师范大学，2012.

何激励所有工农群众，如何动员群众加入革命斗争，粉碎国民党反动派的进攻，使革命在中央苏区扎根，已成为共产党和苏维埃政府在这一历史时期必须面对的重要任务。在中央苏区的内部和外部条件相对困难的情况下，如果没有坚定的精神指导，没有强大的思想政治工作，是不行的。只有通过强大的思想政治教育，动员和团结广大农民，才能使广大农民一起承担革命的重大任务，保卫红色政权，保障自身权益。

（三）农民思想的特点和现状

农民是中国革命的主力军和无产阶级可靠的同盟军。中国的革命战争最终是一场农民战争。不能满足革命斗争要求是中国农民群众自身的局限性。正如陈独秀所说："农民占中国全人口之大多数，自然是国民革命之伟大的势力，中国之国民革命若不得农民之加入，终不能成为一个大的民众革命。但是农民居处散漫势力不容易集中，文化低、生活欲望简单、易于趋向保守……"[1]

农民思想上巨大的局限性由自给自足意识、信息闭塞而造成的，农民阶级分散落后导致经济地位的不足。农民因为长期封闭的自给自足的自然经济而眼光短浅，属于个体小生产者的一部分，但是对小农意识有深刻的认识和了解。他们对现状感到满意，没有希望和害怕改变，追求安定、充实温暖的生活，他们做事原则就是不多事，能省事就好。他们的追求思想不是马克思主义，也不是社会主义，而是"三亩田地，一头老牛，老婆孩子热炕头"。农民群众对于地主压迫和剥削具有很强的忍耐力，同时他们也有非常强的抵抗力，但是被内心隐藏起来，需要正确引导，加以利用。

二、农民组织青年思想政治教育的主要内容

思想政治教育属于意识形态范畴，具有鲜明的阶级性。中央苏区对农民进行了提高政治意识和文化水平等一系列的教育，就是为了土地革命、武装斗争和根据地建设能成功地开展。当时的思想政治教育主要包括马克思主义理论教育、阶级斗争，具体内容也包括党的基本知识教育、科学文化教育、反封建迷信教育等。

土地革命开始以来，中国共产党和苏维埃政府就高度重视农民思想政治教育和文化事业。发展中央苏区的青年思想政治教育事业，全力提升苏区农民群众的文化知识水平和思想政治觉悟，是共产党和苏维埃政府的一项重要任务和目标。

（一）马克思主义理论教育

1917 年 11 月俄国十月革命爆发，推动中国的先进分子把目光从西方转向东

---

[1] 陈独秀．中国国民革命与社会各阶级［J］前锋．1923（2）．

方，中国人开始真正了解马克思及其学说，让中国人看到了民族解放的希望，俄国十月革命和中国五四运动为中国人接受马克思主义开辟了道路。[1] 对所有农民群众进行马克思主义基础理论教育是对农民开展思想政治教育的首要条件。

开展马克思主义和列宁主义的教育就是为了在历史上受到压迫的革命阶级明白有了革命性的知识，才有了最伟大的解放运动，中央苏区政府使整个苏维埃地区农民群众受教育，成为革命战争胜利的伟大条件。苏维埃政府采取了组织农民群众读报班、研究会等教育方式，加强了对中央苏区群众对马克思主义和列宁主义基本理论知识教育。收集了农民群众的大量问题在研究会上讨论，在支部大会上或干部会上作政治理论报告；苏维埃政府在困难的环境下，克服困难，提供给这些知识分子便利，让他们收集和编写了许多与马克思主义和列宁主义相关的材料，出版和翻印了很多革命性的书籍，启发农民的思想觉悟。农民群众受到马克思主义启蒙教育，得益于进步的知识分子，他们影响和带动了一批进步青年知识分子和爱国青年学生，并开始用马克思主义的思想来判断和分析问题。他们不仅要弘扬马克思主义思想文化，还要积极探索拯救国家、拯救人民的道路；此外，他们的思想观点也开始在加入农民群众的实践中得到改善。中国的先进分子深入农村，承担了农民群众暴动和苏维埃地区革命政权建设的重大责任，积极参与宣传马克思主义理论的实践运动。

（二）阶级斗争教育

长期的封建统治在中国历史上形成了根深蒂固的阶级意识。自阶级社会开始，剥削、压迫和被剥削、被压迫阶级的斗争已经有几千年的历史。农民群众在长期的与地主阶级的革命斗争中，一直处于弱势。要争取斗争的胜利，只有教育农民进行阶级斗争，让苏区农民意识到只有苏维埃政府带领下进行土地革命和武装斗争，才能赢得最后的阶级的胜利。

宿命论是农民阶级解放思想上最大的阻碍。从意识形态出发毛泽东指出“天下贫苦的农民群众并不是一开始就生活贫苦，而是由于地主和官僚资本家的压迫和抢夺造成的”。

由于苏区农民在受到地主阶级的长期压迫和欺骗，以及旧时代几千年传统思想的影响，共产党人在动员苏区农民群众进行土地革命的过程中遇到了多种思想意识形态上的阻碍。尽管土地对于农民的重要性是重中之重，农民依靠土地生活，最需要的也是土地，但是农民对土地的强烈需求与对地主阶级的认识之间产生严重的矛盾，人们总觉得这是地主的土地或是“主人家”感觉“不敬重”，不能在分土地的时候做到问心无愧地向地主阶级拿回属于自己的土地。为了让农民

[1] 谢思明．中央苏区时期思想政治教育研究［D］．西安：西南交通大学，2014．

群众感到理所应当地拿回属于自己的土地，苏维埃政府大力地讲解了土地的起源，让农民群众知道了这些土地本身是自己的祖辈们通过自己的双手辛勤开垦出来的，但是后来因为地主阶级通过欺骗或者抢夺，拿走了属于农民群众自己的田地，再租借给贫穷老百姓，向没有田地的农民收取高昂的租债。中国共产党和苏维埃政府帮农民群众拿回了属于自己的土地，所有被扣押的土地租约都在公共场所被烧毁，完全消除了农民担心地主阶级报复的恐惧心理。这样提升了农民群众对党和苏维埃政府的信任，他们就会积极主动地加入到革命战斗中去。

为了激发农民的思想和阶级意识，使农民容易理解，进而产生共鸣，宣传方式至关重要。所以，当时苏维埃政府想到了在村里的墙上贴出“大字”标语，是因为它操作简单方便，更贴近农民的生活，农民群众在村里无形之中就会受到宣传的感染。这种宣传方式受到广大农民群众的欢迎，并流传着：“红军一到，满街鲜红，等于过年。”党和政府通过运用这些方法和手段起到了很大的效果。❶由于国民党政府的长期反动宣传和地主土豪的威胁，农民群众在革命初期都不敢接近红军。因此，除了贴大字和喊口号外，红军采用了更为详细的宣传方法，比如去农民家里，当和农民群众聊家常扯闲话的时候，就向他们解释一些革命性道理。久而久之，农民群众不由自主地收到了知识的灌输。凡此种种，激发了农民群众的阶级思想和革命意识，使得农民群众深刻认识到了帝国主义、封建主义和国民党军阀政府的滔天罪行是灾难的根源。

（三）文化知识教育

对农民群众进行思想政治教育，必备的文化知识教育显得非常必要。1934年1月，毛泽东在第二次全国苏维埃代表大会上提出：“执行苏维埃的文化教育政策，开展苏维埃土地上的文化革命，用共产主义武装工农群众的大脑，提升群众的文化水平，实施义务教育制度，增加革命战争中发动民众的力量，同等是苏维埃的重要任务。”❷

中央苏区所在的赣西南和闽西地区，人民生活水平很低，文化教育条件较差，文化水平也相对落后。农民群众不会阅读、写作，会算账的人寥寥无几，被地主阶级欺骗和剥削。还有不少基层领导也是文盲、不识字、无法阅读上级的指示文件和信件。中央苏区文化落后的现状制约了中央苏区党的思想工作和党在农村政策的落实及宣传。为了苏区农民群众的文化水平的提升，必须大力发展科学和文化教育，才能使革命工作顺利地进行下去。

首先，对青年段的群众进行扫盲识字教育，最重要的是为了提高群众的政治

---

❶ 陈毅．回忆中央苏区［M］．南昌：江西人民出版社，1986：58.

❷ 中共江西省委党校，党史教研室．中央革命根据地史料选编（下册）［M］．南昌：江西人民出版社，1982：346.

意识水平和彻底消除文盲阶级。党和苏维埃政府为实现真正的平等，建立了消除文盲、扫盲班，让所有人都有机会学习，并规定所有农民群众和工人都可以在一定的时间内写读。为了彻底消除文字上的盲人和摆脱文盲的称号，必须要让这些人来学习，使工人们、农民群众具备可以识字、记账、阅读的能力。江西省革命委员会在1927年发布的《行动政纲》中提议"实施普及教育，提升革命文化"，通过开办图书馆、民办学校、阅览室、新剧、电影等学校之外的教育机关，增加农民群众及普通平民的知识和娱乐。❶

其次，加强苏区地区扫盲运动的领导，对不识字、不能阅读公文的领导，建立领导的扫盲班和识字班，举办了农民日学校、夜校、业余学校、半天的学校识字组织、俱乐部、列宁室。在村里设置识字的标牌，在上面绘图和写字，每天或四五天更换一次。为了反抗地主的压迫和欺骗，教会农民识字、算数、记账，苏维埃政府专门出了一本识字教科书。

最后，在苏维埃地区党和苏维埃政府的带领下，运动得到了蓬勃发展。在苏区的赣西南，通过口号宣传、报纸宣传、文艺宣传、教科书宣传，在土地革命斗争期间，歌曲、戏剧、新诗、散文、小说、音乐、舞蹈、艺术形式等，对中央苏区农民进行思想政治教育，中央苏区的农民群众受到潜移默化的影响和教育。

第二节 妇女组织的青年思想政治教育

妇女解放，突起异军，两万万众，奋发为雄。
男女并驾，如日方东，以此制敌，何敌不倾。
到之之法，艰苦斗争，世无难事，有志竟成。
有妇人焉，如旱望云，此编之作，伫看风行。

——1939年6月毛泽东：《题〈中国妇女〉之出版》❷

从这个角度来看，没有妇女的加入就不会有重大的社会变革。社会的进步可以通过女性的社会地位准确衡量。各种社会形态中，妇女的解放程度是普遍解放的自然衡量标准。不管在国内或者国外，妇女在生活中都属于弱势群体，有弱势色彩的妇女群众就是马克思主义共产革命追求人人平等、是革命的无可厚非解救的对象。

苏维埃政府成立以来，通过建立各种学校，高度重视妇女的思想政治教育。

---

❶ 中共江西省委党校，党史教研室．中央革命根据地史料选编（下册）[M]．南昌：江西人民出版社，1982：3.

❷ 李震雷．革命时期党开展妇女思想政治教育的途径[J]．学理论，2015（27）：180～181.

在革命历程中，党的妇女思想政治工作的重点主要以通过干部教育、社会教育和义务教育来对妇女进行思想政治教育，这成为中国共产党的政治优势和优良传统。早在大革命期间，党对大量妇女进行了马克思主义理论教育和妇女解放教育，呼吁大多数妇女团结起来，形成妇女统一战线，动员妇女挣脱上千年封建社会思想束缚，参加革命。

一、妇女组织思想政治教育的时代背景

苏维埃政府和共产党非常重视妇女的解放工作。在大革命时期，赣州的西南地区和闽西地区许多县都曾建立过妇女组织，妇女运动也已经开展。在大革命开展之后，中共中央各级政府都建立妇女工作委员会（简称妇女部），同时配有妇女工作委员会书记和妇女工作的专职干事。在一些群众组织中也有专门的妇女组织或部门，主要就是负责妇女在组织中的工作。赣西南苏区 1930 年夏天建立了妇女工作委员会（也称妇女运动委员会或妇女委员会），在苏维埃各级政府设立办公机关，作为苏维埃政府的工作部门之一。

江西省苏维埃政府妇女工作委员会是在 1930 年 10 月 7 日江西省的苏维埃政府成立后再成立的。1931 年 3 月，江西省苏维埃政府撤销了政府系统的妇女工作机构，恢复工会，雇农工会、贫农工会和共青团系统妇女部、女工部，妇女群众按其职业，分别加入上述群众团体，参加各种实际斗争。党组织一直保留着妇女功能机构的系统。

二、妇女组织思想政治教育的主要内容

苏维埃临时中央政府成立后，劳动妇女得到充分解放和保护，并明确以法律和法令的形式确定。1932 年 6 月 20 日，苏维埃政府中央人民委员会在 1932 年 6 月 20 日专门发出的第六号指令“关于保护妇女权利与建设妇女生活改善委员会的组织和工作”中，强调做好女性工作的重要性，批评妇女工作中出现的一些错误，例如忽视妇女权利保护的地方组织。并明确要求：各级苏维埃政府应吸收政权机关中妇女的一切工作，纠正各级政府工作人员的违规行为、忽视妇女、忽视妇女权利保护，坚决反对未能执行各项关于妇女的法令；努力提高劳动妇女的思想政治意识，增进对苏维埃政府和革命的认识，提高妇女的政治文化水平；加强对妇女利益的保护工作，落实执行婚姻法例等。该指令还要求各级妇女生活改善委员会向上级报告妇女工作和妇女生活改善情况，并提出改善妇女生活的建议和具体措施。

在党和苏维埃政府、广大妇女的不懈努力下，苏区广大妇女得到了真正意义上的全面解放，主要体现在政治、经济、婚姻及社会地位等方面，使苏区的妇女工作获得了重大而显赫的成就。党对青年妇女思想政治教育的主要内容有以下几个方面。

（一）加强妇女解放意识的教育

在经济和政治上为了使劳动妇女真正的解放，刚成立的苏维埃中央临时政府在1932年的4月，由苏维埃中央执行组织讨论并决定：各级苏维埃政府组织成立了妇女生活改善委员会，就是为了广大劳动妇女既方便又容易地加入到革命斗争和政治权力管理，在生活上使妇女的生活水平提升，在社会上使妇女的社会地位提高。在苏维埃的法律面前都是平等的。

第一，在法律上主张男女平等。在第一次全国苏维埃代表大会上通过的《宪法大纲》明确指出：工人、农民、红军士兵及全部劳动人民及其家人只要在苏维埃地区的土地上，无论性别如何，只要是苏维埃地区上的女性年龄达到16岁，在法律面前和男人一样就有权当选和选举，并有权参与政治。

第二，在经济上实行男女同工同酬。像男人一样，苏区的贫穷妇女已经获得了属于自己的土地并成为土地的主人。为了鼓励妇女参加生产劳动，中共中央提出了对妇女建议“每个劳动妇女英勇的踏上生产阵地，就像红军士兵在战场上战斗那样勇敢”的口号。成立后的妇女劳动教育委员会大力动员那些裹脚的妇女，解放她们的双脚，赤脚下田劳作。

第三，在婚姻方面主张自由。党和苏维埃政府带领所有妇女对落后肮脏的旧社会婚姻制度进行了猛烈攻击，提出了“实行婚姻自由”“反对包办买婚姻”“反对童养媳、一夫多妻”等口号，受到苏区妇女的热烈拥护。1931年11月通过的《中华苏维埃共和国婚姻条例》，是我国历史上第一部实行男女婚姻自由的民主进步的婚姻法规。

最后，在文化水平上普及提高。党和苏维埃政府热烈关切组织妇女学习文化知识。1932年6月，苏维埃中央人民委员会在“关于保护妇女权利与建立妇女生活改善委员会的组织和工作”的第六号训令中提出：“为提高妇女政治文化的水平，各级的文体部应设立妇女半日学校，组织妇女识字班，可办家庭临时训练班，日间流动识字班，教员由政府及各地学校教员及群众团体的干部来担任。要监督下级妇女生活改善委员会与同级文化部计划实施妇女的文化工作，以及计划培养妇女干部，吸收妇女到各机关工作。”[1] 妇女普遍享有了接受文化教育的权利。

苏区的广大妇女从政治、经济、婚姻和社会地位等方面都获得了真正的解放，如此巨大的成就是广大劳动妇女和苏维埃政府的不懈努力换来的。

（二）加强妇女文化素质的教育

妇女的政治素质和其他素质的提高都基于文化素质的提高，妇女的文化素质

---

[1] 中华苏维埃共和国法律文件选编［M］. 南昌：江西人民出版社，1986.

直接决定了妇女解放程度。由于旧时期的妇女长期遭受封建压迫，重视男性和轻视女性观念在女性心中形成了深刻的印记，女性的整体文化素质偏弱。因此，在苏区建设过程中，中国共产党十分注重提高妇女的素质教育。

中国共产党有着通过建立女工学校、补习学校，来帮助劳动妇女学习文化、启发政治意识的丰富经验。在苏维埃文化委员会指导下，夜校由群众自行管理。妇女在学校组织关于思想政治、文化和革命理论的研究。据统计，妇女夜间学校占当时苏区的2053所夜校的五分之三。1934年，苏区临时中央政府还成立了红军家属夜校，每晚一小时和半小时的议论。课程包括唱歌、扫盲、阅读报纸，提高红军家庭成员的文化水平和政治意识。

各级妇女工作机构和教育部门密切合作，采取多种措施帮助妇女了解文化，消除文盲。上海、广州、湖南等地建立了许多“女子民办学校”“女子补习学校”“女子训练班”“妇女培训班”等。这些学校不仅注意消除文盲，普及教育，提高妇女的文化知识，而且注重政治教育，提高阶级意识。这些在唤醒女性革命意识，提高妇女的思想觉悟方面发挥了巨大的作用。

（三）加强反帝反封建意识的教育

大革命失败后，在国民党的统治下，中国社会的半殖民地半封建性质并没有改变。广大妇女意识到，帝国主义和封建主义是中国妇女深受压迫的根本原因。中国共产党在妇女教育工作中多次指出，在中国半殖民地半封建制度条件下，中国妇女得不到应有的权利。为了自己争取到应有的权利，妇女必须努力打破帝国主义和封建主义的压迫。妇女运动不是一个简单的女权主义运动，而是一个革命运动，它是由受压迫的群众一起，联合起来思考如何解放的革命运动，妇女运动使得越来越多的革命力量加入反帝国主义和反封建主义的阵地。在党的教育和领导下，广大妇女深刻地认识到，只有打倒土豪劣绅，推翻封建统治，建立苏维埃政权，才能得到劳动妇女的翻身解放，才能解决妇女问题；解决职业、教育、婚姻、参与政治等问题，才能解决妇女的根本问题。没有推翻束缚，妇女的解放就无法真正地实现。

第三节　工会组织的青年思想政治教育

在苏维埃政权建立后，中央苏区主要以手工业为主，大量手工业以作坊式存在，工业的力量较为薄弱，只有少许的军需工业在半机械化生产。中央苏区的国有工业主要有军需工业和矿产品开采业。中央苏区开采业主要是以钨矿为主，有钨砂和煤炭，赣南蕴藏着丰富的钨砂，有“世界钨都”称号。

中央苏区的军需工业最早是创办于1927年底的东固养军山兵器修械小组，

发展为养军山军械所，后又更名为养军山修械处，有 80 多人。1931 年，中央军委决定在兴国创办中央军委兵工厂，即官田中央兵工厂，将江西省苏维埃政府修械处与红军白石修城厂、红三军团修械厂、东固养军山修械处合并，1933 年有 440 多人。1930 年，闽西苏维埃政府在上杭县湖洋建立了闽西兵工厂，后称为闽粤赣军区兵工厂，有 140 多人。中央苏区的军需工业还有红军服装厂、中央卫生材料厂、红军斗笠厂等。中央苏区的国有工业中还有中华商业公司造纸厂、瑞金纺织厂、于都通讯材料厂等小型工厂。

中央苏区的集体工业主要是各地兴办的生产合作社。据 1934 年初不完全统计，工厂工人总人数有 32761 人，中央苏区地区一共有各种类的合作社 176 个。各种各样的合作社凝聚了工人的力量，推动了苏区经济发展和后方保障。

一、工会组织思想政治教育的时代背景

中国的江南地区有两大南北走向的山脉，第一个是江西、湖南两省之间的罗霄山山脉，第二个就是江西省和福建省之间的武夷山山脉。这两大山脉中部和南部之间有一个广阔的地区，就是现在的赣南地区；而武夷山山脉的东南就是闽西地区。当时的中央苏区就坐落于这样优越自然环境下的赣南和闽西这两块辽阔的地区。

尽管当时苏区有着优越的自然环境和丰富的自然资源，但是也和全国其他地区一样，都是在长期处于封建统治下的封闭、半封闭状态，经济水平和文化水平都处于长期停滞不前的状态之中。

在工业方面，19 世纪的末期 20 世纪的初期，中国在外国资本主义的侵略下，外国的商品进入中国市场，使得闽西、赣南地区以传统手工业和自给自足的自然经济体受到了严重的破坏，不少手工业都已经破产；又使得赣南、闽西地区的经济有了一些发展，产生了资本主义的萌芽。虽然当时在外国资本主义的侵蚀下资本主义生产关系产生了萌芽的初始状态，但是赣南、闽西的雇佣工人群众和手工业工人群众还是受到了封建主义、帝国主义和官僚资本主义这三座大山的压迫和剥削，他们的劳动环境极为窘迫，工人们每天工作 12 小时甚至 15 小时以上，可是收入却微乎其微，这些收入最多也只有 1 石粮食，根本无法养活家庭的。尤其是钨矿矿工的命运更为凄惨，山上的矿井都是徒手开采，矿里的环境也是又低又窄，通风、光照条件极差，经常发生矿场倒塌的事故，矿工们的生命安全受到了严重的威胁；运输工具更是用人力去运输，开采出的矿石全部都是工人们用肩挑背驮运出井外，送到选场。选矿也是手工淘汰，又累又慢，效率极低。当时的矿场都是民窿开采，盘踞矿场的山霸、包工与外国资本家勾结在一起，用包棚场、收零砂、放恶债、压砂价等手段，残酷剥削工人，榨取工人血汗。不管哪个行业，工人职业都毫无保障。资本家可任意克扣工人工资，还可以任意辞退工人。

有些人被辞退后，生活无着落，度日艰难。

经济发展是文化发展的基础。赣南和闽西的经济如此衰败，文化教育之落后可想而知。赣州城是赣南政治、经济、文化中心，在大革命前只办有两所中学、两所师范学堂，学校在校学生人数不足千人。曾长期作为南安府治所在的大余县城，仅有一所中学、148 名学生，其中地主富家子弟 91 名、资本家子弟 48 名、工农子弟仅 9 名。其他县城就连一所中学也没有，只有屈指可数的几所小学校。如瑞金县至 1920 年全县只办有 10 余所小学校，学生人数不足千人。吉安城的教育比赣州稍微发达一些，也只办有 1 所师范学校和 4 所中学。无论赣南还是闽西，人民群众 90% 以上都是文盲。至于科学技术的普及与运用，更无从谈起。赣南丰富的钨矿资源，还是德国传教士郛礼亨于 1882 年率先在大余县西华山发现的，直到郛礼亨非法盗采大量钨砂运回德国后，当地人士才知道，这种蕴藏丰富的乌黑“石头”竟是价值连城的宝贝。

中共党组织在赣西南和闽西地区，都是在迎接北伐军胜利进军的号角声中创建和发展起来的。这些党组织刚一建立，就担负起动员广大工农群众迎接和支援北伐军，开展工、农、商、学革命运动的重任。赣南共产党组织建立后，将工作重心放在动员和领导工人、农民、学生、商人，组织工会、农民协会、学生联合会和商民协会等革命斗争团体方面。中共赣州特支在深入宣传发动的基础上，于 1926 年 10 月 12 日召集赣州市内外各行业“神社”首事与学生、农民群众代表 40 多人，在八境台召开组织工会会议，协商创建了赣州总工会筹备处。10 月下旬创建了赣南第一个工会组织，就是赣南纺织工会。一直到 1926 年底，赣州市及郊区 18000 余名工人群众和手工业者，全部集结在 54 个行业工会组织内，各级也接二连三的创建了工会组织。同年的 11 月初，在中国共产党赣州特支领导下，赣州工人群众举行了第一次代表大会，在赣州的西街（现在的西津路）豆豉坳广东会馆召开，选举创建了赣州城总工会，陈赞贤被任命为赣州城总工会委员长，钟友仟、萧韶当选为副委员长。同时宣布成立赣州工人纠察队，萧韶任总队长。总工会成立后，领导各行业工会和基层工会组织，与资本家和资方的老板进行和平协商谈判，签订符合工人权益的劳资合同。但在合同签订过程中，遭到以商会会长刘甲第为首的资本家阻挠。赣州总工会决定发动和组织工人开展罢工斗争，并率先从赣州钱业工会开展。面对工人们的罢工，资本家们和代表大地主、大资产阶级利益的国民党右派，感到一片恐慌，他们采用威胁、利诱、请客送礼、软硬兼施等手段，想要使工人队伍产生分歧最终瓦解，让罢工不了了之。他们的阴谋诡计一一被陈赞贤等工会领导人识破。总工会领导全体工人协会团结一致，坚持斗争，将革命进行到底。支持资本家、破坏工人罢工的国民党右派、赣县县长徐鉴惧于工人斗争声威，逃离赣州。徐鉴逃走后，经所有的团体协商，成立了国民党左派和共产党员共同组成的赣县临时政务委员会，推荐陈铁（国民党赣县县党部筹备主任)、陈赞贤、张俊宰等人为常务委员。临时政务委员会旗帜鲜明地支持工会要求，罢工取得了胜利。在赣州总工会统一带领下，引领赣州多数行业通过和平谈判，劳资双方签订了合同，使工人们的生命安全、劳动环境和工资待遇得到一定的改善。

中华苏维埃第一次全国代表大会的宪法大纲是1931年11月7日在瑞金通过的，其中第十七条明确了中共的阶级路线，即“我们是与他们站在一条革命战线上的无产阶级专政的国家——是苏联巩固的同盟”[1] 共产党在马克思主义和列宁主义的影响下，结合农村革命根据地的初期经验，毛泽东提出以“工农武装割据”思想和“农村包围城市”道路理论，作为中央苏区思想政治教育的指导方针。

二、工会组织青年思想政治教育的主要内容

苏区工会的主要任务，是团结和组织苏区工人积极参加土地革命斗争，巩固和保卫苏维埃政权，积极参加苏维埃国家的经济建设，提高工人的政治思想觉悟和文化知识水平。[2]

第一，马克思主义基本理论教育。当时的马克思主义在中国共产党的革命先驱中被广泛宣传，党认识到加强马克思主义教育对工人阶级的重要性。因此，出版了许多传播马克思主义的书籍，如人民出版社翻译的《共产党宣言》《俄国共产党纲领》等，对群众进行马克思主义理论传播。

第二，中国共产党的主张和决议的宣传教育。党提出的思想政治教育，从推进党的纲领和决议，以党的工作为核心内容。因此，共产党人深入工厂、矿山、加强对反帝反封建的宣传教育，提高工人的阶级意识，工人的思想由此受到教育和启发，工人们更积极地投身于反帝反封建的革命洪流中去。《中央兵工厂思想政治工作管理条例》第一条中明确写到，“在管理中，必须坚持突出无产阶级的政治立场，用工人阶级先进思想去武装员工们的头脑，借以形成前进的永恒动力。”

第三，团结工人参加土地革命斗争。中央苏区的广大工人在参加革命前和广大贫苦农民一样都深受三座大山的压迫，有强烈的革命愿望和要求。土地革命斗争开展后，工人与广大贫苦农民一起在中国共产党的领导下，积极参加武装暴动，打土豪，分田地，热情极为高涨。各地工会领导机关建立后，分散的工人迅速团结在工会组织中，工人阶级组织的力量充分发挥。1934年1月24日，毛泽东在第二次全国苏维埃代表大会上作政府工作报告时说：“苏区工人是组织了坚强

---

[1] 中央档案馆编．中共中央文件选集（第7册）[M]．北京：中共中央党校出版社，1991.

[2] 余伯流，凌步机．中央苏区史[M]．南昌：江西人民出版社，2017：769.

的阶级工会。这种工会是苏维埃政权的柱石，是保护工人利益的堡垒，同时他成为广大工人群众学习共产主义的学校。”

第四，动员工人参军和支援前线。在创建和保卫苏维埃政权的斗争中，中国共产党认为，增加和扩大红军中的工人成分，对于建设一支铁的红军至关重要。因此，动员广大工人积极参加红军，成为各级工会组织的一项重要工作。据统计，中央苏区新扩大的全部红军中，苏区工人占30%左右。而中央苏区工人师的组建，是中央苏区工人参加红军革命热情发展到最高潮的历史见证。1933年8月22日出版的《红色中华》报载：“在创造工人师的动员工作中，首先是永丰县给了最实际的回答，一个动员，就完成了永丰县应有的数量而且超过。继着是胜利，于都，博生，兴国，瑞金，也获得了很大的成绩——超过了大会决定的数字。”[1] 除动员工人参加红军以外，苏区各级工会还积极动员和组织工人上前线支援红军作战。1932年4月，红军攻克福建漳州后，缴获了大批战利品。漳州汽车运输工人和船运工人与苏区运输队一起，夜以继日水陆并进，连续奋战一个多月，将这些战利品与物资安全运回苏区，受到毛泽东、朱德、周恩来等苏区领导人高度赞扬。

第四节　少共国际师的青年思想政治教育

苏区的共青团组织是在1928年赣南陆续开展起来的，其实共青团组织在大革命时期就已经建立起来了。但是大革命的失败导致多数共青团和党组织活动都停止了。1933年5月中旬，在江西宜黄县西南红军总部驻地举行的全军青年工作会议上，红军总政治部向中央提出了建立“少共国际师”的建议。1933年5月17日，时任中共少先队中央总队部总队长王盛荣向少先队发出迅速完成组建“少共国际师”的号召。1933年6月下旬，少年先锋队中央总部在瑞金召开了江西、福建、湘赣、粤赣等省和边区的少先队队长联席会议。朱德总司令亲临大会讲话，他分析了国际国内政治形势和根据地面临第五次“围剿”的严重情况，阐述了动员青少年积极参加“少共国际师”的迫切意义，号召团和少先队的干部、团员和少先队员踊跃参军，用武装上前线的实际行动，保卫土地革命的胜利成果，推翻帝国主义、封建主义和官僚资本主义的黑暗统治。

一、中国工农红军少共国际师的组成

中国工农红军少共国际师（简称少共国际师）是第二次国内革命战争时期，主要是由青少年组成的武装部队，年龄最大就是师长也才20多岁，师政委肖华

---

[1] 《工人师怎样成立的?》，载于《红色中华》，1933年8月22日第104期第2版.

仅有 17 岁，士兵们最小的只有 14 岁，而他们的平均年龄都不到 18 岁。是真正意义上的“少共国际师”，全师基本是由共青团员、少先队员和青年组成。苏区所有团员、青年积极响应建立“少共国际师”的号召，积极报名加入。1933 年 8 月 5 日成立于江西博生县（今宁都县），周恩来亲自授旗。全师共有上万人，党团员占十分之七，下属三个团，归红一方面军总部直接指挥。

二、少共国际师思想政治教育的时代背景

中央苏区青少年积极加入少年先锋队和共产主义青年团，他们风华正茂，积极工作，为保卫苏维埃政权而战斗。

1933 年中央苏区红军赢得了第四次反“围剿”的胜利后，这次围剿的失败使得蒋介石加大了对苏区的围剿，重新召集了 50 万军队，有预谋发动对中央苏区的第五次“围剿”。中央苏区为了抵抗蒋介石第五次更大力度的“围剿”，经过会议讨论决定扩大红军人数，提出尽全力地发展红军的人数。“少共国际师”就是在这样的历史背景下站在中国革命史的舞台上的。在如此严峻的形势下，五月开始红军人数的扩大运动，以保证红军在敌人下一次疯狂猛打的进攻下打败国民党，保护苏维埃政府的政权和中央苏区人民的生命安全和财产。1933 年 6 月 30 日，中央革命军事委员会决定，自 1933 年起，每年“八一”为中国工农红军成立纪念日。为了在“八一”前完成创建“少共国际师”的任务，中央苏区江西省兴国县长冈乡干部“日着草鞋去办公，夜打灯笼访贫农”，深入到广大乡村挨家挨户做宣传发动工作，用自己的模范行动，组织青少年积极报名参加红军，热潮一浪高过一浪。少共江西、福建、闽赣省委在“八一”前如期完成兵员征集任务。3 个月不到的时间一万多名青年在中央苏区踊跃报名，完成了当时最迫切的任务——创建中国工农红军少共国际师。

三、少共国际师思想政治教育的主要内容

中央苏区少共国际组织受到的思想政治教育主要由以下几个方面开展：

第一，建立和发展青年组织。土地革命刚开始的时候，苏区的青年群众组织在一起，但是由于“左倾”错误影响，青年组织和党都没有得到发展，处于消失的状态，造成了青年组织人数远远少于共产党员的人数。1932 年初举行的苏区共青团第一次代表大会，会议非常重视青年组织工作，顺利通过《团的建设的问题决议》，提出“团的建设中最重要的目标就是组织建立了青年团体组织，青年组织人数广泛发展”。之后，在中央苏区，共青团组织的人数快速提升，广大青年积极参加，出现了一个迅速扩大发展的局面。

第二，针对青年实施共产主义教育，帮助广大青年提高思想觉悟和文化科学水平。少共苏维埃政府中央局进行共产主义教育，主办了刊物《青年实话》，同

时为农村、军队、政府机关、工厂各地都创建列宁室和俱乐部等场地。该刊物发行量非常大，当时《红色中华》发行量第一，《青年实话》发行量第二，非常适合年轻人需要，受年轻人的追捧，报道除了有苏区内外的战前信息及政治的重大事件，还有青年喜欢阅读的文学方面的内容，可以让青年从中学到革命真理和工作的经验以及科学生活常识，从中汲取大量文学知识，大大提升了青年加入组织活动的兴趣。

苏区青年组织十分注重革命理论的学习，少共中央局编写的《青年读本》，通过在刊物里编写马克思主义基本原理来教导青年。1932 年 12 月 23 日在瑞金组织成立了列宁团校，列宁团校开设有中国党史、共青团史、政治、地理常识的课程和游击战术等。

第三，动员和组织苏区青年积极参加红军，支援革命战争。苏区青年是苏区革命战争的主要力量。地方青年群众武装起来堵敌、扰敌、袭敌，拿着土枪、土炮与敌人战斗。此外，青年群众还输送交通、侦察敌情、看护受伤士兵、慰劳红军的家属。在后方，放哨、检查行人等后勤的事务都是青年群众做的。前方战场上，他们浴血奋战；后方保障上，到处都是活跃的青年群众的身影。

第四，领导少先队员和共产主义儿童开展工作。中央苏区的“少年先锋队”是工农劳动青年半军事性的组织，受中国共产党共青团领导。中央苏区的赤卫队和少先队统称为“赤少队”。1933 年建立中国工农红军少共国际师时，就建立了少年先锋队中央总队，在 1933 年 6 月从江西省、建省、广东省 3 个省的各级地区动员少年先锋队加入红军队伍，使当时的少共国际师有了充足的队员。在之后的第五次反“围剿”战争中，支援前线、补充红军都是从中央苏区各地区的少年先锋队中调遣队员。

中央苏区的共产主义儿童组织是当时中央苏区数量最多的组织。加入条件除了地主、富商、资本家出生的儿童外，其他从 7 岁到 14 岁之间的儿童方可参加。苏区的每个村子里都组织了儿童队。每人身上都配有红领带为标识，在与对方交流时必须先说出口号“准备着！时时刻刻准备着！”

儿童团和少年先锋队一样，都属于共青团管理和领导。中央苏区的各级都组织了儿童团。当时，胡耀邦为中共中央的儿童局书记。在共青团的领导下，儿童局组织儿童们学习科学文化知识；培养儿童们的兴趣，是儿童们爱护党、爱护苏维埃政府，拥护革命；宣传新的知识、时尚，反对阶级主义、反对封建社会的各种旧思想；让他们掌握一些简单的军事知识，手臂戴红章为标识，手持红缨枪，在苏区的后方进行站岗放哨和警卫等任务。在第二次的全苏维埃大会上毛泽东主席称赞了儿童团的工作。

第五，艰苦奋斗精神教育。刚上任不久的第二任师长吴高群亲自为全师上“艰苦奋斗”的教育课。生动地比喻一双草鞋教育青年战士们：我们在家是穿草鞋的种田佬，当兵是穿鞋的红军。来当红军不是享福，而是来战斗，为贫穷老百姓打天下求解放。奋斗的时候，还要受很多苦。吃没好吃，穿没好穿，还要打仗，这就叫“艰苦奋斗”。

参考文献

[1] 毛泽东．毛泽东选集（第二卷）[M]．北京：人民出版社，1991.

[2] 中共江西省委党校．党史教研室．《中央革命根据地史料选编》（中册）[M]．北京：江西人民出版社，1982.

[3] 红色中华 [N]．二苏大特刊（第三期），1934-01-26.

[4] 袁征．中央苏区思想政治工作研究 [M]．南昌：江西高校出版社，1999：9.

[5] 王丽丽．中央苏区妇女政治动员研究 [D]．杭州：浙江师范大学，2016：3.

[6] 刘光华．论中央苏区农民思想政治教育及其启示 [D]．南昌：江西师范大学，2012：5.

[7] 柯友朝．马克思主义中国化视阈下的人民民主专政理论形成研究 [D]．武汉：华中师范大学，2014：5.

[8] 谢思明．中央苏区时期思想政治教育研究 [D]．西安：西安交通大学，2014：5.

[9] 李媛．中央苏区农民思想政治教育研究 [D]．赣州：赣南师范大学，2011：6.

[10] 张业振．《青年实话》与中央苏区青年思想政治教育 [D]．北京：中国青年政治学院，2016：5.

[11] 杨靖．中央苏区社会管理研究 [D]．南昌：江西师范大学，2013：6.

[12] 韩平．中央苏区社会建设研究 [D]．长沙：湖南科技大学，2014：5.

[13] 陈悦悦．大革命时期党对妇女的思想政治教育及其启示 [J]．重庆三峡学院学报，2003（5）：66～70.

[14] 任清平．伟大而不朽的井冈山精神 [J]．知行铜仁，2018（4）：9～11.

[15] 张雪英．中共福建省委妇女部的成立与闽西苏区妇女运动 [J]．福建党史月报，2012（24）：61～63.

[16] 张弛．论以人为本的中央苏区妇女解放运动 [J]．理论月刊，2010（9）：54～56.

[17] 丁俊萍．毛泽东农民革命思想与中国革命新道路的开辟 [J]．井冈山大学学报（社会科学版），2018（3）：55～64.

[18] 胡为雄．毛泽东新民主主义革命时期的教育实践与探索 [J]．毛泽东研究，2018（5）：65～75.

[19] 戴超．女性解放与政治解放的互动——共产党革命中的农村妇女动员 [J]．中共宁波市委党校学报，2013（6）：114～119.

[20] 张宏卿，肖文燕．“边缘化战略”：中共动员与中央苏区民众的基本利益、社会感情 [J]．开放时代，2011（8）：35～56.

[21] 林祖华．土地革命时期中国共产党解决民生问题的历史考察 [J]．中国井冈山干部学院学报，2016（3）：60～68.

[22] 颜梅生．少共国际师：中国工农红军唯一的“少儿师” [J]．钟山雨林，2011（2）：45～47.

[23] 陈胜华．浅析毛泽东中央苏区经济建设思想［J］．佳木斯大学社会科学学报，2003（3）：13～15.
[24] 何辉，周琴．苏区局部执政的环境与执政资源的开发［J］．传承，2007（6）：319～321.
[25] 钟杭娣，刘淑兰．闽西苏区时期客家妇女教育的探索与启示——以农村留守妇女教育为例［J］．宁德师范学院学报（哲学社会科学版），2018（1）：44～48.
[26] 仪淑丽，杨卫明．近代中国妇女教育的新实践——以闽西苏区妇女教育为考察对象［J］．闽西职业技术学院学报，2011（3）：14～17.
[27] 肖小华．中央苏区时期成人教育的历史经验及启示［J］．继续教育研究，2010（10）：27～29.
[28] 肖小华．从红色歌谣看中央苏区社会教育［J］．红色文化资源研究，2018（6）：36.
[29] 肖小华．中央苏区成人教育管理的经验及启示［J］．老区建设，2011（16）：4～7.
[30] 肖小华．中央苏区成人教育管理主要特点及启示［J］．西北成人教育学报，2011（6）：5～7.
[31] 舒芳．中央苏区时期中国共产党社会建设的经验及其启示［J］．宜春学院学报，2012（6）：22～25，34.
[32] 卢忠萍，周珊，曹京燕．中央苏区思想政治教育的历史经验与启示［J］．思想理论教育导刊，2015（4）：105～108.
[33] 张蕊，陈佳，张静．中国共产党早期工人思想政治教育的当代启示［J］．商丘职业技术学院学报，2016（6）：28～30.
[34] 梁培．“少共国际师”的组建与编成［J］．中共党史研究，2011（10）：119～125.
[35] 刘海峰．“少共国际师”在中央苏区［J］．党史文苑，2012（19）：36～39.
[36] 谢庐明．苏区时期中国共产党青年工作的经验及其启示［J］．赣南师范学院学报，2010（2）：44～48.
[37] 赖伦海．读长篇小说《少共国际师》感言［J］．求索，2004（10）：103.

第四章

军队中的思想政治教育

第一节　军队中思想政治教育工作的纲领

古田会议确立了我军思想政治教育工作的纲领，它是我国革命战争在极其艰难的时期召开的一次重要会议，对红军来说具有里程碑意义。该会议是在一定的历史背景下召开的，随着形势的发展和革命队伍的扩大，红四军及其党组织内加入了大量农民和其他小资产阶级出身的同志，加上环境险恶，战斗频繁，生活艰苦，部队得不到及时教育和整训。因此，极端民主化、重军事轻政治、不重视建立巩固的根据地、流寇思想和军阀主义等非无产阶级思想在红四军内滋长严重，为解决如此诸多问题，古田会议于 1929 年 12 月召开。此次会议所倡导的思想政治工作机制和原则以及方法，无论是在当时还是现代，仍然有其价值和借鉴意义。

古田会议提出要重视思想政治工作，这已经随着长期实践的发展而衍变成为了我党我军的优良传统。一方面，古田会议把红四军中的非无产阶级思想给解决了，还进一步将红军中出现的那些极端民主化、绝对平均主义等思想逐个击破，由此开展对红军宣传方面的工作及相关工作，逐渐变为中国共产党及军队方面工作之武器，最终还被当作军队里的优良传统。在古田会议后，红四军中学习古田会议精神的活动在军队中迅速扩散开来。古田会议思想政治工作的机制，不仅仅在红四军中实施了，还有很多其他的军队先后都进行了一定的实施。另一方面，古田会议标志着中国共产党的思想政治工作，正在慢慢地变得更加制度化和更加规范化。1930 年，党依据该会议精神制定了《中国工农红军政治工作暂行条例（草案）》，这又是党的军队思想政治工作中一件有指导意义的文件。1931 年，中国工农红军总政治部成立，毛泽东担任总政治部主任，有一系列的文件被颁布，如《政治委员工作须知》《红军士兵会章程》等，还有将古田会议的思政工作的操作机制改为条例。

一、古田会议的内容

在第一次的国内革命战争失败后，中国共产党的工作的重心，已从之前的城市转移至农村。党内也发生了一些变化，即非无产阶级思想泛滥，对军队影响恶劣，这便成为了中国共产党所必须去予以解决的思想问题，这也是党在农村环境下所要面临的较为困难的问题。

不断增强党的教育，注重党的工人阶级先锋队之根本性质，在农村艰苦的条件下去建设好党，是党必须要面临的问题。古田会议立足于这样的实际去开展各方面的工作，这也进一步说明了中国共产党的思想政治教育和其先进性密切联系，面对红军内部出现的一系列思想问题，如何解决这些较为紧迫的问题，便是党彰显其先进性、经受考验的时刻。加强思想政治教育，不断地用马列主义来武装党员的头脑成为党的重要任务之一。

（一）坚持马克思主义理论教育

马列主义作为党的指导思想，加强该方面的教育也是进一步增强党思想方面的建设，古田会议提出这主要也是党的路线方面的教育，使党员们能于理论层面正确地辨识好无产阶级和非无产阶级之间的区别，从而抵制其他错误思想的影响，以使党员能始终坚持正确的政治思想和政治方向。让他们能更好地运用马列主义去作出对当前政治形势较为准确的分析，以更好地避免犯主观上的错误分析。

（二）进行路线教育

党的路线对于党的整个工作来说，其正确与否，对我们整个党的建设而言极其重要。1929 年，毛泽东和朱德所领导的红四军到达赣南闽西之后，许多非无产阶级的思想出现并随之蔓延，最关键的原因便在于党，党的领导机关面对那些军中蔓延泛滥的错误思想都没有去进行特别坚决的思想斗争，对军队的党员也没有进行路线方面的系统教育。这大大地不利于我们党的建设，给党内思想上建设造成了一定的危害，在一定程度上限制了党的领导作用，同时也很不利于军队思想政治工作，不利于红军更进一步的发展。古田会议对红军中的那些不正确的思想都予以了较为深入的分析，进一步确立了思想政治教育原则，即思想建设的首要地位，在保证这样一个原则在实际中的落实，毛泽东在党内对红军进行了一定的要求，即中国共产党需有强有力的思想政治工作之保障，特别是党的领导机关，需在制定党的路线之时能很好地将其与党的建设相结合。有计划、有组织地对党内的人员实施路线上的正确教育，为了更好地去抵制那些非无产阶级思想，并于无产阶级中，对他们的世界观进行及时有效的修正。唯有如此，方能更好地去保证我们党在任何时候皆能团结，使党的领导地位深深地扎根于红军每一成员的心中，有利于红军坚持党的领导。

（三）纠正党内存有的各种错误思想

无论是哪一个政党，可能基本都会于某一较为关键的阶段，存在一些错误思想，同样，中国共产党也是如此。在古田会议上，毛泽东借此契机具体地指明了那些存在的各种错误思想，究竟如何去对其予以纠正。如对单纯军事观点，其纠正的途径便是，于教育层面上出发，致力于不断提升对党内每一成员的政治水平，肃清单纯军事观点的理论根源；对极端民主化，则于理论方面把其根苗铲除，在党内多进行集中指导；对非组织观点中的少数不服从多数的现象，其纠正之方法便是着重去不断地强调少数服从多数这一重要原则，使到会的人尽量发表意见；对主观主义，其纠正之法便是，把党员的思想和生活都朝着政治化、科学化的方向去发展，在当时也是存有一些党员，他们之间有着较为浓重的主观主义，对当时政治形势的相关分析不利，还有在各方面的指导工作也是特别不利的。古田会议还指出，党的纪律、党的决议并非是盲从，党的下级机关、党员面对其上级之命令，皆要在细致的讨论之后，在彻底地了解了其真实的意思后再决定其执行之方法。

二、古田会议的原则

1929 年 12 月，古田会议召开，这也是红四军党的第九次代表大会，这在中国的人民军队的建设史上有着里程碑的意义。古田会议的召开与红四军的七大密切相关。郭化若也提出红四军召开的七大应和九大联系起来，而不能只谈七大。[1] 作为这两次会议的亲身经历者肖克在回忆红四军的七大时便较为客观地评价道：会议的召开奠定了基础，但仍有一些不足，如在政治上的方针不够明确，对错误思想只是提了一些问题，并未予以解决或纠正。古田会议中对思想政治工作颇具特色，概括而言，就是细、严、准、巧、实、情，这六个特征。[2] 古田会议中有许多关于军队的思想政治教育，也是众多专家研究的焦点。傅柒生认为古田会议是对处于农村范围内的革命战争中，怎样去把农民组成的军队培养成为新型军队。[3] 刘育钢认为古田会议在总结红军建设经验的基础上总结了其经验，即于一定的政治战略上，使红军中能形成对党的绝对领导地位的共同认知；在组织制度上去加强党的领导地位，以确保党实现自身对红军的领导；运用好教育，对非无产阶级进行批判，并把这些和无产阶级的队里的思想都给肃清了。[4] 周磊和刘伟认为古田会议中提出了关于军队建设发展的规律，在土地革命时，为共产党和人民军队作出了正确指导；对处于艰难境地里的红军在蓄积力量方面起着关键

---

❶ 蒋伯英．关于古田会议前的几个历史问题——郭化若将军访谈录［J］．党史研究与教学，1999（6）：19~24.

❷ 田祚雄．试论古田会议决议中思想政治工作的特色及启示［J］．三峡大学学报（人文社会科学版），2001，23（3）：70~73.

❸ 傅柒生．古田会议：人民军队定型的标志［J］．南京政治学院学报，2008，24（1）：79~82.

❹ 刘育钢．试论古田会议决议关于红军建设的基本经验［J］．黎明职业大学学报，1999（4）：7~12.

性的作用；古田会议是红军的发展史上较为重要的分水岭。❶

古田会议具有特别的意义，专家学者们都积极地去发掘其现实价值。杨甲旺认为古田会议给我们的启示是要不断加强思想政治教育，在每一个工作中都要去不断地突显出政治工作的作用，还要结合针对性的专门教育。❷ 常永福认为在此次会议中的决议，是中国人民军队的灵魂。主要体现在：党绝对领导地位便是持久不变的军魂；军队的历史使命便是对革命政治任务的严格遵行；围绕正确路线在军队里去实施相关的思想政治教育，把政治和军队相结合，是军队永久的一大课题；始终坚信“以兵为本”是军队战斗力永恒的基础。刘源认为古田会议是用新的军队建设学说来不断指导并充实马克思主义下的军队建设理论。王建伟认为古田会议意义深远：党拥有军队的绝对领导权，且把这作为一根本性的准则，其中还把思想政治教育的地位提到了较高的位置，同时对其进行内容和方法上的经验总结。❸

（一）党对军队拥有绝对领导权的原则

军队建设的首要便在于指挥权，指挥权对军队而言特别重要，故在古田会议中，确立了党对军队的绝对地位的领导权。同时，会议还确立了一整套的关于党领导军队的制度，以更好地巩固党在军队中的领导中枢的地位；会议上，还明确提出要从思想上去加强党的建设，对于非无产阶级思想要及时地予以批判，尤其是较为极端的民主的观点，要时刻都注意党和军事保持密切的联系。此外，还需在思想上去逐步提高党员们的水平，从政治工作上和党的组织纪律上去保障党对军队的掌控。

（二）政治建军的原则

在古田会议中，确立了政治建军，这是我们军队建设中的一大特色，也是建军的基本原则。决议中指出了党内存在许多和非无产阶级相关的思想，这大大地不利于党正确方针政策的施行，对其有着极大的阻碍作用，如果没有得以改正，则红军无法肩负起革命斗争的重任；决议还指出了教育对于党之重要性，党要运用好教育这一手段，只有从教育上才能更好地去提高军队的政治思想水平，尤其是广大党员的政治水平；决议提出了关于在党内实行思想政治教育的相关训练以及可行有效的方法，如紧抓红军的政治思想教育和相关训练，尤其是对于抓到的

❶ 周磊，刘伟．古田会议：指引红军成长壮大的历史性会议［J］．党史博采：理论，2008（11）：4～6.

❷ 杨甲旺，任杰．古田会议对增强我军思想政治教育实效性的几点启示［J］．党史文苑，2006（20）：76～77.

❸ 王建伟．古田会议永放光芒——纪念中国人民解放军建军80周年［J］．军事历史研究，2007（2）：1～8.

俘虏更是如此，要在其思想阶级的觉悟上着手，去逐步改变其非无产阶级的观念。

（三）明确了新型军队之质

在古田会议上，对于红军的宗旨、任务和性质均进行了较为确切的规定。这便要追溯到一历史难题，即中国共产党要建立的军队性质是怎样的。决议提出红军的性质是党领导下的，且属于无产阶级性质的军队，其宗旨是为人民服务，这也是其本质的特征，在军队中也是最高的准则；决议提出红军不仅仅只是打仗，还有在群众中进行一系列的群众活动，对群众进行宣传、武装及组织，以帮助他们建设革命政权；决议还提出要加强红军对军队宗旨方面的教育。

（四）明确了思想政治工作原则

政治工作是党在思想上和组织上领导军队，是党对军队拥有绝对领导权的重要保障。《古田会议决议》是党的第一部政治工作条例，有利于在军队更好地开展思想政治工作。在古田会议中，对政治和军事的联系给予了阐释，提出了军事仅是达成政治工作任务的一项工作，要充分发挥政治领导的作用。决议规定了军队的纪律，以塑造军队的良好形象，更好地完成军队的建设和革命任务。

三、古田会议对人民军队的政治指导

（一）指导红军要坚持听党指挥

听党指挥是军队的军魂，为军队指明了政治上的方向，而听党指挥有助于保证党对军队拥有绝对领导权，使军队不管是在思想政治上，还是在实际行动上均能符合中央的要求。反对军队非党化和非政治化，以保证军队对党的忠诚及纯洁。听党指挥要求红军要始终坚持党的领导，党的领导便是让广大人民群众明白如何实现自己的切身利益。当然，党对军队的领导不单是政治，还需思想、组织等各方面进行，只有这样才能确保红军时刻都在党的领导下。古田会议对党的领导地位的坚定，是革命战争所需，亦是民心所向。

（二）指导红军要以能打胜仗为指向

红军就是要往能打胜仗这一方向发展，这是衡量军队建设的标准。战斗力对于军队建设来说至关重要，拥有超强的战斗力才能打更多的胜仗，才能更好地维护党的地位。当然，在能打胜仗的同时，也是要注重政治工作的。因为，只有把政治工作和战斗力相结合，军队才能在艰苦卓绝的环境中更加强大。

在中央苏区时期，面对以蒋介石为首的国民党的“围剿”，能打胜仗这一指向在当时来说有着很重要的意义，只有战胜敌人才能赢得红军自身的生存，才能取得反“围剿”战争的胜利。能打胜仗，这也是对军队的最为基本的要求，若连一定的战斗力都没有，是干不成什么大事的，也肩负不起红军的历史使命。

（三）指导红军进行作风建设

作风建设对于军队来说至关重要，军队的各项建设均离不开作风建设。作风建设包括很多方面，如思想作风方面、战斗作风方面等。在长期的实践中，红军也形成了良好的作风，主要有艰苦奋斗的优良作风、谦虚谨慎的作风、英勇顽强的作风、团结互助的作风等，这些优良的作风在红军中往往化为一种无形的精神动力，不论是在战争还是在平时，都是巨大的激励动力。

作风建设不论是在何时都是军队建设的重点。在中央苏区时期，正是因为红军良好的作风才能深得民心，得到人民群众的支持；才能取得诸多战争的胜利，争取无产阶级的伟大胜利；才能让更多的人民愿意追随共产党的领导，积极地参与到反“围剿”战争中，共同去反对蒋介石及其反动派。

四、古田会议对思想政治教育的影响

古田会议“铸造了两个灵魂、奠定了两个基础、开辟了一条道路”。“两个灵魂”就是注重从思想上建党，还有一个就是政治建军，党指挥枪，铸就了我军永远不变的军魂。奠定了“两个基础”，一个是实事求是的基础，一个是群众路线的基础。开辟了中国革命的道路，以农村包围城市。

1928 年 4 月，朱德率领八一南昌起义军余部和湘南农军与毛泽东部在井冈山胜利会师，合编为工农革命军第四军，6 月改称为中国红军第四军，毛泽东为党代表，朱德任军长，王尔琢任参谋长。随后成立了红四军军委，毛泽东为书记，团以上建立了党委机关，兼政治部职能，组织指导政治工作和宣传工作。11 月，根据中央指导，中共红四军前敌委员会成立，毛泽东任书记，统一领导湘赣边界党政军工作。同时，毛泽东还为部队制定了打仗、筹款、做群众工作等三大任务，并正式颁布了三条纪律和六项注意。在此期间，红四军先后召开了 6 次党的代表大会，总结革命经验，研究斗争策略，为党的建设和红四军建设进行了有益探索。

1929 年 9 月，秋收起义受挫后，毛泽东决定放弃攻打长沙，率部向井冈山进军，走上了一条在农村建立革命根据地、保存和发展革命力量的正确道路。毛泽东率部上井冈山在途经江西永新三湾村时，对部队进行了著名的“三湾改编”，实行“支部建在连上”、新的党代表制度和民主制度等重大措施，这是建设新型人民军队的开端。1929 年 10 月下旬，陈毅带回中央九月来信，在广东松源、上杭官庄召开红四军前委扩大会议，传达中央九月来信精神和周恩来口头指示，宣布请毛泽东回红四军继续主持前委领导工作的决定。1929 年 11 月 26 日，毛泽东从上杭苏家坡到达长汀，重新主持红四军前委工作，并给中央写信汇报工作。28 日主持召开前委扩大会议，决定开展红四军整训，准备召开红四军党的九大，纠正红四军党内各种错误思想。12 月 3 日，由于赣敌逼近，红四军离开长汀进驻连城新泉，进行政治军事整训。毛泽东、朱德、陈毅还深入连队、农村召开座谈会，听取不同意见，详细调查红四军党内及部队存在的主要问题。12 月中旬，为了安全起见，红四军进驻闽西革命根据地的中心古田，继续开展政治军事整训和深入调查研究，为古田会议作思想和组织准备。

在古田会议的决议中，首先便强调了加强党的建设的重要性；其次，决议提出，加强党的建设的正确途径，就是着重从思想上、政治上进行建设，同时，也要从制度上进行建设。思想建党方面，古田会议从红四军中党员的实际出发，从党的组织基础的最大部分出发，即从农民和其他小资产阶级出身的成分构成出发，确定了新的入党条件。强调指出要用无产阶级思想教育武装党员，使以农民为主的党员无产阶级化。政治建党方面，决议强调要克服党内的各种错误思想，特别要纠正八种错误思想，对八种错误思想详细辨析，分别论危害，深入查根溯源，并提出了纠正的办法。决议还提出了党员的思想和党内生活要政治化、科学化。制度建党方面，决议具体提出了加强组织建党的一系列制度，决议规定了党员发展的路线；规定了党的基层组织制度；规定了各级党部的责任；规定了要定期过好组织生活……所有这些，都是加强党的组织建设的制度措施，它对于保证党员的质量和党的纯洁性，提高党员的觉悟和党的威信，增强党的战斗力、凝聚力都有着决定性作用。

（一）开阔了马克思主义党建理论的新视野

中国革命的形势和特点，决定了党和红军的成分主要是农民。而古田会议着重解决了红四军党内存在的体现农民和小资产阶级思想特征的八种错误思想，抓住了党和人民军队成立初期党的建设问题的关键所在。《古田会议决议》是根据中国共产党建设的规律而确立的建党原则，不仅对当时红军中党的建设发挥了作用，而且对全国党的建设，乃至现在都产生了深远影响，具有前瞻指导性，对于当前从严治党、从严管党都具有指导意义。

（二）开启了新型人民军队建设的新历程

由于长期分散的游击战争环境和军队组成人员的基础，红四军中“存在着各种非无产阶级思想”，古田会议很好地解决了这一关键问题。决议除了重申“支部建在连上”等党对军队的绝对领导原则，还对军队的性质、宗旨和任务等各方面作了详细的规定，并特别重视对干部、战士进行政治训练工作，以提高广大指战员理论水平，从根本上铲除各种错误思想产生和存在的根源。古田会议找准了红军建设的规律，为红军的发展壮大奠定了基础，也为人民军队建设指明了方向。从此，新型人民军队开始定型，党指挥枪原则得以确立。

（三）开创了正确开展党内思想斗争和加强政治思想工作的先河

党内的思想认识问题只能通过加强政治思想工作，开展党内教育来解决，而不能采取过火的党内斗争，进行无情打击。古田会议用批评与自我批评的方法找问题找症结，纠正错误，克服错误。各种非无产阶级思想为之一扫而光，党和军队建设得到了巩固提高。特别是明确了政治机关和政治工作在红军中的地位，制定了红军中军政、军民关系的制度，强调了宣传工作的重要性，完善了政治工作的作风和方法，把政治思想工作作为铸就军队士兵灵魂的生命线，这在党和军队建设史上都是开创性的。

（四）奠定了党的实事求是和群众路线的基石

古田会议会期就两天。但是，自陈毅带回九月来信在红四军中传达，并恳请毛泽东回红四军复职，毛泽东重回红四军任职并主持前委扩大会议，决定开展红四军政治、军事整训，到召开大会，前后历时一个多月。以毛泽东、朱德、陈毅为主的红四军领导人，坚决反对主观主义和教条主义，不唯书、不唯上，坚持调查研究，坚持实事求是的精神，深入工人、农民、士兵中召开各种调查会，深入了解军队情况和士兵思想，排查问题，寻找症结，追根溯源，集思广益，最后统一了思想，凝聚了力量，汇聚了精神，形成了措施，解决了问题，纠正了错误。整个古田会议期间形成的实事求是的作风和深入调查研究、走群众路线的工作方法，为我们树立了典范，是指引我们党和军队走向胜利的法宝。

古田会议的召开，确立了我们国家新型人民军队的纲领。它具有一定的创造性，巧妙地解决了在处于农村环境下，我们党要如何保持好自身的先进性问题。在《共产党宣言》中，提到党的学说时，最先说到了工人阶级先锋队性质上的规定，即党着重强调了整个无产阶级是全民族的共同利益，在和资产阶级的战争里，无产阶级所经历的各个发展阶段上，共产党人的代表一直都是整个运动的利益。中国共产党人极其注重无产阶级先锋队，特别是其性质，并立足于我国特殊的实际情况。毛泽东指出用马列主义来教育广大党员，始终把思想建党置于一定的高度来抓。思想建党是共产党在任何阶段和条件下，努力保持无产阶级政党的本色的一大法宝。党在革命斗争中，显示了思想建党的重要性，唯有通过思想建党，才能坚持党的工人阶级先锋队性质，发挥好党对中国革命的重要领导作用。

第二节 红军政治工作条例建设

一、《中国工农红军政治工作暂行条例（草案）》的主要内容

随着工农红军力量的不断发展及壮大，红军思想方面建设的需求越来越大，为了保证军队里面思想工作的良好开展，1929 年 12 月《古田会议决议》提出了“编制红军法规”的任务。在 1930 年制定了《中国工农红军政治工作暂行条例（草案）》，该条例主要包括三大部分：总则、具体的条例、工农红军政治机关系统图。该《条例》的颁布标志着红军在思想教育上的工作步入了制度化轨道。

在《中国工农红军政治工作暂行条例（草案）》中，其总则便明确指出了红军中的思想政治上的工作便是不断巩固好中国共产党的领导地位，不断壮大我们的无产阶级队伍。那么巩固好并壮大红军就需要不断地去提高红军的战斗力，然而红军的战斗力不单是军事方面的技术装备条件所决定的，它还需要思想政治教育工作的开展，政治思想上的觉悟很重要，对于广大工农群众的团结有着重要的作用。《条例》中对于红军中开展的政治工作的相关规定也充分体现着中国共产党鲜明的党性，如在思想政治教育上多进行无产阶级的教育，不断培养他们的政治觉悟，培养有军事技术的红军战士，提高红军的军事实力。

在《条例》中，还规定了其组织机构。在红军政治工作中，其政治工作的领导者是政治机关及政治部，具体实施的是各个级别的工作机关。关于红军政治工作的组成在《条例》中也有相关规定，如团政治处的组成有团委书记和俱乐部主任，以及政治主任等；师政治机关设立了许多诸如组织分配科、宣传鼓动科等科；军政治部也设立了宣传、政务、组织等处，此外，除上面所述部门之外，总政治部设立了出版处，以及调查统计处。

对于红军中思想政治工作的各个级别的政治委员，他们的责任及权限在《条例》中也有相关规定，即在行政上及军务上，可以发布政治命令，对于政治工作人员和指挥员有挑选和检举之权力，并在命令上签字；参与起草所有检察、作战、教育等，皆需在相关命令上进行签字。还有各级政治委员在自身的认识和行动中皆要发挥先锋模范作用，以及在政治领导上亦要让所有的军人都积极参加到思想政治教育的队伍中来。

二、《中国工农红军政治工作暂行条例（草案）》的主要作用

在巩固中国共产党的领导地位上，《条例》规定要在连队上去建立党支部，因为它是基本的单位组织，且在每连中有三个党员或以上，需组织好支部。而连支部委员会的主要任务是在部队中做一般党的相关工作，以及执行党的所有命令，不断提高所有党员的政治思想水平和知识水平。在发挥党员的先锋模范作用

上，连党支部则要积极努力地去鼓舞党员无论在何时何地都要发挥自身的先锋模范作用，特别是在艰苦的战争时期，党员更要做好榜样模范，巩固中国共产党在红军中的领导作用。

在发挥政治指导员的作用上，《条例》也规定了连队是最为基本的单位，而连队的政治指导员的一切工作皆要围绕党的各项决议及相关政治口号来进行，以此来更好地巩固中国共产党在红军和群众中的领导地位。政治指导员必须要对整个连的成员进行全面的了解，为开展更为有效的思想政治教育工作奠定基础。同时，政治指导员也有义务去监督好全连人员的生活作风，在日常中也需想方设法地去找更多的红军战斗员交谈，以便能及时地了解军队的思想动态。在面对群众时，政治指导员还要带动当地的工作组，以及动员更多的军人投入到对群众的思想政治教育，从而实现更为全面和广泛的思想政治教育。

为了做好连队的思想政治教育，1932 年 12 月红军总政治部颁布《关于设立政治战士的训令》，在每个连队的连部和每排各设置一名政治战士，在政治思想工作方面隶属于指导员，工作对指导员负责，是政治指导员较为得力的帮手，对于连队里思想政治教育的良好发展具有积极的作用。在对青年团的思想政治教育上，《中国工农红军青年团工作暂行条例草案》便指出了中国共产党的重要任务之一是：对青年进行思想政治教育，特别是要重视红军里的青年团员的思想教育。青年团员是党的基本的后备军，也占了非党群众中的绝大部分，要鼓励广大青年积极地参与社会上的各种活动，以及向榜样学习，从而不断地提升自己。

中央颁发的《中国工农红军政治工作暂行条例草案》，是中国工农红军政治工作的第一个正式条例，总结了中国工农红军的政治工作经验，使政治工作条理化、规范化。它对于在红军中巩固和加强党的领导，使红军真正成为工农革命的武装力量，巩固红军的战斗力，团结自己，战胜敌人具有不可磨灭的贡献。

第三节 反“围剿”战争中的思想政治教育

一、反“围剿”斗争概况

第一次反“围剿”。1930 年 12 月，由南昌出发的国民党军分三路纵队，从袁水流域到赣江以东，始终找不到红军主力。几天后，红军总部侦察得知，敌第一纵队司令兼第 18 师师长张辉瓒正大步向龙冈推进。毛泽东一直等待的机会出现了。群山环抱的龙冈，中间是狭长的盆地，当地群众又能帮助封锁消息，是红军设伏的好场所。在这次反“围剿”战役中，中国工农红军第一方面军在江西省南部地区打败国民党军 10 万兵力。

第二次反“围剿”。1931 年 4 月，国民党军政部长何应钦调集 18 个师另 3 个旅，20 万人的兵力，积极部署对红一方面军的第二次“围剿”。红军决定采取由西向东横扫，先打弱敌，各个击破的作战方针。从5月16日至31日，红一方面军连打5个胜仗，歼敌3万余人，缴枪两万余支，打破了敌人的第二次“围剿”。红军粉碎敌人“围剿”后，乘胜转入进攻，分兵发动群众，打土豪分田地，筹粮筹款，解放了赣东、南丰、长汀等地区，进一步巩固和扩大了中央根据地。

第三次反“围剿”。1931年7~9月，也是土地革命战争时期，中国工农红军第一方面军在江西省南部地区，打响了反抗国民党军30万兵力对中央苏区“围剿”的战役。蒋介石亲任总司令，赶赴南昌指挥，并请德、日、英军事顾问参与战事筹划。红军第一方面军30000人，在毛泽东指挥下，仍采取诱敌深入的方针，避敌主力，共歼敌7个师，17个团，俘15000余人，缴枪20000支。第三次反“围剿”取得重大胜利。赣南、闽西两块根据地连成一片。

第四次反“围剿”。1932年12月，国民党赣粤闽边区“剿匪”总司令部调集近40万兵力，准备对中央苏区发动第四次“围剿”。1933年1月底，蒋介石到南昌亲自兼任赣粤闽边区“剿匪”军总司令，指挥这次“围剿”，决定采取“分进合击”的方针，企图将红一方面军主力歼灭于黎川、建宁地区。红军在朱德、周恩来指挥下，用大兵团伏击战法连续取得黄陂、草台岗两次大捷，一举歼敌近三个师，至1933年3月下旬打破第四次“围剿”。

1933年9月25日，中国工农红军第一方面军在江西南部、福建西部反对国民党军第五次“围剿”的战役开始。从1933年9月25日至10月间，蒋介石调集约100万兵力，采取“堡垒主义”新战略，对中央革命根据地进行大规模“围剿”。这时，王明“左”倾机会主义在红军中占据了统治地位，拒不接受毛泽东的正确建议，用阵地战代替游击战和运动战，用所谓“正规”战争代替人民战争，使红军完全陷于被动地位。经过一年苦战，终未取得反“围剿”的胜利。最后于1934年10月仓促命令中央领导机关和红军主力退出根据地。

从1928~1930年的下半年，军队里面的思想政治教育工作得到了很大的加强，尤其是在古田会议以后，红军有了很大的发展，较为典型的要数由毛泽东领导的红一方面军，占了当时全国十万红军总人数的五分之二；同时由毛泽东、朱德领导的中央革命根据地也得到了极大的发展，而当时的中央革命根据地也是最大的革命根据地。随着这种大发展的势头，以蒋介石为首的国民党极为震惊，他们把红军视为“肘腋之患”，一定要将其剿除。1930年6月，正值蒋介石和阎锡山开始中原大战期间，作为主持中央工作的李立三在城市开展武装暴动，那时中国工农红军的总人数有十万余人。7月27日，由彭德怀指挥的红三军打败了国民党军队从而袭占了长沙，但没过多久长沙又失陷。当李立三沉浸在“会师武汉，饮马长江”时，蒋介石便命何应钦对中央苏区进行“围剿”。蒋介石调来重兵围剿中央革命根据地，从1930年之后的三年内，在此期间便调集了80万的军队。在对红军和中央革命根据地的多次反围剿战争中，蒋介石曾亲自坐镇，先后四次对中央苏区进行极为残酷的“围剿”，但最终都被粉碎了。

二、反“围剿”斗争经验

多次反“围剿”斗争取得胜利的重要原因便是在军队上加强了思想政治教育工作。同时，党也从实践中探索出了如下经验。

一是重视思想政治教育。在国民党反动派的残酷围剿下，在中央革命根据地，红军的任务便是通过思想政治教育来不断地去提高红军的战斗力，使得红军在思想上、政治上、士气上、组织上皆能战胜国民党反动派的围剿。在1931年2月中央革命军事委员会在其下达的第6号通令中，明确提出了我们革命的任务是把军阀战争给消灭掉。那么，若要达成这一中心任务，便是要培养战斗力极强的军队，同时要团结好最广大的人民群众。为了增强部队里的思想政治教育，让部队全员上下都明白红军所面临的形势以及当前的革命任务，在这个前提下坚定地去执行。尤其是红军的指挥战斗员，他们的一举一动都关乎着革命的进程，因为他们肩负着重要的职责，如面临战争时，关于战争前夕的各项准备，对战前形势及政治军事形势均需进行细致的了解和分析，以便战争取得更好的效果。

二是注重军纪建设。军纪对于军队来说至关重要，对于部队的战斗力的提高有重要的意义。在1930年4月颁布的《红军士兵会章程》中，明确指出部队全员都要遵守纪律，特别是三大纪律和八项注意。1931年，在朱德的《怎样创造铁的红军》这篇文章中便提出了，红军良好的纪律不是通过打骂来培养士兵的纪律意识，红军良好的纪律与中国共产党无产阶级的性质分不开，无产阶级的自我批评精神、团结一致等精神，对培养部队士兵遵守纪律的自觉性有着深远的意义。三年多以来的反“围剿”战争，正是因为严明的军队纪律，大大地提高了红军的战斗力，使得他们在战争发生时能很好地听从上级的指令，始终能保持铁一般的纪律，在战斗中团结一致，英勇御敌。

三是弘扬红军革命精神。大力弘扬红军革命精神，广泛开展革命精神教育，用党领导人民进行革命斗争的伟大功绩去感召人，用革命先烈的英勇事迹和崇高精神激励人，引导人们坚定理想信念、继承革命事业，始终保持艰苦奋斗作风。红军革命精神是在艰苦的革命战争时期形成的，主要指在革命战争中吃苦耐劳、不怕牺牲、勇于奉献的精神。1933年，在《关于红军奖章命令》中便提出了在革命战争时期为了革命解放战争的胜利牺牲自己的生命，就其舍生取义之举，虽是尽其自身之职责，但是放眼整个苏维埃的政权的奋斗历程而言，其功绩虽小，若有无数后来者效仿学习，其影响更为深远，故应对无私奉献、不怕牺牲之楷模予以特殊的奖励，以便鼓励更多的人学习这种精神。于是，在当时各部队也都陆陆续续地开展模范团和模范支部的相关活动。为更好地弘扬及传承革命精神，特别是红军指战员，要积极地发扬他们的责任感及荣誉感。在1933年7月颁发的中国工农红军军人誓词内容中便很好地体现了革命精神。

四是动员群众积极参军。人民群众对社会的变革起着根本的决定作用，他们创造了历史，创造了宝贵的精神财富和物质财富。在革命战争中，只有发动群众，才能打胜仗，尤其是在反“围剿”战争中，更不能缺少群众的参与。在反“围剿”时，当时的中央军委、总政治部，积极地动员了红军及游击队。与此同时，对广大人民群众也进行了较为广泛地动员，积极鼓励他们去参军支持前线，且把动员群众这项工作作为每一天不可或缺的日常工作来做。在多次反“围剿”战争取得的成功中，依靠的主要是红军主力的作战以及以群众为主所开展的游击战争。此外，在各县乡的努力下，他们也都积极地去组织赤卫队，还有少先队，这些组织通常协助红军，战争时为红军所支配，其余时候则协助红军开展训练活动。在反“围剿”的过程中，“扩红运动”的热潮持续高涨，支持前线的工农积极分子十万以上，从而大大地扩充了红军的总人数。❶

五是做好瓦解敌军工作。为了在敌军那里更好地开展破坏工作，政府各个级别的机关都设了名为“破坏部”的部门，也是后来的“白军工作部”。中央苏区时期，在敌军搞破坏工作取得了积极的效应，比较典型的便是发生在宁都的起义。1931 年，国民党第二十六路军“围剿”红军，但是三次“反围剿”的胜利之后，在全国则兴起了抗日反蒋的热潮。第二十六路军在“九一八事变”后提出回北方去抗日的要求被拒，该军队的特别支部便开始策划该军队的起义。起义发生后，国民党第二十六路军改名中国工农红军第一方面军第五军团。在 1932 年 11 月的《关于在敌军中的政治工作训令》作出的相关指导中便明确指出了他们的重要任务，即去深入敌军，努力从根本上去瓦解敌军。于是各级的政治部都相继开展了一系列的训练活动，把挑选出来的人员组织起来一起训练，指导他们学习如何去更好地瓦解敌军的理论、措施及方法，让他们对敌军中那些出身于工农的士兵们进行思想政治方面的引导和教育，特别是在他们那里去宣传中国共产党的政治思想主张，并鼓动那些工农出身的士兵一起团结起来去反对国民党，努力寻找时机组织他们一起投奔到红军的队伍中来。同时，做好对俘虏兵的教育改造工作。

第四节　中国工农红军第一次全国政治工作会议

一、召开的背景

粉碎了敌人对中央苏区的四次“围剿”后，中央革命根据地发展到鼎盛时期。随着根据地的扩大，红军队伍的发展壮大，为粉碎敌人新的“围剿”奠定

❶ 殷子贤，史纪辛.《中共中央关于反对敌人五次“围剿”的总结决议》时间考证［J］.党的文献，1988（3）：62～63.

了基础，也为党的青年思想政治教育工作深入推进奠定基础。

为了认真总结经验，克服工作中的弱点，指出今后工作的正确方针及具体的方法，以最大的力量，加紧开展对红军的政治工作，同时也是为了争取苏维埃在中国的胜利，召开全国性的红军政治工作会议被提到全党全军议事日程上来。

二、会议过程及主要内容

1934 年 2 月 7 日，中国工农红军第一次全国政治工作会议在中华苏维埃共和国首都瑞金隆重召开。到会代表 258 人，他们是各部队团以上政治工作领导及部分基层政工干部。

大会开始，由总政治部副主任贺昌报告大会议事日程，总政治部主任王稼祥致开幕词。大会选举王稼祥、贺昌、李弼廷、李卓然、袁国平等人为主席团成员。会议主要议程是，博古作关于五中全会总结的报告；王稼祥作《目前形势与政治工作任务》的报告；李卓然作《战时政治工作》的政治工作副报告；周恩来作《一切政治工作为着前线上的胜利》的演讲；军委主席朱德发表了重要讲话。此外，陈云就白军工作，凯丰就青年团与青年工作，罗荣桓就赤少队工作，张爱萍就少先队与红军的关系等作了报告。李德作了第五次反“围剿”的军事问题的讲话。最后由王稼祥作会议结论，贺昌致闭幕词，宣布大会胜利闭幕。

会议的中心议题是，总结以往工作的经验，查找错误，总结成绩。讨论如何加强党的领导权和对红军的领导，如何巩固工农联盟；讨论巩固与发展党团组织及党领导群众的艺术；讨论政治机关的组织；讨论政治教育工作的总方针以及具体的政治工作的开展；讨论游击队及赤少队中的政治工作；讨论具体政治工作在开展过程中注意作风、方式和方法的问题。会中还批评了认为工农分子不能做政治工作的错误观念，批评了政治工作人员对军事技术学习不够的不良倾向及认为后方勤务机关可以不问战事等错误观点。

会议在总结建军 6 周年来思想政治工作经验与教训的基础上，就红军队伍中，今后开展思想政治教育工作的原则、方法和任务等进行了讨论，并取得了一致意见。主要精神有以下几点：

第一，强调思想政治工作是红军的生命线。王稼祥在报告中谈到，做好政治工作为的就是提高广大军民的积极性，提升他们参与革命斗争的热情。朱德同志致辞强调，红军从游击队到大规模的正规红军，得益于政治工作。红军因有政治工作才能保证为本阶级利益而牺牲，才是英勇无敌的百战百胜的红军。在反“围剿”中，我们的战士有时饭吃不饱，衣穿不暖，但没有什么怨言，一样英勇作战，与敌人肉搏，这也证明了我们政治工作开展得好的魅力。周恩来同志在《一切政治工作为着前线上的胜利》的演讲中明确指出：红军在反“围剿”中，每一个战斗的胜利都离不开政治工作的有效开展，所以说，政治工作是红军的生命线。

第二，明确了政治工作的总方针和具体工作方法。总方针是：一切政治工作为着战争，为着红军最大的胜利。具体的工作方法是：机动、紧张、灵活、坚定、迅速。

第三，政治工作的开展应确保部队军事素质的提升。军委主席朱德在讲话中要求我们的政治委员、政治工作人员不仅是领导，而且自己也要努力学习战术，“很艺术的来打仗，要造成铁的红军，百战百胜的红军，以少胜多的红军”。周恩来也指出，在敌人新的进攻面前，要求我们提高军事技术与军事战术，但必须用思想政治工作来保障。上述论述，深刻地揭示了政治工作的紧迫性。即：既要提高红军的政治素质，又要提高红军的军事素质；政治干部既要会做政治工作，又要会指挥打仗，坚决反对政治工作与军事工作相脱离的倾向。

第四，思想政治工作必须从战士的实际出发。会议认为，尽力将每一名战士打造成为苏维埃而战的战士，必须对战士进行有计划、有系统的思想政治教育、对战士进行党的知识的教育、对战士进行社会主义宣传。会议提出，要加强与改善军队思想政治教育，必须将战士的切身问题与长远问题联系起来。红军战士的无产阶级觉悟愈高，党的领导就愈强，政治工作的成绩就愈大。

第五，对党的支部工作提出了更高的要求。支部作为政治机关与红军战士、群众联系的枢纽，支部应学习领导红军战士的艺术，应团结非党群众中最积极的战士，吸引与影响全体红军战士。要使支部真正的成为党在红军中的“堡垒”，必须依靠支部生活与会议的活泼而有生气，依靠对党团员的布尔什维克的教育工作，依靠每个党员以身作则做群众的模范，依靠支部能进行党员运动，这样支部才能完成自己的任务。

第六，要用政治工作去加强红军的组织纪律性。会议强调，红军的战斗力必须有坚强的纪律作保证。如果没有纪律，我们就很难训练红军战士在战场上依照我们所教的战术原则去进行战斗。会议同时指出，我们要坚决地扫除红军队伍中的军阀主义的残余习气，以及散漫、无组织、无纪律的现象。政治工作机关应当注意巩固军事纪律的工作，每个共产党员和共青团员都应成为坚决执行纪律的表率和模范。

第七，要提高革命警惕，揭露阶级敌人的破坏活动，巩固和扩大红军。与会者结合自己工作的实际和当时的对敌斗争形势，深感摆在政治工作面前的任务是：要尽全力为巩固和保障红军而斗争，要不断提高革命的警觉性，要应用过去的经验，加强红军中的政治教育工作，消灭部队中的流动现象，巩固党的领导，改善支部工作。

第八，政治工作人员要履行自己的神圣职责。会议强调政治委员要保障上级命令的绝对执行。如果军事指挥员对命令不执行或不了解，政治委员需要向其解释，做好监督执行工作。政治委员和政治工作人员不仅要有无产阶级的坚定性，保障命令的执行，同时也要学习军事知识、学习新的技术。做政治工作的同志，一定要为执行党的路线，保证红军中政治上思想上的一致而斗争。

三、会议的影响

红军第一次全国政治工作会议，是在粉碎了国民党反动派的四次“围剿”，党的六届五中全会结束不久，第五次反“围剿”战争还在激烈进行这个特定历史条件下召开的。因此，在会议的有关文件中难免留有“左倾”的痕迹。尽管如此，这次会议把红军的思想政治工作提高到了一个新的阶段，不仅对当时加强红军的思想政治工作有着重要的指导意义，对进一步强化青年的思想政治教育工作也有重要意义。

第五节　军队思想政治教育的措施

一、实施正面教育

正面教育即通过正面道理的灌输，使红军知道革命的真理，从而使红军的政治思想觉悟得到提升，也为进行政治工作奠定思想基础。在军队中对红军进行思想政治教育，要立足于红军的思想，在红军中宣讲政治理论，特别是党的方针和政策，以及一些在革命中的英雄榜样教育。对红军的正面教育主要从下面几点来展开。

第一，军队思想政治教育以正面教育为主。如在古田会议中，便提出在军队里面的那些非无产阶级的思想，和红军思想上的问题密切相关。[1] 故古田会议指出以马列主义去教育党员，特别是党相关的方针，以使红军更加团结，一致御敌。在红军中，也经常在各个支队里面进行一定的思想政治教育，根据不同的群体因材施教，有层次地进行正面教育。如古田会议中提出政治课要分“普通、干部、特别三班”同时，为增强学习之效果，毛泽东特提出了十种材料以供大家共同学习交流，这些材料有军事知识、马列主义原著、政治知识、通识知识等，以此增强教育之效果。

第二，军队思想政治教育，注重理论联系实际。毛泽东指出红军的正面教育，在使用马克思主义理论教育的同时还要联系实际来进行。理论联系实际既把马列主义和中国实际相结合，也反映了我们党对马克思主义的重视程度，是我们党理论教育方面的根本准则，是我们党的优良作风。理论联系实际，理论方能为革命服务，离开了实际，就易犯教条主义，再好的理论都没用。在中央苏区时

---

[1] 毛泽东．毛泽东文集（第一卷）［M］．北京：人民出版社，1993：78．

期，红军一直都很重视苏区的实际情况，而不是一味地进行搬弄理论知识。一系列的实践证明，理论联系实际是红军取得诸多胜利和进行思想政治教育的一大经验。

第三，军队思想政治教育多开展自我批评。自我批评是我们党的优良传统，自我批评是对自我的剖析。在我们党内，自我批评占着重要的地位，是党纠正内部错误的最基本途径。我们党始终坚持批评和自我批评，也曾多次地开展自我批评，特别是在军队的思想政治教育中，要多进行自我批评意识的教育，使士兵们能够在做任何事的时候懂得去进行自我反省，由此在军队里面形成自我批评反省和教育的风气，使士兵变得更加自觉。在中央苏区时期，正是因为士兵们普遍都较为自觉，他们思想上也较为积极进取，乐于学习新思想，积极地接受党的思想政治教育，特别是正确路线方针的教育。当然，在批评的同时也要注意其方式，应在会上批评，都要秉着实事求是的态度去对待，不能任凭自身的主观臆断。

第四，军队思想政治教育要结合适当的宣传方式。在军队的思想政治教育中，宣传方式极其重要，选择适合的宣传方式，往往能大大地增强宣传的效果。当然，方式的选择取决于宣传的范围和程度，还有受众群体的诸多因素。在中央苏区时期，在宣传方式上用得较多的便是以下两大类：一则较为传统的宣传方式。如广发传单、宣传品、宣传标语等。在古田会议中也提到过此类传统的方式较为简单，也易为广大人民群众所接受。然而，另一类则属“实际宣传”，如“三大纪律和六项注意”便是如此。除此之外，红军指战员对人民群众的帮助及宣传，也属于“实际宣传”。“实际宣传”即主要是红军指战员以身作则，凡事都尽自身最大努力去做好相应的榜样，以小见大，从小事着手，踏踏实实地做好每一项工作，以此逐步在人民群众心中树立好自身的良好形象，得到群众的赞许，同时也让这些深深地留在群众的心中。

二、加强思想引领

在中央苏区时期，党很重视青年的思想指导。较为典型的便是一些青年杂志，这些杂志是党的阵地，是党宣传社会主义和无产阶级思想的主阵地，往往对于青年具有重要而深远的影响。中国共产党较为注重军队中青年的思想教育工作，因为青年是处于一个较为特殊的时间段，思想上也更为容易被纠正，他们对于新知识新思想方面的渴求也是比较强烈的。那么在中央苏区时期，作为中央苏区军队中占比较重的青年们，中国共产党倘若要想在军队中做好军队思想政治教育，就必须要重视青年，只有这样才能更快更好地在军队中巩固好党对军队的领导权，使军队里面的青年能更加坚信中国共产党的领导，能及时有效地掌控好军队的思想动态。同时，也能为党制定军队青年思想政治教育提供依据和建议，使党对军队制定的方针政策能发挥更大的作用，这样我们党的军队才能越建越强。时刻和军队的青年保持紧密的联系，立足于军队广大青年的实际情况，把军事理论和实际情况相结合，这是青年军队建设的基本要求。

在中央苏区时期，在毛泽东的指导下，他提出了理论和实际相结合的正确战略，这个经验也是在长期的实践中形成的，特别是在红军的行军打仗中，都较为重视这一点。毕竟在战场上，面临的总是瞬息万变的军事情形，计划很多时候都赶不上变化，任何一点的风吹草动极有可能就意味着战略的转换。其中较为典型的事件便要数第五次反“围剿”，就是因为没有结合实际，而是坚持教条主义和经验主义，而且不根据战场的变化来及时地调整自己的战略，以至于最后都没能夺取战争的胜利，导致了红军比较大的损失。在苏区军队的青年教育中，思想的引领往往非常重要，毕竟青年也不是想象中的那么强大，青年的激情往往也容易导致他们思虑不够周全，那么在此刻，及时地去调整好青年的思想状态，让他们能对自己所学的东西都有个较为清楚的认识，不至于误入歧途，或者被其他非无产阶级思想影响了。

在 1927 年的 12 月，中央发布“关于党团关系”的通告，对党团存在的一些问题及缘由进行了检查。在 1928 年的 6 月，《共产主义青年团工作决议案》中也提出了中国共产主义青年团，对于党而言，是动员广大人民去加入到革命战争中的最亲近的助手之一。在 1930 年的 3 月，中央军事部被改名为中央军事委员会。在 1931 年的 2 月，中共中央军事委员会总政治部建立，毛泽东为主任，《关于总政治部的任务及红军中政治部与政治委员的关系》里，则进行了对其组织机构的相关规定。在同年的 11 月，中央革命军事委员会成立了，王稼祥作为总政治部的主任。在这个总政治部下，也分设了许多部门，如组织部、敌工部、红军最高裁判所、宣传部等，总政治部从属于军以上之政治部，建立青年部，部长是高传遴及肖华先。在团政治处，设立了一系列的机构，如连队设立列宁室、青年团委员会、宣传队等，这些都为开展军队青年思想政治教育打好了良好的组织框架。

三、融入法制思想

中国工农红军建军以来，在每个阶段军队的建设中，依法治军都是一项重大的组成部分，军队建设离不开法制。在中央苏区时期，是我军军队建设的初创阶段，依法治军和从严治军也开始在军队里实施。1931 年，随着中央苏区的建立，党制定了军事法规范，军事司法体系由此建立了，这对军队有着重大而深远的意义。

在中央苏区时期，军事的立法方面虽只是初具规模，但也提供了制度上的依据，特别有利于我们党从严治军，在实践中积累了很多依法治军的经验。一是军事组织法，从 1930 年开始，在红军队伍不断强大的过程中，红军也从游击队转战至正规的战争中来，由此军队编制进行了一些改革。二是政治工作法的制定，在1930年制定的第一部红军工作政治条例便是，还有1934年的第一次全国政治工作会议中，对政治工作条例的一些修订，这些使得政治工作条例也变得愈加丰富。三是军事行政法，主要是对红军纪律和奖惩的相关规定。较为典型的便是“三大纪律”，也就是现如今的“三大纪律八项注意”；在纪律方面便是于1933年2月，《中华苏维埃共和国工农红军暂行法规》颁布，在这里便很明确地提出了“必须在法规上有明确规定，使红军全部生活集体化、纪律化、科学化”。1933年8月的《工农红军纪律暂行条令》，便是我国人民军队中第一部的纪律条令。四是兵役法，在中央苏区时期，并没有去特地专门地制定兵役法，但在苏区的法律和法规制度中，都能看到一些和兵役法相关的内容，如招兵的规定、征兵的规定，这些都是红军在兵役工作中所要遵循的规定。《中华苏维埃共和国宪法大纲》中也有一些和兵役义务的相关规定。[1] 在《中央执行委员会关于扩大红军问题训令》中，对于志愿兵役制也进行了规定。此外，在军事训练法规制度方面，毛泽东和朱德在1930年的《关于官兵考绩的训令》中，便指出了军队关于训练考核的目标、办法及项目，让其能在计划中达到比较好的效果。在1932年，《关于军事政治训练的训令》里，便写明了要运用战斗间隙对部队进行训练。依以上五方面所述，军事立法体系对于军队意义重大，其完备能大大地促使军队往更加正规的方向发展。

四、加强党的领导

红军的建立、发展和壮大均离不开中国共产党。在中央苏区时期，党的路线和方针是通过法律来实现的。在古田会议决议中，便很明确地指出了中国共产党在军队中的绝对领导地位，同时也制定了很多法律来保障党的领导地位。还有一些纲领性的文件中也有许多这样的规定，并确定了党的领导地位。在军事上去确定党的领导地位这一做法使党领导权更加合法化，这也是一大进步。我们党代表着人民的根本利益，军队唯有坚持党的领导方能取得广大人民群众的支持，才能发展得越来越好，才会有越来越多的人加入到红军中来。而党加强对军队的领导，也是着眼于中央苏区时期战争环境所决定的，拥有军队才能有战斗力，军队是保证政权稳定的一个很重要的因素。面对国民党的“围剿”，战斗力是红军所迫切需要的，战斗力是红军取得革命战争胜利的一个很重要的因素，所以军队的建设无论在何时都有其重要性。那么，党对红军不仅是思想上的领导，还有政治行动上的领导，这也是加强党的领导的基本要求，加强党的领导，涉及对军队方方面面的领导，也不是简简单单地喊口号，需要一点一点地去落实好相关的工作。

---

[1] 厦门大学法律系．中华苏维埃共和国法律文件选编［M］．南昌：江西人民出版社，1984.

参考文献

[1] 毛泽东．毛泽东选集（第二卷）[M]．北京：人民出版社，1991.
[2] 江西省教育学会．苏区教育资料选编 [M]．南昌：江西人民出版社，1981.
[3] 红色中华 [N]．二苏大特刊（第三期），1934-01-26.
[4] 袁征．中央苏区思想政治工作研究 [M]．南昌：江西高校出版社，1999.
[5] 刘源．古田会议在我军建设中的历史地位 [J]．求是，2007（16）：25～28.
[6] 李合亮．古田会议中的思想政治教育及其启示 [J]．武警学院学报，2002，18（3）：82～84.
[7] 李良明．论古田会议的建党经验及其现实启示 [J]．甘肃理论学刊，2011（4）：11～15.
[8] 中共福建省委党校史研究室．红四军入闽和古田会议文献资料，（续编）[M]．福州：福建人民出版社．红四军入闽和古田会议文献资料（续篇），1979.
[9] 贝丽静，林艳，刘建平．古田会议及其理论的现实意义 [J]．佳木斯大学社会科学学报，2004，22（2）：76～77.
[10] 何绍斌．论古田会议决议对军队建设规律的认识 [J]．党史文苑，2009（2）：17～18.
[11] 李月修．从《古田会议决议》看毛泽东对党的思想政治工作理论的贡献 [J]．北京联合大学学报（自然科学版），2002，16（2）：3～6.
[12] 傅柒生．古田会议：人民军队定型的标志 [J]．南京政治学院学报，2008，24（1）：79～82.
[13] 廖显辉．古田会议：党的先进性建设的里程碑 [J]．中共云南省委党校学报，2006，7（6）：60～63.
[14] 黄少群．论周恩来对古田会议的重大贡献——兼论"九月来信"的历史作用 [J]．党的文献，2000（4）：49～54.
[15] 李向军．关于增强思想政治工作实效性的几点思考——《古田会议决议》的启示 [J]．山东行政学院学报，2009（1）：133～135.
[16] 齐彪．古田会议的历史贡献 [J]．党建研究，2010（4）：30～32.
[17] 徐凯旋．古田会议时期党的先进性建设面临的新问题探讨 [J]．赣南师范学院学报，2008，29（1）.
[18] 胡居成．古田会议前毛泽东、朱德关于建军原则的争论（下）[J]．党史文汇，2005（3）：22～26.
[19] 丰根凤．第一次反围剿毛泽东诱敌深入军事思想形成及其意义 [J]．求索，2011（7）：236～237.
[20] 吕永良．谈谈毛泽东反围剿思想的来源 [J]．毛泽东思想研究，1995（3）：120～121.
[21] 钟彬彬，洪丽华．中央苏区第五次反围剿中唯一一次大捷 [J]．中国老区建设，2012（1）：56～57.
[22] 亦一晨．"围剿"与"反围剿"[J]．中国体育（中英文版），2008（6）：93～95.
[23] 赖国芳．中央苏区反"围剿"战争与毛泽东军事战略思想的发展 [J]．党史文苑，2006（6）：50～52.
[24] 刘仲林．中国工农红军的反"围剿"战争 [M]．哈尔滨：黑龙江人民出版社，1985（4）.

[25] 曾自．毛泽东与《反对本本主义》[J]．前线，2006（6）：61～63.
[26] 冯都．中央苏区思想政治建设的主要内容［J］．党建研究，1998（4）：45～46.
[27] 杜长富．我军《政治工作条例》的历史沿革［J］．政工导刊，1999.
[28] 汪保康，张愈．论军队《政治工作条例》的法律作用［J］．扬州大学学报（人文社会科学版），2011，15（6）：69～73.
[29] 邢安武．认真学习贯彻新的政治工作条例加强和改进新形势下军队党的建设［J］．军队党的生活，2010（12）：53.
[30] 肖甡．略述中央苏区的红军建设［J］．党的文献，2001（6）：39～45.
[31] 王盛泽．共产国际与中央苏区红军建设［J］．党政研究，2015（2）：37～42.
[32] 蒋琦．中央苏区时期中国共产党的"扩红"运动［D］．南昌：南昌大学，2014.
[33] 戴莉萍，李明．中央苏区时期毛泽东军事思想浅论［J］．黑龙江史志，2009（17）：94～95.
[34] 梅黎明．毛泽东在1930年［J］．毛泽东思想研究，2014（5）：14～18.
[35] 谢镁．中央苏区时期人民军队依法治军的经验与启示［J］．军事交通学院学报，2017，19（2）：79～83.
[36] 谢敏华．1927～1934年苏区时期毛泽东的军事民主思想与实践略探［J］．赣南师范学院学报，2006，27（4）：98～100.
[37] 叶慕林．中央苏区党对国军思想政治工作的研究［D］．南昌：南昌大学，2015.

第五章

学校的青年思想政治教育

中央苏区时期，在以毛泽东等领导人为代表的中国共产党人将思想政治工作放在了一个极其重要的位置，赣南闽西等根据地内的学校高度重视学校中的思想政治教育工作。如何正确顺利地开展学校的思想政治工作？如何通过学校教育培养出能投身于革命当中，能完成革命中的工作和任务的各种人才？如何把马克思列宁主义科学中的理论知识与国内革命的实际情况相结合？这又是中央苏区和中国共产党所面临的又一个前所未有的课题。革命根据地内的教育工作者在党和苏维埃政府领导下，找准了工作的大方向，针对这些前所未有的新难题做出了准确而又出色的回答，并从教育工作的各个方面都做出了解答，制定了正确的教育方针，建设了优秀的教师团队。对于在校学生实施了合理的教育管理，编写教材，以及对教学方法的改革，对共青团组织作用的发挥等方面都在摸索中寻找到了一条又一条的针对学校思想政治工作的新路子，积累了相当丰富宝贵的经验，为之后的学校中的思想政治教育工作提供了新思路。

中央苏区时期党中央和苏维埃政府坚持正确的办学方向以及在发展过程中对教育工作的正确领导的经验告诉我们：要想教育事业的发展不偏不倚地沿着正确的方向，一定是离不开党和政府的正确领导，必须要坚持和加强党和政府的领导。党和政府在领导教育的过程中，必须坚持马克思主义的基本原理，也就是从实践中来，到实践中去，根据实际制定合适的教育方针路线和政策，再回到实践中去验证方向的准确性，这样才能保证正确的办学方向，才能不断的推进教育事业发展。否则，教育事业的推进方向就会偏离正确轨道，就会遭受困阻甚至失败，中央苏区以及新中国成立后的教育发展历史都印证了这点。只有党和政府制定的教育方针路线和政策得到执行，落实下去，教育事业才会得到发展，这就要求领导干部一定要以身作则，深入到实际中去。可以说，中央苏区教育事业的发展离不开领导干部和所有教员的共同努力，他们协同合作，共同推动苏维埃教育事业的发展，坚决贯彻执行党中央所指定的方针、政策，为教育事业的发展打下了坚实的基础。

第一节　制定苏维埃的教育方针

中央苏区处在敌人的包围之中，党和苏维埃政府不仅要抵抗敌人的围剿，巩固苏维埃根据地，还要顶住压力，组织进行苏区的各项建设，维持苏区正常的生产生活等。苏区的教育工作一直是苏维埃建设过程中的一项重要的任务，党和政府也把这项工作放在重中之重的位置，即使在艰苦战争环境中，在革命工作十分繁重的情况下，也没有改变苏区教育事业的重要位置。在中华苏维埃共和国临时中央政府成立的两年中，根据史料记载的中央人民委员会 39 次常委会中，教育作为一项议程的会议就达到了 20 次。苏区教育工作中的各种疑难杂症都是会议研究讨论的内容，对教育工作发挥了积极的重要作用，及时采取措施克服了发展中的阻碍，保证了苏区教育事业的顺利发展。[1]

中央苏区党和政府的许多领导人用大量的时间和精力亲自深入到教学过程中来，在实际工作中具体指导，重视加强对教育工作的领导，并且不断总结经验。

在深入教学过程，毛泽东身体力行，亲自指导工作。1929 年 4 月，毛泽东在兴国对土地革命干部仔细地解读了《兴国土地法》，亲自举办的土地革命干部训练班也收到了很好的成效。1929 年 12 月，他亲自起草了《古田会议决议》。1930 年至 1933 年，毛泽东对寻乌、兴国、长冈乡、才溪乡这四个地方进行了实地调查，并在调查后撰写了《寻乌调查》等四个调查报告，对当地的教育情况进行了纪实和仔细调查。同时，毛泽东兼任过苏维埃大学的校长，并亲自进行教学工作。除此之外，他还提议并指导创办了整个红军学校教育。《乡苏维埃怎样工作》一书，就是毛泽东在苏维埃大学上课的讲稿。1934 年 1 月，毛泽东总结了苏维埃文化教育事业所取得的成就，并提出了苏维埃教育的总方针和中心任务，在第二次全国苏维埃代表大会上政府工作的报告中指出。毛泽东不仅在实践上解决了许多阻碍教育事业发展的绊脚石，同时也解决了在中央苏区教育发展过程中理论上的很多重大问题，使中央苏区教育事业能够顺利的推进，沿着正确的方向发展，同时也标志着这位中央苏区教育建设总设计师的教育思想的形成，以及具有中国特色的马列主义教育理论的诞生。[1]中央苏区的许多党政军领导人在毛泽东的率先示范下，也都对教育工作十分重视起来。他们不仅重视还能亲自办教育，例如周恩来、朱德、任弼时、张闻天、杨尚昆、董必武等党、政、军领导人，坚决贯彻落实党和苏维埃政府的教育方针政策和措施，发挥出了方针政策和措施的重要指导作用，和苏维埃政府各级干部一道办好教育事业，努力作出表率。

党内曾出现过一种错误的倾向，把教育归结于是和平环境中办的事，把教育和革命战争对立起来了。在当年创建和发展中央苏区教育的过程中，毛泽东深度分析了当时中国革命的性质、目标、任务以及社会主义革命的必然性，对“左”倾机会主义路线作出了适当的批判，并告诫大家，为了革命战争的胜利，为了巩固发展苏维埃政权，为了革命斗争的胜利动员民众力量的加入，为了创造革命的

---

[1] 张挚．论中央苏区教育发展的经验与意义［J］．江西社会科学，2006（12）：104～108．

新时代，苏维埃必须实行文化教育的改革，解除反动统治阶级加在工农群众精神上的桎梏，而创造新的工农的苏维埃文化[1]，旗帜鲜明地提出了苏维埃文化教育总方针“在于以共产主义的精神来教育广大的劳苦群众，在于使文化教育为革命战争与阶级斗争服务，在于使教育与劳动联系起来，在于使广大中国民众都成为享受文明幸福的人”，[1] 这个指导思想保证了苏区教育继续沿着正确的方向前进。

教育方针的作用是规定教育工作的总方向，对教育策略的总的概括。而教育方针的该如何确定，或者说怎么样才能找到一个合适的教育方针这又是基于一定时期内政治上、经济上的需求和要求。教育事业的发展和前进方向以及目标都是由教育总方针来指导和确定的。所以说，教育方针的正确与否是保证苏维埃教育事业能否朝着正确的方向前进，能否达到预期的结果的必然要求和根本保证。

一、提出中央苏区教育方针

（一）提出对学校教育的要求

在中国共产党的正确带领下，苏区内的政治和经济形势发生了很大的变化。在这个基础上，苏区教育事业的发展也得到了稳步提升，这就对学校内的教育提出了可行的要求，要有目标地培养人才。

在中央苏区建立之前，赣南和闽西一带农村的文化教育是十分落后的。虽然国民政府办有国民学校，但是只是针对豪绅地主，他们的子弟可以上小学、中学、大学甚至出国留洋，而工人和农民大众因为交不起学费，而被学校拒之门外，失去了接受再教育的权利，并且年纪尚小，并没有能力去参加重体力劳动，只得留在家中帮助父母干一些简单的农活和照看弟妹，这就直接导致了他们的身心发展受到了阻碍。中央苏区革命根据地建立后，在党和苏维埃政府的带领下，在工人农民和劳苦大众的共同努力下，才把教育权从国民党的手中夺取了过来，广大的工人农民及劳苦群众才有了继续接受教育的机会，他们的子弟才有了接受全面教育、身心同时发展的权利。在这一斗争中，首先是废除了国民党的党化教育和帝国主义的奴化教育，扫除了阻碍文化教育发展的绊脚石；其次是为了改善劳苦大众的生活水平，提升经济水平，开始实行土地革命，使广大的工人农民以及劳苦大众的子女有受教育的可能。

中央苏区建立之初，对广大劳动群众的教育过程并没有那么简单，许多旧社会的遗留糟粕已经腐蚀了很多人的头脑，在他们的传统观念和思想的影响下，并没有认识到接受教育是每个人的权利和义务。在他们看来，上学读书只是地主豪绅子女的事情，并不是他们的事儿，甚至更危险地认为读书识字之后就是脱离了工农群体。还有的人认为不读书并不影响干革命，不识字的工农干部比知识分子

---

[1] 红色中华［N］. 二苏大特刊（第三期），1934-01-26.

的工农干部更光荣，在广大工农群众的心目中更有威望和说服力。因此，在部分群众的脑子里面还残留着一种不正确的思想，那就是轻视教育的作用，看不见教育对子女所带来的隐形财富，不愿意送子女去学校接受教育的思想。

中华苏维埃共和国临时中央政府和各级苏维埃政府的建立，教育行政管理系统也在不断地完善和健全，有力地指导了苏区教育工作的开展，苏维埃文化教育建设的总方针和中心任务也对苏区的教育工作实行了集中统一的领导管理，这样做的优势就在于从组织上保证了教育事业的发展。许多学校在这个时期相继迅速建立发展起来，在中共中央各部门和各根据地的大力号召举办下，仅中央工农民主政府所在地瑞金的大、中专学校就有十余所。学校培训的对象也从初级军政干部发展到了囊括培养高级军政干部，普通教育也发展到了专业技术教育。除此之外，扫盲运动的主力教育方式工农业余教育和师范、技术学校的教育也都得到了迅速发展。据 1934 年 9 月 29 日的《红色中华》报道："到今年 3 月为止，在中央苏区的江西、福建、粤赣、瑞金等地，根据不完全统计，我们有 4512 个补习学校，23286 个识字组，1917 个俱乐部，还创办了许多干部训练班❶。"

学校思想政治教育的渗透作用同样是各级党组织和苏维埃政府的重要关注点，在加强对教育的领导与管理的基础上，对教材的完善，对教学内容和方法的改革，对规章制度的制定，对教学活动的规范都是重要的工作点，并且要不断地总结经验教训，发展教育事业。在这种情况下，一个服务于适用于革命斗争和阶级斗争需要的、不同于以往的、全新的、具有无产阶级属性的学校思想政治教育体制诞生了。

随着中央苏区政治经济形势的发展，对文化教育事业也是产生了积极的促进作用。革命根据地的逐渐形成、发展和稳固，在苏区内也逐渐开办了各式各样的学校来对不同文化水平，不同工作的劳动群众进行细致分化的教育。中央苏区的学校教育主要分有以下学校：

红军学校，其任务是提高士兵及军官的战术素养，提高红军战斗力。(1) 中央红军学校：中国工农红军学校、红军通讯学校、红军卫生学校、红军第一步兵学校、红军第二步兵学校、红军特科学校、游击队干部学校、中国红军军官学校第一分校。(2) 地方红军学校：闽浙赣的红军军政第五分校、闽西南的红军第六分校、湘粤赣的红军第五分校、湘粤赣的红军彭杨分校、红二十二军干部学校、湘赣的红军第四分校。

干部学校，其任务是培养高等专门人才。(1) 中央干部学校：苏维埃大学、马克思共产主义大学、中央农业大学、高尔基戏剧学校、商业学校、银行专修学校。(2) 地方干部学校：江西省苏维埃干部学校、湘赣省委党校、赣南工农学

❶ 何乐. 中央苏区学校思想政治教育研究 [D]. 赣州：江西理工大学，2016.

校、湘粤赣省委党校、闽浙赣共产主义学校。

职业学校主要是识字扫盲，同时进一步提高他们的文化和政治水平。短期职业中学、三八女子职业学校、赤色女子职业学校、女子看护学校。

师范学校，其任务是培养各行各业的中等专门人才。例如，闽瑞师范学校、中央列宁师范学校、中央干部教育学校、江西省立第一列宁师范学校、江西省立第二列宁师范学校、闽西列宁师范学校、赣东北省立师范学校。

党和苏维埃政府积极领导广大群众努力克服经济文化基础薄弱、师资缺乏、办学条件艰难等种种困难，推动了中央苏区教育事业的发展。

（二）毛泽东提出中央苏区的教育总方针

毛泽东在基层深入考察研究，仔细的整理总结几年来各地办学对工农群体及其子女的教育经验，提出了中央苏区的教育总方针。土地革命时期，党所采取的路线是农村包围城市，武装夺取政权，实行武装割据的战略。在此战略下，开辟的革命根据地基本上都是小块的，零散式的分布，然后建立苏维埃政权，制定各个革命根据地的教育方针和政策。

中央苏区明确提出了教育方针“养成在革命环境中所需要的革命工作的干部人才”，发展“社会教育，普遍而深入地提高群众的阶级觉悟、政治水平、文化程度。”提出这样的教育方针是根据当时革命战争和苏维埃各项建设对人才的要求。为了克服旧的学校教育的弊病，也就是教育与生产劳动脱离的弊病，还规定学校“施教的方针，以养成智力与劳动均衡发展为原则，并与劳动统一的教育前途。”1932 年 5 月，《江西省苏维埃第一次工农兵代表大会关于文化教育工作决议》提出“三联系”与“四化”的教育方针。“三联系”就是“使文化教育与目前革命斗争联系起来，使文化教育与工农群众实际生活联系起来，使劳动与知识联系起来。”“四化”就是“使文化教育社会化、政治化、实际化、劳动化。”❶

在闽浙赣革命根据地，1933 年 3 月，《第二次闽浙赣省苏大会文化工作决议案》提出要实行“三化”反对“三隔离”的方针，三反对大概就是，反对将文化教育与实际生活隔离，反对将劳动与知识隔离，反对将文化教育与斗争隔离；文化教育应该做到政治化、劳动化和社会化。❶

在湘赣革命根据地，当时提出文化教育的总任务是将来共产主义社会主义社会的建设者不能仅仅将眼光局限于男女青年、成年群众，还应该培养广大儿童群众成为革命的新后代，为将来社会的发展培养生产力；新社会的文化教育以及一切科学技术和艺术的建设，都应该交给广大群众自己手上，利用自己的力量和斗

---

❶ 甘大模．浅谈苏维埃文化教育的总方针［J］．赣南师范学院学报，1987（1）：15～22．

争中所积累的经验来建设。在看待教育与劳动的关系上提出要“以劳动为教育的本位，把学习与劳动相联系。”❶

上述的教育方针都是针对各个革命根据地所制定的适合本地区的教育方针，都是党和苏维埃政府在做过多次考察和总结后所得到的结果，虽然表达方式都不是一致的，但都体现了教育为革命战争和阶级斗争所服务的要求，克服了书本知识与实际生产过程分离的弊病，实行将教育与劳动联系在一起的要求，同时提升了工农群众的阶级觉悟，提高了工农群众的文化水平，并且在达到这些要求，克服这些困难的情况下，还可以用以指导教育事业的发展，其方向是基本无误的。1933 年底，毛泽东实地调查福建上杭才溪乡、江西兴国长冈乡，按照马克思列宁主义与中国革命实践相结合的原则，对多地近几年来的办学教育进行总结，得出经验，苏维埃文化教育的总方针是在 1934 年 1 月的“二苏大”报告中明确提出来的。总方针是这样描述的，什么是苏维埃文化教育的总方针？或者说：总方针在什么地方呢？总方针在于以共产主义的精神来教育劳动群众，应该是服务于革命战争和阶级斗争的，同时使教育与劳动联系在一起，使广大中国民众都成为享受文明幸福的人。

二、苏维埃文化教育总方针内容

毛泽东通过亲自办学并总结实际经验提出了苏维埃文化教育总方针，科学地阐明了苏维埃教育的性质、目的和任务，其基本精神有下列几个方面：

（1）苏维埃文化教育的性质是要以共产主义精神来教育广大的劳动群众。毛泽东为什么要把苏维埃教育的性质也就是以共产主义精神来教育劳动群众列为苏维埃文化教育的第一项？因为文化教育的首要问题就是要明确中央苏区教育的性质和指导思想，这是苏维埃教育的基础和保证。在教育性质的问题上，“左”倾教条主义者认为中央苏区的文化教育应当是共产主义的教育方针，这种思想是错误的，教条的搬照不和实际情况相结合的行为是不能够进行正确的教育的。他们主张革命根据地的教育应当要去为“推翻资产阶级，为实现社会主义共产主义社会而奋斗❷”。显然，这是混淆了民主革命与社会主义革命，民主主义教育与社会主义教育的界限，把对于共产主义的思想体系与社会主义制度的宣传当作新民主主义行动纲领的实践，是极端错误的行为和想法。毛泽东当机立断地否定了这种错误的观点。在他看来，土地革命战争时期的中国革命是民主主义性质的革命，也就是说民主主义性质的教育仅仅适合当时条件下的革命根据地教育，即后来在抗日战争时期，毛泽东在《新民主主义论》中正式的将这种教育定名为新

❶ 李国强．苏维埃教育方针初析［J］．教育学术月刊，1986（2）：45～52.

❷ 中央教育科学研究所．《老解放区教育资料》［J］．人民教育，1981（4）：59.

民主主义教育，而绝不可能是“共产主义的教育”。毛泽东指出：在新民主主义革命时期，社会主义的国民文化不是或者不应该是现在的整个国民文化。这不是当前行动纲领的实践，而是共产主义的思想体系宣传；中国民主革命阶段上，整个的国民教育和国民文化的方针并不是用共产主义的立场和方法去观察问题、研究学问、处理工作和训练干部❶。因此，苏维埃教育应该是为革命根据地的建设，为革命战争培养各类人才，为革命根据地的新经济、新政治服务的。

（2）明确服务的方向，文化教育的服务对象是革命战争与阶级斗争。土地革命战争时期，为了建立和巩固农村革命根据地，中国共产党必须对工农群众进行武装，并组织和动员他们进行反抗和革命，来瓦解国民党的军事“围剿”。因此，在土地革命时期，党和苏维埃政府的政治任务便是组织工农群体对国民党的压制进行革命战争和阶级斗争。这个时候，革命根据地的文化教育就应该坚持为革命战争和阶级斗争服务的方向，并且作为自己的政治任务。

在教育与革命战争的关系问题上，当时革命队伍内部存在着种种错误的认知。有的人认为文化教育应该是和平时期所建设的事业，从而也就将教育与革命对立了起来，觉得现在是战争时期，而建立文化教育事业应该在和平时期建立。这种错误有害的观点，曾在1933年底一度发展到顶点，导致了很多学校都关闭了。另外，也有人认为教育应该是独立存在的，不应该与战争、与政治挂钩，更不应该为了政治和战争的需要而服务。针对类似于这种的错误观点，毛泽东明确告知文化教育必须为革命战争和阶级斗争服务，揭示了教育与革命、战争之间的相互联系和关系。根据苏维埃文化总方针的要求，1934年中央教育人民委员部在《教育行政纲要》中规定：要“消灭过去把政治斗争与教育工作对立起来的错误。应该以战争动员做教育的中心目标，同时为着战争的需要，更要加紧我们的阶级教育和消灭文盲运动❷。”

党和苏维埃政府为了解决教育该如何为革命战争和阶级斗争服务的问题上采取了各种措施。例如，为了提升工农劳动群体的文化和政治水平，与此同时还可以培养大批领导干部和专门人才参加到斗争当中去，中央苏区党组织和政府积极开办学校和训练班，采用各种教育形式；组织学校师生积极参加各类工作和活动，以实现学校与革命斗争之间的联系，党的中心任务才能得到贯彻和落实，比如收集粮食、扩大红军、整理和扩大少先队、赤卫队、参加查田运动、春耕生产劳动等，这也使得苏区的文化教育成了战争动员的一股中坚力量，不仅是为了提高群众的政治文化水平，更甚是吸引广大劳动人民积极参与到革命当中，在战争动员工作中发挥出了强大的战斗作用。为了适应革命战争、阶级斗争和苏维埃各

❶ 毛泽东．毛泽东选集（第二卷）［M］．北京：人民出版社，1991.

❷ 江西省教育学会．苏区教育资料选编［M］．南昌：江西人民出版社，1981.

项建设的需要，学校必须开展教学内容和教学方法的改革，努力提高教育质量。例如，当时苏区正在开展的查田运动，学校的教学内容就将查田运动加入其中，配合开展查田工作。

（3）使教育与劳动联系起来，强调教育的实际化、劳动化。苏维埃教育总方针中关于“使教育与劳动联系起来”，体现了强调教育的实际化、劳动化的重要精神。教育与劳动的脱离是旧教育的特征之一。革命根据地教育必须坚持与生产劳动相结合，这是革命根据地教育的性质和任务所决定的。革命根据地的教育担负培养全新的人的任务，要使受教育的广大劳动群体的子弟能够成为“有独立思想的头脑，有勤劳踏实的双手，有吃苦耐劳精神和坚韧不拔意志的完全的新的人。”因此，教育和生产劳动相结合的方针一定要落实下去，坚持这个正确的方向，改变以往的旧式教育的弊端，不能再继续读书与生产相脱离的教育方式，而使学生在接受学校教育的同时还能够密切联系生产劳动。

中央苏区的学校坚决贯彻执行教育与劳动相结合的方针。体现在苏区内积极开展扫盲运动和普及义务教育的同时，还创办了许多短期职业中学、女子职业学校和其他专业学校，这些学校都是将教育和生产劳动密切结合在一起的学校。不少学校实行半工半读，按生产季节变化安排学习和休假，使学校师生都能参加生产劳动、建校和公益劳动。在教学方法上，也十分注意理论联系实际的教育方法，在教材中也增加了许多知识和技术，强调与生产劳作和社会实际密切联系。这样就解决了学生在读书期间不能参加生产，在生产中不能去读书的问题，克服了旧式教育中书本知识与实际脱节，读书和劳作不能同时完成的弊端，教学质量得到了巨大的提升，培养了许多革命的新人。

（4）明确规定了革命根据地教育的培养目标。革命根据地的教育培养目标很清晰，那就是使广大中国民众都成为享受文明幸福的人。革命根据地建立前，中央苏区的广大工农劳苦民众在国民党反动统治下，政治上受压迫，经济上受剥削，百分之八十以上的人都是文盲，吃尽了没有文化的苦。革命根据地建立后，在中国共产党和苏维埃政府的领导下，工农群体在政治上和经济上都摆脱了压在头上的三座“大山”的剥削和束缚，生活水平得到了提高。但是，他们要是想成为真正意义上享受文明幸福的人，他们就必须意识到在文化水平上也必须得到翻身，摆脱愚昧无知，从而实现对内在精神的解放，使自己成为有革命觉悟、有科学文化知识的人，对待革命和斗争的态度能够做到自觉参与其中，从而成为为共产主义而努力奋斗的战士和劳动者。这就明确了革命根据地教育的培养目标。革命根据地教育在实施的过程中该如何贯彻落实上述的培养目标呢？

首先，在教育过程中，要求教师把政治教育、知识教育和劳动教育三者结合起来，把学生培养成既有革命思想又有劳动能力的革命新后代。

其次，文化教育的改革清除了地主阶级对教育的影响，在党和苏维埃政府的积极领导下建立起了真正的为苏维埃服务的教育事业。例如，反对基督教教育，反对国民党党化教育，反对复古教育，反对封建迷信，组织工农群体参加各种实际的斗争活动。通过这些教育和活动，提高他们的思想政治和文化水平，为使广大中国民众都能够成为享受文明幸福的人提供条件。

最后，在中央苏区教育事业的发展中，毛泽东等党和苏维埃领导人十分重视教育工作，亲自办学，参加教育实践，把马克思主义原理与中国民主革命的实践相结合，提出了苏维埃教育的总方针，从而使革命根据地的教育沿着正确的途径和方向发展。

第二节　思想政治教育队伍建设

想要做好学校的思想政治工作，提高教育质量，为革命培养更多更好的人才，除了要有正确的教育方针和政策外，关键还必须建立一支革命的教师队伍。中央苏区的党和苏维埃政府为了尽快地建立一支革命的教师队伍，着重从两个方面入手，进行工作：一是团结教育旧知识分子；二是培养工农知识分子。

一、团结教育旧知识分子

中央苏区在革命以前是一个文化落后的区域。原有的为数不多的旧知识分子，绝大部分出身于地主、富农和商人的家庭。这些旧知识分子由于对党和红军的政策不够了解，存在着害怕和疑惑的心理，有的逃到白区去了，有的隐藏不出。为了利用旧知识分子为苏维埃政权服务，党和红军采取了正确的政策。早在革命根据地开创时期的 1929 年 3 月，红四军党部就发布了《告商人及知识分子》的文告，明确告知了党对知识分子的政策和态度。文告指出工农阶级愿意也接受自愿参加革命的知识分子，并且以他们的才能大小分配给他们相当的工作。能够吃苦耐劳，勇敢奋斗的革命的学生们和教员们还可以加入红军政治部，参加政治工作[1]。此后，中华苏维埃共和国临时中央政府又颁布《征求专门技术人员人才启事》，公开宣布称现金聘请技术人员，凡是愿意同情苏维埃革命而来的白区区域内的医师、无线电人才、军事技术人员，请向各地共产党组织以及各革命团体接洽，填写履历，同时转询中央政府内务人员委员会，即可答复并谈判条件，如果签订合同并确立，护送进入中央苏区效力[1]。

在党和苏维埃政府的感召下，当时有不少旧知识分子投奔革命，缓解了苏区缺乏教员和其他专业技术人员的状况。许多旧知识分子在接受了革命教育之后，热心为发展苏区的文化教育事业服务，在各自的岗位上贡献自己的聪明才智。红

---

[1] 江西省教育学会．苏区教育资料选编［M］．南昌：江西人民出版社，1981．

军攻克福建汀州后，原汀州福音医院院长、著名医生傅连暲，热心为红军指战员治病。在毛泽东的教导下，他在福音医院开办中央红色护士学校，后来又办起了中央红色医务学校，为红军培训了一批急需的医护人才。红军学校教员吴子罕，原是留学日本的学生，宁都起义参加革命后，在红军学校担任主任教员，工作积极，教学成绩出色，深受学生欢迎。王昌期，原是瑞金县一所私塾学校的教员，他投身革命后，被乡苏维埃政府推荐到县师资培训班学习，结业后分配到乡列宁小学任教。由于他努力工作，成绩突出，被中央教育部代部长徐特立发现，调到瑞金县教育部工作，后来又调到中央教育部担任社会教育局局长。由于各级教育部正确地贯彻执行了党和苏维埃政府利用旧知识分子的政策，吸收了许多旧知识分子参加到教师队伍中来。他们中的许多人，在党的长期教育和革命斗争的锻炼下，成长为无产阶级的革命战士，为革命事业做出了重要贡献。

二、造就革命教师队伍

党和苏维埃政府不光只是把建设教师队伍的目光放在旧知识分子身上，同时对培养新一批工农出身的知识分子做教师也抱有很大的希望。苏区对工农出身的知识分子做教师的工作十分重视，从中央到地方都创办了各式各样适合不同等级的师范类学校，形成了多层次、多规格的教育体系，从中央到省到县都有相应的高级列宁师范学校、初级列宁师范学校、短期列宁师范学校和教师短训班等，为中央苏区培养了一批又一批的优秀教师。

教育实践的经验表明：学生世界观的形成受着教师的思想政治水平的直接影响，能否培养学生建立一个正确的世界观，同时得到正确的发展都与教师有着很大的关系；学生在校期间对知识的运用和掌握程度都与教师的业务水平直接挂钩，正如俗话所说，名师出高徒。因此，苏维埃政府采取了很多方法来提高教师队伍的专业素质。

首先，对教师的思想政治进行考量，一定是选取在政治上表现积极者才有资格去参加师范培训。闽瑞师范和列宁师范为了培养新型的红色教师，就专门设立了一门政治课。这门课程从革命的目前任务与前途、国际共产主义、目前政治分析、土地革命、共产党与国民党的比较、怎样做群众工作、识字运动等方面选材，编写成通俗易懂、言简意赅、观点鲜明的课本。通过政治课、学校管理、纪律教育、个别谈话、社会实践、游艺等形式，有目的、有针对性地进行政治教育，为中央苏区的文化教育事业培养了大批政治素质较好的骨干教师。这些教师的工作不仅仅是搞好教育工作，还得兼任夜校和识字班的教员。他们组织读报队、宣传队、演讲队、文艺队，给群众读报讲报，宣传演讲，表演文艺节目；向群众宣传党的方针任务、时事政策，宣传科学知识，卫生知识，反对封建迷信，传播生产知识；组织学生参加扩大红军、拥军优属、土地革命、站岗放哨、扫除文盲等社会活动和公益劳动，协助乡村苏维埃政府开展文化工作。总之，这支革命教师队伍在为革命战争、阶级斗争和根据地建设服务，为提高劳动民众的文化教育水平等方面，起了积极的作用。

其次，还同时训练了教师队伍的文化水平和实际教学的能力。开始时会比较重视教员的政治思想表现为选择条件，后来随着教学过程的进展加上经验的积累，不仅看政治条件外，还以教员的文化水平和教学经验、能力为条件，并经常会对他们进行考核。中央苏区还通过创办教育干部学习和开展教员培训班等措施来提高教师的业务水平。在当时以徐特立为代表的广大教育工作者的共同努力下，中央苏区创办了多所教员培训班。同样办得也比较有成效的还有中央苏区的师范教育，闽瑞师范和中央列宁师范也十分强调师范教育要理论联系实际，重视教育实习工作，重点研究怎样教好一堂课。这些措施对于教师教学水平的提高和教学实施过程都提供了很重要的帮助，发挥了很好的作用。

为了提高教师的积极性，使其能够安心工作，中央苏区的党和政府采取了各种有效的措施来保证和提高教师的待遇和地位。1932 年 2 月 6 日，刚成立不久的中华苏维埃共和国临时政府在第六次常会上郑重地研究，如何在艰难困苦的战争环境中，在经济极端困难的情况下，保证教师的基本生活费。

教员是能否顺利开展教学活动和办好学校的必要条件。只有教师队伍的壮大和水平的提高才能培养出思想政治坚定同时又具有较好文化水平的青年，才能搞好学校的思想政治工作。在党和苏维埃政府以及各校领导的共同努力下，在教员培养的工作上花费了大量的精力，运用了多种积极的措施，并取得了良好的效果。各校除了按教员的编制标准配备一定数量的指导员外，还根据教育工作的需要和教学工作的实际内容额外设置了不同的教师职务，明确分工，各司其职。分别负责各种教学工作、各班学生的训育工作，领导各班学生参加劳作实习和社会工作，检查学生的健康卫生，测验学生成绩等职务。不仅如此，除了对学生的考核，学校还十分重视对教师工作的考核。如 1931 年 7 月，闽西苏维埃文化委员会为造就革命的教员，决定：（1）举行指导员登记，审查其工作历史、成分、家庭背景，排除有反革命政治派别嫌疑分子。（2）举行测验，测试教员的文化程度，考察其政治认识，以及教学经验。前者是政治审查，后者是业务考核，二者并重。在考核过程中也注意奖励优秀教员，对工作消极的给予严格的批评教育，目的是为了提高教员的积极性，以利于提高教育教学质量。

中央苏区的教师队伍的建立过程很是坎坷的。在极端困难的条件下，通过党和苏维埃政府的正确指引，各方不懈的努力，建设初有成效，终于初步建立起一支革命的教师队伍。据中央政府 1933 年底统计，仅中央苏区的江西、福建、粤赣三省教员就有一万多人❶。他们为苏维埃政府培养了一批又一批思想政治坚

---

❶ 曾维才．土地革命时期毛泽东的教育思想与实践［J］．赣南师范学院学报，1993（10）：1.

定、工作能力不凡的干部，融入政府各个系统、各个部门当中；为提高广大工农群众的政治水平和文化素养立下了汗马功劳；为苏维埃革命培养有志青年，优秀的革命接班人做出了巨大的贡献，在中国教育的历史上书写了灿烂的篇章。

第三节 学校青年思想政治教育的内容和方法

教材是传播知识的媒介，一本好的教材可以向学生团体传播正确的理论知识，引导学生团体建立正确的“三观”，培养一批优秀的为革命投身的革命人士。在这个基础上，中共中央对新教材的编写投入了很大的精力，在借鉴旧教材积极的部分上加入革命所需要的新知识，同时还得使内容有趣，充满通俗性；不仅得保留旧教材的进步成分，还得加入具有科学性的新内容；在学习语文、历史等必修课的基础上，创新性的加入了其他科目，全面提高学生的文化水平，扩展学生的知识层面。

一、编写新版教材

教育目的的实现一定是通过正确的教材内容的帮助作用下才能够实现，同时教材内容也是培养社会所需人才的重要保证。一般来说，文科的教材里会包含大量的思想政治教育的内容，例如语文、历史等记录人类文化发展的教材，同时也是对学生进行思想政治教育的重要资源。教材内不仅包含大量的易见的思政教育内容，还有很多隐藏的价值取向，这些因素都是对学生价值观道德观的形成起着重要的作用。因此，如果要对教学内容进行改革，就必须明确的一个重要任务就是抛弃废除国民党统治时期所编写的反动的、落后的旧教材，尽快编写完成服务于斗争和革命的、根据地建设的、以共产主义为基本的新教材。毛泽东、徐特立等中央高级领导人都积极参与到编审教材的工作当中，并且委员会主任徐特立亲自把关定向，足以说明苏维埃中央政府对新教材编写的重视程度。正是苏区内部自上而下都重视并共同努力解决编写过程中的困难，所以才能够在如此短的时间内取得了相当的成绩，中央苏区时期为各级各类学校新编的教材就有 130 多种。据有关部门保存的材料和教材目录统计，新教材与旧教材是完全不一样的，新教材中有许多新的特点和亮点，也是中央苏区思想政治教育内容的重要载体[1]。新编的教材有以下三个显著特点：

（1）创新性。共产党和苏维埃政府的指导思想都是马克思主义，所以新编的 130 多种教材中的内容，都是以通俗易懂的话语，并加上运用了马克思主义的

[1] 叶云明．论中央苏区时期学校的思想政治教育［J］．党史文苑，2012（8）：11～12.

立场、观点和方法来具体回答了斗争和建设道路上所遇到的各种问题，使受教育者更加清晰地了解到了革命的原因和目的，从而自觉地加入到斗争当中；更加清晰地了解到中央苏区建设过程中所遇到的困难，从而能够更准确的找准自己的工作，参加到建设的队伍当中去。相比于旧教材来说，新教材更具有创新性和新颖性。毛泽东将他的重要著作如《星星之火，可以燎原》《反对本本主义》的主要观点加以介绍和简要的阐述，就在马克思共产主义学校内对学生们讲授了中国苏维埃革命史。毛泽东在苏维埃革命史中还指出：苏维埃国家的两大任务一是组织革命战争，二是改善群众生活，是革命战争又是群众生活的领导者和组织者❶。群众路线的工作方法、苏区的经济政策等都在教材中得到了系统的阐述，提出了怎样平衡发展革命战争与改善人民生活，提高经济建设等之间的关系的重要思想。新教材的编写工作幸亏有一大批马克思主义理论家的参加，才能够在革命发展的艰苦时期如期的完成了任务。有了新教材，这才对以后教育引导学生的思想政治教育起到了重要的作用。

（2）科学性。新教材不仅是为了提高受教育者的文化水平和政治水平，还有一个重要的使命就是，使受教育者能够自觉抛弃旧社会所遗留下来的文化糟粕，不再去相信“牛鬼蛇神”，清除封建迷信；同时还应该帮助广大劳动群众自觉清除社会中的陋俗，比如裹脚，这是对女性身体上和心理上的双重折磨，马克思主义追求的是完全的自由的人，每个人都应该是由自己主宰自己的，不应受他人思想观念和行为习惯的束缚。这就说明了新教材注意传播文化科学知识，能够有效帮助受教育者清除封建迷信与陋俗，提高思想政治觉悟。

（3）通俗性。新教材的新颖性还体现在内容的通俗易懂上，基于苏区内广大劳动群众的文化水平低下，大部分人连字都不会认的情况，编写新教材的时候，就特别注意体现“寓教于乐”的思想，使广大劳动群众在高兴的同时又记住了教育的内容，采用了歌谣、顺口溜、押韵教等形式来使得文字内容生动活泼同时又不是内涵，潜移默化地对受教育者展开了思想政治教育。

1934 年，赓雅在《申报月刊》第三卷第二号发表了《赤区教育的断片》一文，他谈到了中央苏区小学教材的情况：“国语取材范围较宽，旁涉史地及时事，多与政治问题有关，尤以富有刺激性之词意为合格。”❶

二、改革教学方法

如果想要取得更好的教学效果，不仅仅是需要新教材的帮助，更加需要对原本的教学模式进行改革，中央苏区的学校在这种改革的形势下，并在改革的新方法的教学过程中，培养革命新后代的思想政治教育更具成效。

❶ 叶云明．论中央苏区时期学校的思想政治教育［J］．党史文苑，2012（8）：11~12.

（一）以启发式为核心，进行教学方法的改革

“启发式（废止注入式）；由近及远；由浅入深；说话通俗化（新名词要释俗）；说话要明白；说话要有趣味；以姿势助说话；后次复习前次的概念；要提纲；干部班要用讨论式。”1929 年 12 月，毛泽东在《古田会议决议》中提出了以“实行启发式，废止注入式”为核心的上政治课的教授法，对各革命根据地的各级各类教育产生了很大的影响。启发式为核心的教学方法不仅是对之前教育方法精髓的继承，也极大地丰富了我国思想政治教育的理论宝库，是苏区内重要的教学改革，也是对教育方法做出的极大贡献，对当时甚至之后的教学方法都具有很重要的意义。为了更好地在教学工作中得到贯彻和落实，苏维埃中央政府以及各级政府都将它规定为改革教学方法的指导思想。这种教育方法也是对教育总方针的落实，做到了将理论与实践相结合，为之后苏区的教育与生产劳动相结合指明了方向。

启发式教学法是改革后的教学方法的核心，如果不围绕着这个核心，改革就无从下手。通过实际当中的现象来引导启发学生的自我学习，这种教学方式也是相当符合人的认知规律，相比于其他的教学方法来说具有得天独厚的优势，这也是毛泽东引入了马克思主义哲学理论的基础的结果，充分做到了理论现象合为一体的教学方法，透过现象中看本质，保证了教学方法的准确性和正确性。

（二）理论联系实际进行教学改革

中央苏区思想政治教育教学方法的改革又一个重要的原则便是理论与实际相联系。理论联系实际也是马克思主义理论的基础，只有理论联系实际才能保证理论的准确性，只有理论联系实际，理论才能够更好地指导日常生产生活。为了更好地遵循这一原则进行教学工作，上劳动实习课的时候，学校便要求学生在老师的组织下去参加生产工作，去学校的木工厂，周围的红军农、工厂参加劳动，同时还参加“共产主义星期日”的公益劳动。结合当地的政治运动和中心任务，上社会工作课时，根据学生年龄的不同，组织他们参加相应力所能及的活动，例如宣传红军、慰问红军、收集粮食、站岗放哨、查禁烟赌、破除迷信等。

赓雅在《赤区教育的断片》一文中，谈了中央苏区的教法是将教学做合一的教授法。比如说，如果教科书上这节内容讲的山，老师就把课堂搬到山上去；如果讲的是水，就搬到池塘沟渠边；这样做的目的就是让受教育者身临其境，真实地感受到讲的内容。“然后玩笑似的将课本内容传授给学生，但结语必归落在他们自己所奉主义立场上。”[1]

---

[1] 叶云明．论中央苏区时期学校的思想政治教育［J］．党史文苑，2012（8 下）：11～12，24．

（三）教学方法灵活多样，寓教于乐[1]

在教学工作进展的过程中，充分利用教材中的文字资源是一方面，另一方面一定是得让受教育者学懂书中所要传授的意思。这就要求教师对教学方法要有准确的把握，因材施教，灵活变通，将书本上的文字活灵活现的教给学生，使学生在愉快中学到知识，同时也有效的开展了思想政治教育活动。例如，湘赣省苏维埃文化部编的“语文教学法”就生动地体现了这一特点：讨论军阀为什么要打仗、什么样的人叫军阀、军阀和工农有何关系、怎么消灭军阀的混战等这些问题，然后课堂上表述自己的想法和看法，不懂的部分由教师解答，课堂的最后，整理和巩固知识，让学生以表演的形式将知识表达出来，如写标语或口号，发传单或组织宣传队，画壁画，唱反对军阀的歌曲，画军阀混战图等。

中央苏区内的思想政治教育，各级学校都是不仅形式灵活，方法多样，而且注重于激发学生的学习兴趣，将课本知识寄托于实践当中。在日常开展教育工作的过程中，学校还组织野外旅行，观察市场上的交易，写标语发传单，组织演讲比赛、组织戏剧表演以及各类体育活动等。诸如此类的理论联系实际的方式，使得教学效果显著提高，思想政治教育显有成效。

三、充分发挥各类团体作用[1]

在中央苏区内，充分发挥共青团等其他青年组织在学校思想政治教育中的作用，各学校要求学生要正确的进行自我管理，目的就是建立和保持好学校集体生活的良好秩序，实现培养革命新后代的目标。

（一）充分发挥青年群众组织在思想政治教育中的作用

对青年进行思想政治教育的一个重要的途径便是组织青年群众开展各类活动。这种情况下，共青团在苏区学校内的思想政治教育中所起的作用也是越来越大。共青团积极协助学校组织青年学生参与各种社会实践斗争活动，比如站岗放哨、宣传工作、积极参加劳动、侦察敌情、募捐、扫盲运动等。在团、队组织内，建立各种学习班，如夜校、阅报室、读书班，成立俱乐部等；组织各种演讲组、研究组；举行各种工作报告、工作研讨会；开展体育竞赛、游艺活动，这种多样的活动也使思想政治教育逐渐变得系统化、多样化、合理化。这样既丰富了团内、校内的组织生活，又使得学员、团员之间的感情增进，学习了文化知识，思想上也同时受到了教育。

中央苏区还通过出版发行报刊来进行政治宣传，例如《青年实话》《列宁青

---

[1] 叶云明. 论中央苏区时期学校的思想政治教育［J］. 党史文苑，2012（8 下）：11～12，24.

年》《团的建设》等报刊。这些报刊是充实根据地团、队组织的文化教育和思想教育的良好教材，报刊的内容同样生动有趣，形式多样，立场也是相当鲜明，笔锋犀利，同样也是宣传党和政府各项方针、政策的传播途径。共青团在苏区文化教育事业作出了重要的贡献，对学校中的思想政治教育工作的开展也起了重要的推动作用。

（二）加强日常思想政治教育

中央苏区学校教育的一个显著特点就是加强学生日常思想政治教育。为了更好地落实思想政治教育，学校也想了很多办法，采取了许多措施。例如，闽西实行的训导员制度，这种制度就要求教员一定要深入到学生群体当中去，融入学生的群体中，当他们的朋友，帮助学生，切实进行思想政治教育。同时还吸收学生轮流加入训导工作的队伍中，每月更换一次。这种措施不仅锻炼了学生的思想政治工作的能力，还加强和监督了训导工作。在帮助同学的过程中，本人也同时受到教育。这种人人做思想政治工作的经验，很快在瑞金等地推广，使学校思想政治教育更具广泛性、深入性。

（三）制定规章制度

中央苏区内的各类学校都制定了校纪校规，教育学生自觉地遵守规定，这样做的目的就是为了加强对学生的管理。除了规章制度的管理之外，各学校还建立了一些奖惩制度，目的就是促进学生之间的共同进步，奖励优秀的学生，适当处罚错误的行为。遵守纪律，学习努力，成绩优秀的学生给予必要的奖励，发小奖品，发奖状等；对懒惰的、不守纪律的、带头破坏规章制度的学生，给予适当的处罚。坚持积极正面的教育，以表扬为主，尽量少批评。

四、坚持依靠群众

中央苏区时期由于处在战争和动荡的环境中，人民大众生活水平低，地贫民穷，文化教育落后，再加上革命路线又是农村包围城市，人口分散在偏僻的山村，缺少教育经费，文化教育用品也十分缺乏。在这种极端困难的条件下，中央苏区克服了重重困难，走出了一条依靠群众办学，勤俭办学的道路。

首先，依靠群众创造办学条件。这条路线可以说是用到了一切能用到的条件，集中广大工农群众的力量，调动了一切资源，因地制宜，因陋而简，勤俭办学的路线。办学经费只有依靠群众的募捐来筹得；劳动互助组来帮助教员代耕或派人做小生意赚钱给教员来支付薪金或生活费；利用祠堂庙宇或由群众献工献料修理废旧房屋来当作简陋的校舍；利用墙壁或者祠堂的牌匾涂上烟墨来代替黑板；发动学生用砖头、土坯和木板堆砌起来给自己支桌椅板凳；用沙盘、石板和石笔来代替纸和笔；没有粉笔和红墨水，就用白石泥做粉笔，用朱红石磨成红墨水；师生自己动手掏沙坑，做秋千和单杠来当作体育用具。总之，一切都是依靠群众和师生自己的力量自己动手来解决办学过程中的一切困难。[1]

其次，依靠群众解决师资缺乏问题。通过群众推荐的方法来挑选老师，有能力的人来当老师；认识字的去教不识字的，认识字多的去教识字少的；依靠群众来帮助解决老师的日常生活中的问题，例如生活和医疗等问题，充分调动教员的工作积极性，帮助他们解决除了教学之外繁重的生产劳动，使他们能够专心搞教学，做到全面多用，比如一个日校老师可以同时兼夜校、识字班的教师和俱乐部指导员。从实际中来，到实际中去，依靠群众来解决师资问题，中央苏区从实际出发的教育观念，推动了义务教育的普及，以及扫盲运动的开展。

第三，苏维埃政府要求教育巡视员深入群众，到群众社团中去询问教育情况，征求他们的意见，并不仅仅是直接到教育机关考察后就草草了事。这样做的好处就是不仅能够征求到群众对学校工作的意见，而且还可以促使群众参与到教育中来，过问和关心教育，从各方面都支持教育的发展，真正成为办学的主人。中央苏区教育事业如此蓬勃的发展一定是和群众的支持分不开的，同时也实践证明了党和政府所提的贯彻执行依靠群众办学管理学校政策的准确性。

五、办学形式灵活多样

中央苏区的教育方法是采取灵活多样的办学，从高级到低级都创办了许多类型、规格的学校和文化教育机构，这样做的目的就是为了适应革命战争和苏维埃各项建设的需要，更好地服务于革命和建设。开办的学校类型也是配合所需人才而建立的，例如需要军事人才就开办红军学校，需要教学人才就开办师范学校，需要行政人才就开办干部学校，需要劳动人才就开办职业学校，同时还有扫盲的识字组，为青年、少年所开办的小学、中学等。这些都体现了办学形式的灵活性和多样性。总的原则就是：需要什么学校就办什么学校，需要什么人才就培养什么样的人才，急需的先办，不急的后办，现在办不了的就先放下以后办。

在学制上要灵活变通，根据需要来调整学制的长短，总的原则是：适应需要，短期速成。在平时上课的安排上和专业的设置上要根据实际的需要，灵活变动，增加或删减都是随着需要而做。教学的形式更应灵活多样，学生的文化水平参差不齐，可以设置全日制的模式，也可以设置半日制的模式，农忙的时候就少学多劳动，其他时间多学少劳动，白天夜晚交替进行，根据自身情况来抽出时间学习。扫盲识字的形式更是多种多样，家里识字的教不识字的，儿子教父亲，丈夫教妻子，孙子教爷爷，爷爷教奶奶；学习的地点也十分灵活，床边，田头，小

---

[1] 张挚．论中央苏区教育发展的经验与意义［J］．江西社会科学，2006（12）：104～108．

溪边，牧场上，磨坊里都是可以学习的地方。总之，在教学形式上是因人、因地、因时而采用多种多样灵活的形式，加速了人才的培养，促进了中央苏区教育事业的发展。❶

参考文献

[1] 毛泽东．毛泽东选集（第二卷）[M]．北京：人民出版社，1991.
[2] 江西省教育学会．苏区教育资料选编 [M]．南昌：江西人民出版社，1981.
[3] 红色中华 [N]．二苏大特刊（第三期），1934-01-26.
[4] 袁征．中央苏区思想政治工作研究 [M]．南昌：江西高校出版社，1999，9.
[5] 何乐．中央苏区学校思想政治教育研究 [D]．赣州：江西理工大学，2016.
[6] 葛沭．土地革命时期中国共产党教育方针政策研究 [D]．桂林：广西师范大学，2010，4.
[7] 方晓波．毛泽东教育公平思想研究 [D]．武汉：武汉大学，2014，5.
[8] 甘大模．浅谈苏维埃文化教育的总方针 [J]．赣南师范学院学报，1987（1）：15～22.
[9] 张挚．论中央苏区教育发展的经验与意义 [J]．江西社会科学，2006（12）：104～108.
[10] 曾维才．土地革命时期毛泽东的教育思想与实践 [J]．赣南师范学院学报，1993（3）：40～47.
[11] 老解放区教育资料 [J]．人民教育，1981（4）：59.
[12] 许成人．徐特立领导中央苏区教育工作的基本实践和基本经验 [J]．纪念《教育史研究》创刊二十周年论文集（11）——中国革命根据地教育史研究，2009（1）：655～659.
[13] 曾维才．中央苏区教育建设的基本经验 [J]．赣南师范学院学报，1990（1）：15～22.
[14] 刘颖．中共发展根据地教育思想的历史探索 [J]．桂海论丛，2009（3）：118～120.
[15] 周石，王学军，楚艳红．陕北公学创立的历史背景和意义 [J]．武陵学刊，2018（3）：79～84.
[16] 康井泉．党在中央苏区的干部教育 [J]．领导之友，2017（1）：65～67.
[17] 林蓉．浅析井冈山和中央苏区时期干部成长的途径 [J]．传承，2012（9）：6～7.
[18] 陈淑红．论中央苏区教育工作的历史经验 [J]．传承，2012（7）：67.
[19] 吴红英，陈方前．中央苏区大力发展农村教育的经验及启示 [J]．农业考古，2010（6）：274～276.
[20] 范守性，许广亮．解读毛泽东心目中的知识分子 [J]．党史研究与教学，2003（6）：4～14.
[21] 娄瑞丽，周景春．中央苏区时期儿童教育的特点及启示 [J]．党史文苑，2014（4）：17～19.
[22] 肖小华．从红色歌谣看中央苏区社会教育 [J]．红色文化资源研究，2018（6）：36.
[23] 严权．论中央苏区干部教育 [J]．湖北成人教育学院学报，2017（2）：59～63.
[24] 胡丁慧，袁鲁宁．中央苏区教育建设及其经验 [J]．传承，2008（4）：6～7.
[25] 李国强．苏维埃教育方针初析 [J]．教育学术月刊，1986（2）：45～52.

❶ 张挚．论中央苏区教育发展的经验与意义 [J]．江西社会科学，2006（12）：104～108.

[26] 彭月英，孙海林．毛泽东中央苏区教育思想的形成及特点［J］．求索，2010（8）：244～246．
[27] 宋荐戈．略论新民主主义教育思想的形成和发展［J］．河北师范大学学报，1999（3）：39～43．
[28] 叶云明．论中央苏区时期学校的思想政治教育［J］．党史文苑，2012（8）：11～12．
[29] 冯裕强．“没有闲散的人，基本上都被发动起来了”［J］．中山大学马克思主义哲学与中国现代化研究所，北京：北京日报，2018（6）：1～3．
[30] 陈雪娇，吴永明，刘彩霞．中央苏区图书馆文献资源的采集工作研究［J］．劳动保障世界，2018（5）：50～57．
[31] 郑松峰．略述中央苏区的干部教育［J］．福建党史月刊，1992（12）：18～20．
[32] 向雨婷．论中央苏区教育中的全民教育思想［J］．高等继续教育学报，2017（6）：56～59．
[33] 吴强．中央苏区时期的职业教育初探［J］．广东技术师范学院学报，2018（3）：55～59．
[34] 王歆．新时代党对马克思主义教育民生思想的继承与发展［J］．求知，2018（7）：27～29．
[35] 袁利平．中国共产党教育现代化的理论演进与实践逻辑［J］．重庆高教研究，2018（2）：3～15．
[36] 何立波．中央苏区时期红军战士剧社“文明戏”活动述论［J］．苏区研究，2017（6）：51～65．
[37] 曾飙．苏区学校体育教材与教法的改革［J］．体育文史，1994（3）：10～13．
[38] 周批改，段扬．毛泽东劳动教育观研究［J］．教育探索，2018（2）：1～5．
[39] 胡为雄．毛泽东新民主主义革命时期的教育实践与探索［J］．毛泽东研究，2018（5）：65～75．
[40] 刘斌．土地革命战争时期中国共产党的农民教育举措探析［J］．上海党史与党建，2014（7）：11～13．

第六章

党政机关的青年思想政治教育

中央苏区时期，党和苏维埃政府非常重视思想政治教育。1928 年 10 月，《中国共产党中央委员会告全体同志书》指出，今后党组织内需要注意多开展党内的关于政治方面的讨论，提高整体的政治水平。各级党组织都不能松懈，尽可能地讨论一切党的政治问题。尽量引导每个党员发表自己关于某个政治问题的意见，同时还得抓紧党内的思想政治教育，提高党的理论水平。1932 年 3 月 2 日，人民委员会发布《政府工作人员要加紧学习》的第六号命令，规定各级苏维埃政府工作人员，要抓紧学习党的方针政策，政府制定的制度、法规，同时还得学习好文化知识，尤其是主要负责人要认真学习马克思主义基本理论，帮助其他党员尽快提高思想理论水平和文化程度。1933 年 4 月 15 日，中央政府教育人民委员会也发布第一号训令：中央苏区当前群众思想政治教育的任务："是要用教育与学习的方法启发群众的阶级觉悟，提高群众的文化水平与政治水平，打破旧社会思想习惯的传统，以深入思想斗争，使能更有力的动员起来，加入战争，深入阶级斗争，和参加苏维埃各方面的建设。"❶ 因此，党在苏区内创办了大量的报纸杂志，主要以红色报纸杂志为主。同时成立了大量的出版社，翻印和出版了《共产党宣言》《无产阶级革命与叛徒考茨基》《国家与革命》《论列宁主义基础》《论"左"派幼稚病》《论反对派》《列宁主义概论》等红色理论基础的杂志和报刊。中央苏区出版的政治和社会科学类书籍在 1930 ~ 1934 年间就有约 91 种之多，囊括了马克思主义经典著作和普及马克思主义的书刊，为马克思主义在中央苏区内的传播创造了重要的前提条件，推动了中央苏区内思想政治教育的大发展。

党的思想政治工作的主要任务就是用无产阶级革命的科学理论——马克思列宁主义来武装全体党员和干部的头脑，具有无产阶级革命的觉悟，更加坚定地投身于革命之中。党内一贯重视对党员和党内干部进行马克思列宁主义的理论教育，只有从理论的层面上理解了革命的意义和方法，才能将这些科学理论运用到实际革命当中，使科学理论能够更准确地指导革命前进的方向。从党的第六次代

---

❶ 张美琴．浅析中央苏区思想政治教育的经验［J］．党史文苑，2011（2）：11 ~ 12.

表大会开始，共产主义的理论宣传就作为党支部的一项重要任务被确认下来。1929年6月25日，中共中央通过《宣传工作决议案》，指出了党的基本工作是宣传教育，不能不重视宣传工作，批评了忽视理论宣传工作的行为。党的各级组织要重视这个宣传工作，加强马克思列宁主义的宣传，党的政纲也要扩大宣传。《古田会议决议》中就提到，一定要把对马克思列宁主义的研究和学习列为党内思想政治教育的重要内容。

中央苏区时期，对党员干部的教育主要是通过三种教育方式来实现的：

（1）创办干部学校。干部学校的作用是组织党员干部对他们进行系统的教育，向他们灌输马克思主义理论，武装他们的头脑。干部学校主要分为党校、政治学校、军校和各类专业性较强的学校，他们都是为了提高党员干部的马克思主义理论水平，使其能够更加系统的详细的认识和学习到马克思主义理论和政治理论的基本知识。

（2）创办干部培训班。干部培训学校的主要任务就是培养省县当中的高中级干部，省委和县委训练班的培养对象分别为县级干部、省巡视员、县委训练班的教员和区级主要干部；区委干部、支部流动训练班的教员和主要支部书记。

1931年6月8日，中央教育人民委员会发布《关于新调来的教育干部训练问题的第三号训令》，文件指出，要在工作中训练干部，在斗争中训练干部，并且加强教育干部对行政纪律的认识，开展短期训练班这四种方法来训练干部。

（3）充分利用马克思主义研究会的作用。马克思主义研究会是党员群众和干部们共同交流马克思主义基本理论知识的场所，不仅是为了提高党员理论水平，同时也是为了提高干部理论水平。马克思主义研究会的一个目的是深化中央一级及省县一级工作人员对理论的认识，深造其思想，这是党的中高级干部组成的省一级研究会；另一个目的是使一般干部强化马列主义理论的准备，具有相当的理论基础。

第一节 创办干部学校进行正规教育

中央苏区时期，随着革命根据地的扩张，战斗也是越来越频繁，这就导致了对干部数量和对干部的素质要求也都越来越高，干部数量和质量都还远远没有达到要求。相当一部分干部是刚加入组织，参加革命的时间尚短，经验不足，没有系统地学过马克思主义，政治水平也相对比较低。他们参加革命的原因都各不相同，大多都是因为家仇私恨的原因加入革命队伍。还有少部分干部缺乏自我管理意识，纪律松散、异想天开，极端民主化、不能正确的理解党的方针政策等不足，他们虽然参加革命反对压迫的意愿很强烈，也愿意全身心地投入到革命当中去，但是这些不足会带来许多曲折性。为了适应革命斗争形势的发展，对优秀干部需求增多的需要，必须尽快培养出大批有革命理想、能够领导广大群众、不屈不挠、德才兼备的干部，来组织广大军民更顺利的进行革命战争以及更好地建设苏区的各项事业。为了顺利完成这项任务，根据当时干部的实际情况，中央苏区时期的思想政治教育对干部主要有马克思主义理论教育以及阶级、党性、党的基本知识、时事政策，民生等教育内容，并且要使他们了解到基本的政治常识，党建、苏维埃运动的几项基本工作，打破金钱观念，打破家乡观念等问题。中央苏区党组织为了提高干部的素质，在极其艰苦的条件下，想方设法创办了各种干部学校。

干部的思想政治教育工作中最重要的一个任务就是对干部进行培养和训练。革命根据地的扩大对干部的需求日益增大，对干部的培养和训练是一切教育任务的重中之重。干部的稀缺对于革命根据地的建设是一个很重要的影响，建设过程中必须要有大量的干部人才领导，而且需要的是各个方面的干部人才，包括党、政、军、农、工、教育、文艺等各个方面。为此，在干部教育的问题上，中央苏区党政组织进行了卓有成效的实践。从 1933 年春天起，在中央苏区内陆续开办了许多正规的干部学校，比较著名的有马克思共产主义学校、苏维埃大学、中国工农红军学校、中央教育干部学校、中央农业学校、高尔基戏剧学校等。

中央苏区的干部教育格局得以初步形成，分为中央和地方两种层次的教育方式，在总的方针政策的指引下，在教育部的领导下，以马克思共产主义学校、苏维埃大学、红军大学这三大学校为标志的学校代表了各类高、中等干部学校的数量激增，发展情形一片大好。等级为中央一级的各类学校就有十余所，都在瑞金周围分布，都在苏维埃中央政府周围。培养的内容也不单单是一般的思想政治教育，也同样发展到了专业技术教育，例如卫生、特科、无线电通信技术等。特别是以江西和福建的省级苏维埃干部学校为标志，其他的省级干部学校也同样发展的很顺利，中央与地方相结合、教育和非教育部门相结合的教育格局就得到了初步的确立，两种教育方式分为针对培养中高级干部的高等教育，针对培养各种专业技术人才的中等专业教育方式。这两种教育方式相结合构成了中央苏区的干部教育体系。

一、马克思共产主义学校

1933 年 3 月 13 日在瑞金洋溪创办的马克思共产主义学校，后来迁至瑞金下肖区黄竹堪下新厅村，1934 年 7 月再迁至瑞金田心乡公背侣玉公祠❶。它的创办一方面是为了纪念马克思，另一方面是为了广泛系统地学习和传播马克思所创立的共产主义学说，培养党的政治工作干部。同时，它也是中国共产党创办的第一所中央高级党校。在开学典礼上，时任校长任弼时在讲话中指出，党校的宗旨

❶ 袁征．中央苏区思想政治工作研究［M］．南昌：江西高校出版社，1999，9：32.

是：一要培养无限忠诚于党，忠诚于工农大众的干部；二要学习马克思列宁主义，总结亲身革命的经验，提高政治思想水平；三要锻炼思想意识，洗掉旧社会带来的脏东西，使大家适应土地革命战争需要。任弼时和张闻天先后任校长，杨尚昆、董必武任副校长。党校分设了三个班：一是新区工作人员训练班，培养新苏区（含白区）工作人员，学员80人，学习时间为两个月；二是党团、苏维埃、工会干部训练班，各设一个班，每班50人，学习时间4个月；三是高级干部训练班，训练各省委、“省苏”和省工联派送的高级干部，学员40人，学习时间6个月[1]。每个班的学习科目都不同，主要有中共党史、联共党史、工人运动、党的建设、苏维埃建设、马克思列宁主义基本原理、历史、地理、自然科学的常识等。教学的方法主要以自学为主，自学和重点讲解相结合。中央的负责同志也会主讲其中的许多课程，例如，毛泽东讲苏维埃运动史；任弼时、邓颖超讲中共党史；陈云讲职工运动史；博古讲联共党史；董必武讲西方革命史；徐特立讲地理常识；顾作霖讲少共史；周恩来、朱德、刘伯承、李德讲军事。张闻天和刘少奇也在学校讲过课。

学校的教育非常注重理论联系实际。随堂考试是检验学习效果的一个方法，但是党校的考察不拘泥于此，党校的主张不仅要学习到书本上的知识，还要加入社会活动并且参加实习。党内的学习模式一般都是上课3个月，学习3个月的文化之后，之后便停课一个月，参加各种社会活动，去边区前线工作等实习活动。学员们身背行李，脚穿草鞋，穿山越岭步行到筠门岭。筠门岭是苏区最南的山镇，斗争形势艰苦复杂。学员们为了摸清各种人的经济情况、政治倾向，当地区委统一领导他们分别到独立营、政府机关、群众团体和老百姓家里调查研究。学员们还协助区委调查各种线索，学习毛泽东用阶级分析的方法研究问题，查出了隐瞒成分、偷留暗田、营私舞弊和地富破坏活动的线索。群众的生活问题得到解决的话，参战之前的积极性就会得到很大的提高。所以，学员们不仅帮助群众解决生活困难问题还建议政府适当救济困难户。党校的学员在实习中帮助了边区对敌斗争，锻炼了独立工作能力，同时还增进了与工农群众的感情。

学校重视培养学员艰苦奋斗，自力更生，与工农群众同甘共苦的精神。在那个时代，战争频繁，生活所需的物质都得不到保障，党校就动员学员们自己动手，丰衣足食，为了战胜困难，课余时间就在屋前院后开垦荒地，种植瓜果蔬菜，到了后来，瓜果蔬菜都得到了保障。充分利用课间休息的时间，学员们集体下田帮助当地的群众一起耕地、挑粪、插秧，每个人都尽心尽力的一起劳动。在劳动的空闲时间，学员们又拿起教材、讲义认认真真的阅读和讨论，深刻研讨课本中的内容。

---

[1] 袁征．中央苏区思想政治工作研究［M］．南昌：江西高校出版社，1999，9：33．

学校是一座革命的大熔炉，来自四面八方的学员都在这里得到了历练，练就了“钢筋铁骨”“火眼金睛”，拥有一副坚强的身体投入到革命，拥有一双慧眼看清形势，造就了许多优秀干部。有的党员在回顾学习经历时说道：通过党校的学习，深入了解到了马克思列宁主义的基础理论知识，打开了学习马列主义的大门，跟老师、同学和校园外的劳动群众学到了阶级斗争知识。尤其是中央上的许多首长身体力行的授课对我的教育更加深刻。毛泽东主席所倡导的马克思列宁主义与中国实际相结合的观点，注意阶级分析、调查研究，实事求是的精神和作风是我一辈子学习的榜样。毕业之后，学员们到各地的苏区去贡献自己的力量，有的去了部队，有的去了地方，去了不同的岗位参加革命。

二、苏维埃大学

为了培养高级干部来为苏维埃的各方面建设更好的服务，1933 年 8 月 16 日，苏维埃中央人民委员会第 48 次会议决定创办苏维埃大学，以毛泽东、沙可夫、林伯渠、梁柏台、潘汉年五位同志为大学委员会委员，毛泽东为校长，沙可夫为副校长。8 月 21 日，苏维埃大学委员会召开第一次会议，决定在瑞金沙洲坝建筑新校舍，也就是在苏维埃中央政府附近修建，招收学生 1500 人，分为普通班和特别工作班。特别工作班分为土地班、国民经济班、财政班、工农检察班、教育班、内务班、劳动班、司法班。后来又根据需要增设了粮食和外交班。苏维埃大学为了吸收更多的人才，招生条件并不是很严格。招生条件是：不分民族、性别，年龄只要在 16 岁以上，在县区苏维埃政府或党、团、工会机关工作半年以上，能够在边区积极加入革命斗争队伍的，有阅读普通文件的文化程度者，均可入学[1]。9 月初，学校正式开学。

苏维埃大学和红军大学是有不同之处的。第一，苏维埃大学的学员们应该学习领导广大的工农劳苦群众，进行一切战争动员，来帮助战争，而红军大学的学生所学的是领导红军战士和敌人进行武装斗争。对于苏大学生来说，运输红军口粮，组织游击战争等工作，都是需要努力学习的。第二，应该去学习改善群众生活问题，学习怎么去保护工人农民的日常利益；第三，苏维埃的干部还应该去学习怎样管理政权、自己的国家。特别是现在已经推翻了地主、资本家的统治，成为国家的主人，在极端困难的条件下打下了政权，应当学习管理方法，更好地管理国家秩序，学习“乡苏”的工作内容，“区苏”的工作内容，苏维埃怎么样领导广大群众进行革命战争。苏维埃大学的教育模式就是以马克思列宁主义掺入实际课程的方法来教育学生。苏维埃大学主要是学习政治、文化和政府各部门相关的业务知识。以理论联系实际的原则来开展教学，教育为革命战争与阶级斗争服

[1] 谢镇祥. 中央苏区党的建设概述 [J]. 党建研究，1989 (8)：45 ~48.

务、教育与劳动生产相结合的方针贯穿整个教学过程。全体工作人员包括学生在内都得接受军事化生活方式，加入赤卫军，经常进行军事训练。

苏维埃大学的学制根据入校学生情况的不同而有不同的要求。同时也以环境的变化和需要来决定，但是一般情况下本科都不会少于半年，预科班的学生根据入校时的理论储备情况而定。学校教员分为正教员和副教员，正教员负责各科的领导及教授，副教员帮助正教员搜集教学所需资料，编辑提纲，辅导和检查学生的学习情况。毛泽东以及其他的领导人也经常来学校讲课[1]。

苏维埃大学师生的教学工作和学习过程是艰苦的。他们校舍的五栋楼都是学生和工人一起用松杂木和毛竹搭起来的茅草房，学生上课、住宿都在里面。课桌就是烂木板，凳子就是大一点的石头块，将几块竹片拼接在一起就成了学员们睡觉的床。学习之余，师生们还得自己搞生产来补贴所缺物资。除此之外，学员们课余时间参加各类社会活动，例如慰问红军，帮助农民耕田，参加查田、节省运动等。不仅要使学生学习到了马克思列宁主义的理论知识，还要使他们加入到人民群众当中去，提高自己的思想政治水平，达到思想政治教育的作用。

1934 年春天，为了纪念积劳成疾逝世的沈泽民同志，苏维埃大学改名为国立沈泽民苏维埃大学。后因第五次反“围剿”战争的失利，中央苏区的革命根据地日渐缩小，经中央人民委员会 1934 年 7 月 16 日决定，苏维埃大学与马克思共产主义学校合并。苏维埃大学为各级苏维埃政府输送了大量优秀干部，特别是在条件极其艰苦，环境十分恶劣的情况下，这是中央苏区思想政治教育与干部教育的一个显著的成绩。

三、中央教育干部学校

中央教育干部学校的主要任务是培养省、县两级的教育干部，1933 年 8 月开始第一期招生，招生的对象是现任县和区的教育部长、科长、科员和指导员中的积极分子，并且规定每个县每个区各一人，以训练和提高现任的各级教育行政干部。这个学校成立的目的是为了培养文化教育方面的领导干部，学校办学的目的及开展教学活动的形式都类似于现在的教育行政学院。1933 年 8 月 15 日开学，首期培训学习两个月时间，10 月 15 日结业。

常年的革命斗争加上国民党的“围剿”，使得中央苏区建设对干部的需求日益增加，而没有一套有效的培养方案也使得干部数量稀缺，这就造成了一种客观的矛盾。所以，苏区内部所实行的干部教育为先为重的战略方针是根据这一客观矛盾而决定的。在当时，干部缺乏的现象，成了一个严重的困难问题，党在执行政治组织上的紧急任务时常面对的是执行不下去，没有人去执行。具体来说，第

---

[1] 袁征．中央苏区思想政治工作研究［M］．南昌：江西高校出版社，1999：37．

一方面是因为反“围剿”战争的日益频繁和根据地的不断扩大，急需大量干部。因为围绕着革命战争的各项工作，需要大批干部，需要成千上万的人前仆后继参加到阵线中去工作。第二方面就是干部的理论修养和政治水平都有待提高。早在中央苏区革命根据地建立之前，井冈山斗争时期，毛泽东就明确指出：红军党内最迫切的问题，就是教育问题；有计划地进行党内教育，是党的重要任务之一。为了巩固和发展苏维埃政权，大力提高各级各类干部的文化知识、理论修养和政治水平成为党和苏维埃政府的重要任务之一。

四、中央农业学校

1933 年，中央农业学校在瑞金东山寺创办。中央农业学校的任务就是为根据地培养农业干部和专门技术人才。学校也是设有本科、预科和教员研究班三个类型的班。本科需修满一年，预科得学习 2 个月，教员研究班没有固定的限时。入学的条件一般是需要中央土地人民委员部介绍进入，条件是 16 ~ 32 岁之间想要学习农业相关知识的农民和农业工人。中央农业学校毕业的学员，由中央土地人民委员部分配工作。除了常规的政治和科学常识的课程之外，还应学习相关的农业知识。学校附近设置有农业试验田以及农产品展览所供学员参观和学习，并在这里进行试验和劳动。中央农业学校是我党创立的第一所半工半读农业干部学校。

五、高尔基戏剧学校

蓝衫团学校是高尔基戏剧学校的前身，蓝衫团学校是由工农剧社在 1933 年 4 月创办的，之后经中央人民教育部部长瞿秋白提议，命名为高尔基戏剧学校，在 1934 年正式开学。这个学校的任务就是培养苏维埃戏剧运动与俱乐部、剧社、剧团的干部和艺术人才。学校的课程设置也相对比较丰富，设置的有戏剧、舞蹈、歌咏等专业班。学员的招收也比较自由，相对来说大部分都在 16 ~ 27 岁之间，且都是对戏剧和文艺感兴趣的男女青年，学习时间为 4 个月。第一个月学习的课程比较多，学习唱歌、舞蹈、画报、文字课、政治；后三个月学习俱乐部问题、政治常识和戏剧理论。每天的早晚时间学员练习跳舞、唱歌和军事操以及乐器、讲故事等。学校的附近就设有剧社，学员边学习边排练，还经常到前线和地方进行慰问和实习演出。校址设在瑞金叶坪附近的一座古庙里，由李伯钊任校长。

第二节　举办短期训练班培训干部

一、创办训练班的背景和过程

随着革命形势的发展，革命根据地的日益扩大，需要大量的干部去做党的工作；加上外部环境的不和平，战争频发，干部损失很大，各类干部人才都显得非常紧缺，高、中级领导干部尤为缺少。中共江西、福建省委以及红四军前委，不断地向中央发出要求派遣干部的请求。1929 年 6 月 1 日，红四军前委在给中央的报告中提到，红军中最为急需的便是工作人员。因为长期的斗争，干部损失的相当严重，各级军官和政治人员都十分的缺乏，当前唯一的希望就是中央派人来。近期需要派遣中下级军官和政治工作人员各一百人，医生及造炸弹师各数名，高级军官和政治工作人员各五人，在一个月内要悉数赶到。

但是中央能够调动支配的干部人员极少，根本满足不了要求。唯一的解决方案就只能是靠在当地培养和训练。1929 年 3 月 27 日，中央在给江西省委的指示信中就提到，目前江西的干部人才是十分缺乏的，这是一个相当棘手的问题。但是当地并不是没有干部，而是更多的可以胜任的干部人才还隐藏在下面，现在所需要做的工作就是将他们引进来，所以解决这种局面的方法就是：一定要坚决的从党员中找到支书，从支书中找到区委工作人员，从县委中找到特委工作人员。这个方法的核心就是从党员的下级党部中去找到干部人才。1930 年 10 月 31 日，中央在致赣西南特委的指示信中又提到这个问题，信中说到：一定要将培养和训练新的干部作为一项十分重要的工作来看待，在繁忙的工作斗争中也不能忘记加紧新干部的培养，在教育与训练中应该系统地、有计划地去耐心进行。

为解决干部人才紧缺的问题，中央苏区党组织根据中央指示精神，下决心自己培养和训练干部，举办各种类型的短期训练班，培养与造就了大批能治党治国治军的有用人才。

二、短期训练班的类型

在地方党政干部的培训方面，中央苏区举办的短期训练班大致有下列几种类型：

（1）省委办的训练班：省委办的训练班的任务是训练造就县一级干部、省巡视员、县委训练班的教员及区一级主要干部。以 4 个星期的训练为期限，每天上课时间为 6 个小时，一共合计 144 个小时的课时，其他的时间是供学员自修。其科目及时间的分配为：40 个小时的学习政治常识（主要的即为共产国际纲领）时间；40 个小时学习党的建设有关知识的时间；40 个小时学习苏维埃建设的时间；其余的 24 小时（4 天时间）为外出学习及其他各项特殊工作的时间，例如合作社运动、地方武装中的政治与训练工作等。

（2）县委办的训练班：任务是造就与培养区委干部及支部流动训练班的教员与主要支部书记。5 个星期的训练时间为周期，每天授课 6 个小时，共计 180 个小时。其科目及时间的分配为：26 个小时学习党员须知的解释的时间；12 个小时学习区委应该怎么样领导支部的时间；16 个小时学习支部应该怎么样做工作的时间；12 个小时学习苏维埃政府的几个基础工作的时间；6 个小时学习怎样在地方武装中工作的时间；6 个小时学习工会工作的时间。剩余的时间供实习和请人讲授其他特殊工作的时间，例如进行边区工作、国民党统治区工作、肃反工作等。

三、支部流动训练班

一般党员去训练的场所就是支部流动训练班，这个训练班的作用就是使一般党员了解到什么是共产党，共产党所要做的事情，支部小组的工作该如何开展，对于群众要怎样开展工作，如何更好地领导群众。要结合眼前的现实，例如“扩红”“查田”运动、春耕等实际工作，结合这些实际工作来讨论以上的这些问题。支部流动训练班所采取的政策是不脱离生产劳动，学习的同时也要加入到生产劳动的队伍当中参与生产。这就要求学员们要利用晚上的时间进行训练，每次训练为 2 个小时。其科目及时间分配如下：利用 6 次训练的时间教完党员须知内容；利用 6 次训练的时间教完支部工作内容；利用 3 次训练的时间教完“查田”运动的内容；利用 2 次教完扩大红军的内容；利用 2 次教完经济建设的内容；利用 3 次教完党和苏维埃的内容；利用 3 次教完工会工作的内容。

四、新党员训练班

新党员进行训练的场所，就是指专门针对新党员所开设的新党员训练班，同样，训练班得教会他们懂得什么叫共产党，了解到共产党要做什么事情的这些基本问题。“有些新党员加入党将近三四个月，问他们为什么加入党，他们说：‘好打路条’，问他们什么叫支部，他说：‘扩大红军’。❶”面对这种情况，分析原因也只能是一方面在吸收党员的过程中并没有做好相应的宣传解释工作；另一方面来说，是因为入党后没有给他们安排相应必需的训练和教育。如此情形，举办新党员训练班，并对他们加强思想政治教育工作的任务刻不容缓。

新党员训练班的主要科目大致分为三个部分：第一部分就是学习熟悉党员须知，第二部分就是学习熟悉支部工作，第三部分就是配合当前实践工作的教育内容（如“查田”运动、扩大红军、经济建设等）。1932 年 1 月编印的《新党员训练大纲》分为五个部分，内容为：共产党是什么？共产党的主张是什么？共产党的组织结构、共产党的纪律要求、共产党的任务使命。一般会挑选晚上的空闲时间对新加入的党员进行训练，单次授课的时间为两个小时。

在中央苏区内，绝大部分地方也同样针对妇女同志开办过妇女训练班，以训练提高妇女干部和党员的政治水平和工作能力。

上述各种类型的训练班为中央苏区培养了大量的优秀干部人才，为推进苏维

---

❶ 袁征．中央苏区思想政治工作研究［M］．南昌：江西高校出版社，1999：29．

埃各项建设提供了巨大的帮助。这些初入训练班的干部、党员群众以及新党员不仅从理论水平和思想觉悟上得到了提高，同时也了解了共产党的目的和任务，在实践工作中能更好地领导群众和参加革命、生产劳动。在后来的革命斗争中，他们也逐步成长为了思想坚定的共产主义战士。

第三节　依托马克思主义研究会加强学习

马克思主义研究会是组织干部学习和研究马克思主义理论的学习场所，不仅是学习机构，同样还是一个演讲报告会。中央领导同志经常受邀参加报告会，为广大的党员干部作马克思主义基本理论知识的演讲报告。可以说，贯穿于中央苏区思想政治教育始终的一根红线，就是马克思主义革命理论。马克思主义的理论同样还出现在各类学校的课程当中，出现在各学会研讨工作当中。因为马克思主义研究会的建立，使得广大党员干部的马克思主义理论水平得到了显著的提高。

一、马克思主义研究会的创立

中央苏区时期，党内是非常重视对全体党员进行思想政治教育的，而党开展思想政治工作的主要任务就是用马克思列宁主义这个无产阶级革命的科学理论来武装全体党员和党的干部。党内也一直坚持不懈地用马列主义的理论来熏陶新老党员。从党的第六次代表大会开始，一项重要的任务就被一直传承了下来，那就是对共产主义理论进行宣传，一定要将这个任务落实到各级党支部。1929 年 6 月 25 日，中共中央通过的《宣传工作决议案》，批评了忽视理论宣传工作的错误观念，并指出：党的基本工作就是对理论进行宣传，这也是理论教育实现的重要途径。要求各级党组织要根据实际对马克思列宁主义的宣传工作进行扩展，对党的政治纲领的宣传工作也要适当地进行扩大。研究马克思列宁主义和学习马列主义列为党内教育的重要内容也是从著名的《古田会议决议》中确立下来的。1929 年 12 月古田会议后中央苏区党的思想建设和党的思想政治工作，主要有如下内容和特点：

第一，针对党员和党员干部的马克思主义理论水平的提高，党内十分重视，特别重视对党员及干部们进行马克思主义基本理论的灌输。党的指导思想是马克思列宁主义，在此，为了提高全党的理论水平，古田会议规定了对党员及党员干部进行思想政治教育的十个方面，例如：反机会主义及反对派问题的讨论；马克思列宁主义的研究；革命的目前阶段和它的前途问题；组织常识；群众工作的策略和技术；社会经济科学的研究；游击区域社会经济的调查和研究；政治分析；红军党内错误思想的纠正；上级指导机关的通告讨论。以上 10 个方面归纳起来，主要为两大类：一是马克思主义理论和党的基本知识；二是中央和根据地党的领导机关制定的路线、方针、政策和根据地斗争的实际材料。古田会议决议规定，除社会经济科学等马列主义基本理论属党的领导干部必读外，其余内容普通党员都要学习。对广大党员进行党的基本知识教育，中央苏区的各级党组织编印了大量易于阅读、能够快速理解的《党员训练大纲》等材料，向所有党员全面系统地介绍马克思主义建党理论和党的基本知识。各级党组织不仅组织党员学习，还要组织党员进行考试，开展学习竞赛。许多零基础、不识字的劳苦大众，例如工人、农民都学习到了马克思主义基本理论的内容，提高了自己的思想和政治觉悟。

第二，政治思想工作形式多样，生动活泼，通俗易懂，效果显著。政治思想工作说白了就是做人的工作，没有一个固定的套路，要灵活多变，适应各种不同的人的教育方式，特别讲究工作方法和形式，讲究切合客观实际，针对性强，才能使工作的效果达到最好。古田会议决议中，总结红军开展政治工作的实践经验，列出了做政治思想工作的 18 种途径、方法：党报，政治简报，编辑各种教育同志的小册子，训练班，有组织的分配看书，对不识字党员读书报，个别谈话，批评，小组会，支部大会，支部委、组联席会，纵队为单位组长以上活动分子大会，全军支书以上活动分子大会，纵队为单位党员大会，纵队为单位各级书、宣、组联席会议，全军支队以上书、宣、组联席会议，政治讨论会，适当地分配党员参加实际工作。这些方式方法，被红军和地方党组织广泛采用，并有诸多发展。❶

由于加强了党的思想建设和党的思想政治工作，尽管中国共产党党员成分中仍然是农民和小资产阶级成分占大多数，但是党始终保持了无产阶级先锋队的性质。

中央苏区马克思主义研究会就是在党组织的倡议下而建立的学习、研究和宣传马克思主义的学术组织。1933 年 2 月 17 日，中共中央作出《关于马克思逝世五十周年纪念的决议》，在决议中提到：一定要更加努力的加倍的将马克思列宁主义传播到广大工农群众当中去，并学习了解马克思主义，让他们知道中国只有走共产主义革命的道路才能够取得独立取得发展，生活才会得到保障，用马列主义来武装他们的思想，以争取伟大的解放。并且要求党、团的同志必须只能用说服的方法，让广大民众采取自愿的方式来学习了解，还向大会建议，公开的学术组织是学习马克思列宁主义的主场所，建议在各级党组织内部都成立这种学术研讨会，例如社会科学研究会、马克思主义研究会等。4 月 9 日，时任临时中央政治局委员、中共苏区中央局宣传部长张闻天，在马克思主义学校第二次学术讲座会上倡议组织马克思主义研究会，这时，他的提议得到了与会同志的一致响应，当即组织理事会，选出正副学术书记，马克思主义研究会宣告正式成立。❷

---

❶ 赵磊．古田会议与党内思想政治教育制度化［J］．云南社会主义学院学报，2013（2）：458～460.

❷ 袁征．中央苏区思想政治工作研究［M］．南昌：江西高校出版社，1999：18.

二、马克思主义研究会的组织工作

1933 年 8 月 10 日，中共中央组织局发出《关于党内教育计划致各级党部的信》，提到：要加强对党员群众的理论教育，使他们的政治素养和水平得到提高。研究过去六次大会的政治决议，过去几年革命过程中所积累的经验，系统地宣传马列主义。经常组织党员群众进行思想政治教育，用马克思列宁主义来武装新旧同志的头脑，要有目的有计划地提高党员们的政治理论水平。为了坚定中央一级和县一级工作人员的思想，提高他们的理论水平，马克思主义研究会应尽快在各机关内建立起来。并且在马克思主义研究总会的领导下，讨论中国革命进程中的基本问题，商讨解决方案，并且经常有系统的对马克思列宁主义展开研究讨论。中央责成马克思主义研究会规定具体实际的领导方式。

根据《马克思主义研究会的组织和工作大纲》的规定，马克思主义研究会的宗旨是,加强一般干部对马克思列宁主义的认知,同时加强对理论的准备,构成必要的理论基础,同时运用列宁室、俱乐部等机关来帮助马克思主义研究会提高党员群众的政治水平线❶。凡是党员、团员，苏维埃以及各种群众团体工作的同志有最低程度的文化水平，例如能看《红色中华》或《青年实话》，有时间参加研究并且愿意在理论上进行深造，经本会会员一人介绍，就可以成为马克思主义研究会的会员。

马克思主义研究会的最高领导机关是中央苏区马克思主义研究总会。总会由会员代表大会推选理事 15 人至 21 人、常委有 5 人。常委中设立主任，主持总会的日常工作，并设有一名秘书来协助主任工作。总会由三个部门组成，分别为组织部、研究部、翻译部，这些部门由常委分管，各部门的职能也不同，组织部负责指导分会和小组日常研究生活，调查统计会员的人数，发展组织，组织公开演讲；研究部负责指导各种小的马克思主义研究会，审查各分会所研究出来的结论，提出所需研究的问题的大纲，函授；编辑部负责编辑总会通讯，编辑丛书和参考材料，管理文库事项工作。

在总会之下，按系统和地区建立研究分会，如马克思主义研究会江西分会、中央局分会、直属队分会。各分会由会员大会选出的 3 人理事会主持工作，各负书记、组织、研究工作之责。书记的职责就是推动和计划整个分会的工作，并且由书记与总会进行联系。干事的职责就是负责指导和检查小组日常的研究生活，督促计划的实现，并且还得帮助列宁室的工作，同时发展会员和编组。研究干事则负责指导研究会的讨论与会员的研究，并且指导列宁室的研究组，答复列宁室政治问答簿的疑问。❷

---

❶ 引自《马克思主义研究会的组织和工作大纲》，《红色中华》1934 年 7 月 19 ~ 21 日.

❷ 袁征．中央苏区思想政治工作研究［M］．南昌：江西高校出版社，1999.

各分会可根据实际情况和需要，把会员编为高级班和初级班，每班必要时还可成立各种研究班，如军事研究班、经济问题研究组等。指研究的活动形式，在《马克思主义研究会的组织和工作大纲》中也作了具体规定：（1）理事会把研究大纲或参考材料交研究小组，由会员推定或小组长指定会员1人准备报告，同时还可以选择一人作为副报告，会员须在讨论会前深入研究。（2）研究会采取讨论方式，先由报告人作简单的报告，然后再展开讨论，最后由报告人做结论，研究理事会负责指导。（3）每次讨论的时间可按到会人数和问题的性质决定，最好每次不超过两点钟。（4）定期开会，每十天开会一次。[1]

三、马克思主义研究会开展的学习活动

苏区马克思主义研究会继承和发扬了以往马克思主义研究会的好传统，在对中央苏区干部进行马克思主义理论的教育和宣传中发挥了积极的作用。综观苏区马克思主义研究会的组织和活动。

第一，注重原著的学习。在开创农村革命根据地，建设苏维埃政权的斗争中，党政军面临着一系列新问题，一方面，需要提高广大干部的思想认识，加强理论修养，坚定革命信念。另一方面，在农村革命根据地的艰苦环境下，除了一些革命领袖对马克思列宁主义有研究外，广大干部对马克思及其学说知之甚少，大多数人是凭着个人对共产党的信念和某种向往参加到革命队伍中来的。因此，有目的有计划地组织干部学习马克思、列宁的著作。例如，中央苏区马克思主义研究会翻印出版了马克思、恩格斯合著的《共产党宣言》，作为《马克思全书》的第一种。全书把《共产党宣言》和序编在一起，共收入了7篇论著。《共产党宣言》翻印本译文尽管有不少错漏之处，但它的出版使苏区干部和群众看到了这个国际共产主义运动纲领性文献的全貌，为科学社会主义思想在苏区的传播起了重要作用。

为了帮助干部和群众理解马克思、恩格斯和列宁的原著，苏区马克思主义研究会及有关部门还翻印、编写出版了一些阐释马克思主义的通俗理论读物。其中，影响较大的有前苏联的《共产主义ABC》。这本宣传共产主义基本原理的小册子，因为通俗易懂，颇受基层干部欢迎。《革命领袖传略》一书包括两部分，第一部分翻译威廉·李卜克内西所著的《马克思传》，介绍了马克思的生平活动及其成就；第二部分《马克思学说》，简明扼要地叙述了马克思关于剩余价值、唯物史观、阶级斗争和劳农专政的基本理论。在这些理论读物中出版最多、影响最大的是《马克思主义浅说》一书。此书在中央苏区不断被翻印，据不完全统计，版本多至五种，可见这本书在苏区干部和群众中颇为流行。其他的通俗理论

---

[1] 袁征．中央苏区思想政治工作研究［M］．南昌：江西高校出版社，1999.

读物，还有《阶级斗争》《列宁传略》等。所有这些通俗理论读物，在帮助苏区干部和群众理解马克思主义原著方面，起了很好的引路作用。[1] 在研究会的影响下，《列宁主义问题》《中国经济之性质问题的研究》《中国革命基本问题》等著作先后出版。[2]

第二，注重理论联系实际。马克思主义研究会始终坚持理论联系实际的原则。从革命斗争的现实中提出需要研究的问题，由总会发出研究提纲和材料，使在实践中发现的新情况、新问题能及时得到研究和解决。在研究和学习十月革命的经验时，要着重讨论下列几个问题：十月革命的意义在哪里？十月革命国内外环境是怎样？中国现在有没有这些条件？俄国党采取什么策略去准备十月革命？中国党现在要怎样去运用十月革命准备期间俄国党的策略？纪念十月革命的意义与任务是什么？通过十月革命性质和意义的研究，联系中国革命的实际，使研究会的成员加深了对马克思主义无产阶级专政学说和十月革命经验的理解。

马克思主义研究会在张闻天的引导下，专门开展了对中国社会经济性质问题的学术研究，探讨经济性质和革命性质之间的关系。这是研究中国革命诸问题的基础。通过研究，可以从经济理论的角度，加深干部和党员对中国民主革命性质的认识。

第三，注重活动形式多样。苏区马克思主义研究会根据不同的文化水平和理论基础，把会员分为高级班和初级班，分别提出不同的要求，选择不同的讨论题目和参考材料，又从会员各自不同的兴趣和工作需要出发，分为军事、经济、中国革命和文化研究组。文化研究组侧重研究马克思主义文艺理论和创作实践问题，探讨苏区文艺的特点及形式，培养工农自己的文学艺术家，组成新的文学阵营，开展学术活动。研究会的活动灵活多样，有自学、讨论，有专题报告，也有正常的理论培训。在自学和讨论的基础上，研究会还组织了各种学术报告。据不完全统计，苏区马克思主义研究会举行了 20 次以上的学术演讲活动。张闻天讲过《广州公社与中国苏维埃运动》，朱德讲过《南昌暴动》，董必武讲过《巴黎公社》。为了提高会员的理论水平，每星期上课一次，每月四次，其中一次学习研究其他问题。每 2 个月完成一种科目，以 6 个月为一个学期，学完三种科目。第一周期的科目是共产国际纲领、中国革命的基本问题、俄共党史和列宁主义。研究会的会员运用自己学到的马克思主义理论，帮助各单位的列宁室、俱乐部开展理论宣传活动，组织理论水平较低的干部的学习工作。马克思主义研究会这种从实际出发、灵活多样的组织形式，有助于提高干部理论学习的效果。

---

[1] 袁征．中央苏区思想政治工作研究［M］．南昌：江西高校出版社，1999．

[2] 谢辉元．“读书会性质的马克思研究会”与中共历史教育实践［J］．延安大学学报（社会科学版），2019（3）：43～49．

苏区马克思主义研究会在加强干部的理论教育，提高党员、干部的政治素质，建设马克思主义的理论队伍方面发挥了积极的作用，并提供了可资借鉴的经验。

第四节 党员的纪律教育

纪律教育可以说是党的思想政治工作的一项十分重要同时必不可缺的内容。无产阶级政党想要维护自己的团结统一，实现自己所规划的纲领路线和方针政策，率领广大的劳动人民和工人阶级完成自己的历史使命，就必须要有严明的纪律作为把控。因此，党的思想政治工作的一项重要内容就是对党员的纪律教育。中国共产党自成立的那天起，无时无刻不把党的纪律建设放在一个重要的位置上。中国共产党第二次全国代表大会上通过的《关于共产党的组织章程决议案》中就明确的指出，党应该成为结构严密的、政权集中的、纪律严明的组织。在“二大”上通过的党章还提出了党的下级服从上级、个人服从组织、全党服从中央的纪律要求。党的第三次和第四次全国代表大会上所通过的党章上除了重申上述的纪律要求之外，还规定了对犯有严重错误的党员以开除党籍的处分。

土地革命的初期，中国共产党还不够成熟，党的各方面建设也都还不完善，对很多问题上还都处于不自觉的阶段，中央苏区初创时期，红军和赣西南、闽西苏区的党组织在纪律建设方面，曾经出现过两种偏向：

第一种，忽视了平时对党员的纪律教育，执行纪律不够严格。1930 年 11 月 29 日，中共闽西特委在《闽西政治形势与学习的任务》中指出来：在党内的纪律执行并不够严格，如果有人在负责一个很重要的工作的同时犯了纪律上的错误，如果找不到人来代替他的工作，这个时候对他所犯的错误往往就会不了了之，并不会去执行纪律惩罚。一旦发生了这种事情，对一个人的‘包容’之后往往就会对接下来同样情况犯错误的人‘包容’，久而久之，纪律就涣散了，并不能起到约束的作用。闽西特委还继续指出来：在一些党的支部当中，这种纪律松懈的情况更为严重。各级党组织对执行纪律很少做到，处分同志大多都是上级给的处分，支部很少回去执行处分。因此，造成的局面就是使党员无组织无纪律的乱动，一切行动都是自由的，不到会、不交费的情况党也是不管的。因此，对一般同志的错误，只有等到他的错误异常严重了才会开除，教育想要达到的目的也远远不能达到，失去了教育的意义。❶

第二种，不区分错误的性质和程度，一律用极端制裁的方式予以处置。不少党的组织不懂得运用纪律去管理，只知道用惩办的方法，这就使得纪律失去了它

❶ 袁征．中央苏区思想政治工作研究［M］．南昌：江西高校出版社，1999.

本该有的作用，有些地方甚至更严重，造成了不必要的党内恐慌，负责的同志一开口的惩戒就是开除或者枪毙。[1] 有些同志在工作中尽管有这样或那样的错误和毛病，但仍属党内犯错误，给予恰当的处分是应该的。然而，如果将他们处以极刑给枪毙了，容易搞得党内人人自危。

1931 年之后，中央苏区的党组织在实践中逐步改正了偏激的惩罚方式，不再是随便地以开除、枪毙等措施惩戒党员，并且在思想觉悟上也得到了提高，明白了想要增强党的斗争力，巩固党的团结和统一，必须严格党的纪律，但又不能滥施措施，要按照纪律来执行。1931 年 11 月苏区党代表大会通过的《关于党的建设问题决议案》正确地指出：必须要防止两种不正确的倾向产生，第一种错误的倾向就是因为感情关系而放松纪律的执行，根本忽视党的纪律；第二种错误的倾向采用机械的或过分的施行纪律的惩办制度，妨碍干部的培养，减弱党员积极性发展。[2]

一、纪律教育的三项措施

中央苏区的党组织在加强对党员的纪律教育方面，主要采取三项措施，分别是提高党员认识，严肃查处案件，建立监察机构。

第一，提高党员认识。苏区的党代会之后，各级党组织将对党员进行纪律教育的工作放到了重要的位置，加强党员对纪律的认识，要求通过教育的方式使广大党员了解到党的纪律的严肃性，认识到党的纪律是为了巩固党的一致和加强党在群众中的作用。尊重党的纪律，是每个党员最起码的义务。同时还要求，党员在日常的生活中也应该牢记党的纪律，不做违反纪律的事情，尊重党的纪律。为了增强对党员的纪律教育，中央苏区党组织在编印的党员教育材料中充实了关于党的纪律的内容。

第二，严肃查处案件。中央苏区的党组织对于党员违纪案件，严肃认真地进行查处，并且根据问题的性质，分别情况，逐级处理。支部有权决定对党员的警告处分；团委（总支）对严重警告的处分作最后的决定；留党察看必须经过党委的决定；军团党委决定开除党籍与否。不论什么样的处分，都必须由犯错党员所在的支部整理好材料并且提出处理意见，然后再逐级上报。如果决定处罚一名同志，对于被处罚同志来说，一定要经常注意他的个别教育与实际工作的分配和检阅。如果这样的话，既可以弄清楚他所犯错误的事实，使处分恰如其分，又可以使犯错误者本人和全体党员受到教育。对于一些案情严重、影响重大的案件，还应该在报刊中公布，教育和警示全党。

---

[1] 中央革命根据地史料选编（上册）［M］. 南昌：江西人民出版社，1983：581～582.

[2] 中央革命根据地史料选编（上册）［M］. 南昌：江西人民出版社，1983：645.

第三，建立监察机构。1933 年 9 月 17 日，中共中央通过了《关于成立中央党务委员会及中央苏区省县监察委员会的决议》，在这份决议中明确的指出：在党的中央监察委员会还没有正式成立之前，为了防止党内官僚腐化，违反党章，破坏党纪，不遵守党的决议等错误行为的出现，特设中央党务委员会，监察一切有悖于党纪党章的行为，保持党内的纯洁性。各省也应该近期成立各省县的监察委员会，并在省县级的代表大会上票选出省县级的监察委员会的委员，做好监察工作。中央党务委员会和省县监察委员会的职责是：以布尔什维克的精神，维持无产阶级政党的铁的纪律，正确地执行铁的纪律，保证党内思想和行动的一致，监视党章和党的决议的执行，检查违反党的总路线的各种不正确的倾向与官僚主义及腐化现象等，并且严肃的处理，与它们相斗争。1934 年 1 月，中共六届五中全会选举产生了中央党务委员会，由董必武任书记。党的各级纪律监督机构的成立，有利于加强党的纪律教育和党的纪律建设。

二、党内批评和自我批评

在开辟中央革命根据地的斗争中，红四军党组织积累了大量开展思想政治教育工作的实践经验，对党内开展批评与自我批评作出了初步的条文规定。1927 年 7 月 13 日，红四军第三纵队政治部编印的《党员训练大纲》中，就有“怎样批评同志”的规定。规定中写到：

（1）批评作用。批评想到达到的效果就是使同志之间互相知道自己所犯的错误，该怎么纠正，并且随时纠正。日常生活中，同志应该养成互相监督的习惯，互相指正互相批评。不接受批评的同志，尤其是意志力不坚定的同志，要使广大党员认识他，不至于个人动摇波及全体，造成大的影响。还有一个作用就是使同志互相消除对对方的意见，共同进步。

（2）批评的方法。批评的方法一定要站在党的立场根据事实对犯错误的同志展开批评教育，而且在批评的同时应该注意到同志是否能够接受，不是随意批评两句，就草草了事，这样就达不到批评的效果。批评还必须对同志指出错误的地方，要让同志知道自己错在哪里，怎么样改正，下次不再犯。被批评者如果不接受批评，必须要说出来自己不接受的理由。但是，如果进行多数表决该同志有错误，就必须要接受错误，这种批评的方法称为团体批评。

（3）批评者的态度。批评同志在对被批评者教育的时候，一定要注意态度，不能一副高高在上的模样，态度一定要好，言词不能过激。并且要明白，批评并不是对被批评者的报复，而是指正错误，更不可吹毛求疵，夸大事实。批评也不是攻击，也不是对被批评者的笑话或者鄙视。

（4）被批评者的态度。被批评者在接受批评的时候要承认批评者的好意，是为了纠正自己的错误，而不是为了批评而批评。在受到批评之后要尽量接受并改正错误，不能表面一套背地一套，光嘴上答应而不付出行动去改正，并且之后还犯同样的错误。受到严重批评的时候，必须要对自己的错误有深刻充分的认识，深刻反省错在哪，而不是对批评者或者党组织怀恨在心。接受批评一方面是态度上诚恳，自己也觉得自己错了；另一方面就是要付出行动来改正错误，以后不会再犯同样的错误，这才叫接受批评。

（5）批评的范围。工作方面、纪律方面、行动方面、说话方面、态度方面、性格方面、思想方面、看书方面、嗜好方面。❶

1929 年 6 月 22 日红四军党的第七次代表大会召开，毛泽东落选前委书记，会后毛泽东离开红四军到闽西上杭指导地方工作。伍中豪、罗荣桓、谭政等人所在的三纵队继续按照毛泽东的主张抓军队建设。为切实抓好各级党组织建设，保持部队的政治稳定，他们编写了这份《党员训练大纲》。5 个月之后，古田会议召开，通过的《古田会议决议》也突出强调了正确开展党内批评。可以说，《党员训练大纲》中不少内容和批判分析为其提供了借鉴和参考。

参考文献

[1] 袁征．中央苏区思想政治工作研究［M］．南昌：江西高校出版社，1999.

[2] 红色中华［N］．马克思主义研究会的组织和工作大纲，1934，7：19，20.

[3] 中国革命根据地史料选编（上册）［M］．南昌：江西人民出版社，1983.

[4] 方晓波．毛泽东教育公平思想研究［D］．武汉：武汉大学，2014.

[5] 邱潇．共产国际与毛泽东中共中央领导地位的最终确立［D］．长春：东北师范大学，2018.

[6] 张美琴．浅析中央苏区思想政治教育的经验［J］．党史文苑，2011（2）：11～12.

[7] 陆晓强．中央苏区的干部教育及其历史经验［J］．企业导报，2012（23）：234～235.

[8] 邓小林．中央苏区时期的学校与思想政治教育［J］．求索，2012（10）：65～67.

[9] 肖小华．试析中央苏区时期思想政治教育的针对性［J］．福建党史月刊，2008（3）：64～66.

[10] 余伯流．中国共产党早期干部教育新探［J］．中国浦东干部学院学报，2007（1）：90～97.

[11] 肖小华．中央苏区政治思想教育的实践和经验［J］．理论月刊，2009（10）：177～179.

[12] 李国强．苏维埃教育方针初析［J］．江西教育科研，1986（2）：45～52.

[13] 杨溢．中国共产党的苏区文化政策探析［J］．白城师范学院学报，2018（9）：88～90.

[14] 蔡清伟．中央苏区党的先进性建设的基本经验［J］．世纪桥，2008（2）：36～37.

[15] 陈再生．古田会议前后毛泽东对思想政治工作的贡献［J］．漳州师范学院学报（哲学社会科学版），2012（3）：44～48.

[16] 赖文燕，傅柒生．古田会议与党的思想建设［J］．南方文物，2011（2）：6～12.

[17] 万强．中央苏区时期中共廉政建设的历史考察［J］．党史文范，2012（14）：4～8.

---

❶ 廖明耕，凌步机．中央苏区党的建设［M］．北京：中央文献出版社，2009：138～139.

[18] 赵磊．土地革命战争时期加强党内教育工作探析［J］．福建党史月刊，2013（16）：35～36.
[19] 李朝阳．《古田会议决议》对党的纯洁性建设的探索及启示［J］．学习论坛，2012（7）：18～21.
[20] 张明楚．中央苏区党的基层组织建设［J］．上海党史与党建，2006（5）：48～50.
[21] 赵磊．古田会议与党内思想政治教育制度化［J］．云南社会主义学报，2013（2）：458～460.
[22] 李思慎．李立三与“左联”［J］．党史博采（纪实），2012（4）：49～51.
[23] 梁小军．党的建设在马克思主义大众化中的重大作用——以中央苏区时期的实践为例［J］．佳木斯大学社会科学学报，2014（5）：34～36.
[24] 向雨婷．论中央苏区教育中的全民教育思想［J］．高等继续教育学报，2017（6）：56～59.
[25] 李良明．论古田会议的建党经验及其现实启示［J］．甘肃理论学刊，2011（4）：11～15.
[26] 李江源，方健，胡荣生．建设学习型党组织在中国革命初期的初步实践——中央苏区时期的探索［J］．理论导报，2012（3）：7～9.
[27] 薛晓建．从瓦窑堡会议决议看中国共产党党建理论的发展［J］．中国青年政治学院学报，2003（3）：52～56.
[28] 颜涉，罗小安．论红色图书在江西苏区革命斗争中弘扬井冈山精神的价值［J］．科技情报开发与经济，2011（33）：35～38.
[29] 杨爽．《古田会议决议》与《谭政报告》二者关联性分析及启示［J］．理论观察，2013（5）：32～34.
[30] 何建平，刁福久．聂荣臻人本思想初探（上）［J］．重庆行政（公共论坛），2014（4）：6～10.
[31] 李跃辉，余曙光．试论聂荣臻的政治建军思想［J］．西南民族大学学报，2004（8）：291～295.
[32] 谢镇祥．中央苏区党的建设概述（续完）［J］．党建研究，1989（8）：46～48.
[33] 刘魁，敖洪．苏区时期中共党员群体构成与人事嬗递［J］．苏区研究，2017（6）：34～50.
[34] 马明冲，李茗茗．农村基层党组织建设的历史回顾与经验启示［J］．西南石油大学学报，2012（1）：73～77.

第七章

中央苏区青年思想政治教育的原则、特征及作用

第一节　中央苏区青年思想政治教育的原则

一、理论与实际相结合的原则

为了贯彻疏导方针，推进青年思想政治教育向科学化方向发展，在青年思想政治教育的实践中，既要继承和发扬以往的优良传统和经验，又要不断地对其予以创造性的丰富和发展。

理论与实践相结合，是马克思主义的一个最重要和最基本的原则，因此也是青年思想政治教育的基本原则。这里讲的理论与实践相结合，除了通常所说的，实践不能没有理论的指导，理论必须能够指导实践以外，主要是指在青年思想政治教育中，既要重视理论教育，提高人的认识能力和觉悟水平，也要重视实践教育，培养人的良好修养和行为习惯，并能有机地结合，做到知与行统一。

政治理论、思想理论和道德理论等都是理论教育中的马克思主义理论教育。没有革命的理论，就不会有革命的实践。理论教育的目的，就是向受教育者灌输马克思主义的科学原理，提高受教育者的理论修养和觉悟程度，倡导他们学会怎样认识世界，分析问题，辨别是非。这既是青年思想政治教育的根本任务，也是最基本的途径。搞好马克思主义理论教育，对促进青少年的成长尤为重要。

实践教育，就是在理论教育的同时组织指导受教育者参加社会实践，运用已学的理论指导实践，并不断深化对理论含义的理解。通过实地考察，调查研究，参加劳动和斗争，接触社会和人民群众，了解和体验人民群众的社会实践和思想感情，从而加深对党的政策的理解，更准确地掌握马克思主义的科学原理。在实践中认识自己，培养自己，养成良好的思想品德和行为习惯。一个人，只有在认识和改造客观世界的过程中，才能认识和改造自己的主观世界，轻视实践教育的青年思想政治教育是不健全的教育。

二、针对性原则

依据中央苏区人民思想政治教育的特殊性，对苏区的农民群众进行有方法的、有目标的思想政治教育，针对群众用如口号、歌曲、标语等容易理解方式达到苏区思想政治革命斗争的需求，通过马克思主义和列宁主义思想与实践相结合进行教育。苏维埃政府和党对用简单明了的口号进行宣传，使农民群众积极加入革命斗争中。

当时苏区的剧社和文艺团、工农红军学校俱乐部等，常常组织和开展文艺演出活动，群众在看表演的无形中受到思想教育，这种把兴趣和教育结合在一起的方式，使群众非常乐意接受。在表演中就把革命战争的最新消息、人们生活的改变、苏区工作情况等信息融入到节目当中，工农剧社与各个地区的文艺组织常常交流，把前线的消息、生活中的改变、共产党发布的工作任务都放在表演当中告诉老百姓。各级俱乐部之间相互讨论编写剧本、歌曲，改正不足，提升宣传效果，给没有剧本的地区提供剧本和歌曲。中央苏区见蓝衫团在各地的演出特别成功和火热，创办了蓝衫团学校，举行了大型纪念“八一”晚会，上演了《谁的罪恶》的三幕剧。以当地群众的生活为内容，用民歌方式传唱。瞿秋白认为用歌谣的方式对人民群众进行教育是最好的方法，因为农民容易理解，有兴趣愿意传唱。在当时的中央苏区，有“朱德毛泽东，好比是东风，吹起满天飞，到处都是春”这样形容革命领导人的歌词；也有“八月桂花香，九月菊花黄，哥哥当红军，弟弟上学堂，当红军打敌人，工农群众得解放”这样形容农民群众积极加入红军的歌词。目的就是为了使广大老百姓支持苏维埃政府，保卫红色政权，保护自己，加入革命斗争与阶级敌人坚决斗争到底。

三、实事求是原则

中国共产党关心农民群众的生活水平、劳动生产、把群众的利益放在第一位，帮助农民群众把最困难的问题找出来，贯彻和落实好，从而为农民群众解决实际问题。共产党员首先经常自我反省，不断提高自己的思想觉悟，给农民群众做好榜样，是每一个共产党员必备的责任。共产党员深入农村，了解农村生活，与老乡们一起劳动，在老乡们劳动休息的间隙时间，和农民聊天，在聊天过程中了解农民群众实际情况帮助老百姓解决劳动力不足等问题。党就在各级地区建立了妇女协会，解放妇女、鼓励妇女同志加入到劳动生产中去。这一政策的施行，苏区的劳动妇女们积极响应号召，拿上锄头，解开裹脚布，甚至有不少女性还是打着赤脚下地劳动的，当时苏区的粮食产量不但没有减少，反而增了不少。妇女的地位在苏区的地位得到了提升，也为恢复苏区的农业生产做出了巨大贡献。

第二节　中央苏区青年思想政治教育的特征

一、阶级性

阶级性就是紧扣战争教育主题。

时代的背景和青年的历史任务确定了青年思想政治教育的主题。在中央苏区时期，国共两党合作早已破裂，国民党作为帝国主义在中国的代理人，要对共产党进行“围剿”，要彻底地消灭共产党，置共产党于死地。共产党人既要抗日、反封建反帝国，还要对付国民党的“围剿”。短短几年，国民党对中央苏区进行了三次大规模的攻打。周恩来等领导人强调一切政治工作都是为了革命斗争，为共产党在革命斗争中获得胜利提供了思想保证。中央苏区的青年思想政治教育工作的主要任务，就是为了革命斗争的胜利，为了保卫红色政权。《青年实话》报刊也对中央苏区的青年们明确了教育主题的中心任务“报纸应该为着战争”。让广大青年参军，拥护军队，思想政治教育就是为了战争胜利。没有革命的理论，就没有革命运动，革命战争就是直接的军事冲突，只有在军事上胜利了，革命胜利才能取得真正的胜利。中国的革命必须有坚定胜利的信念，革命教育必须运用科学的教育方法，去教育出一支听从党的指挥的军队。军队就是为了广大人民的利益，为了贫困老百姓的利益。在苏维埃政府领导下进行教育，报刊中也写了“一切为了战争”的主题工作。

苏维埃政府从大革命的失败中，总结了“枪杆子里出政权”这一观点，必须用军队和红色战士人数作为基础，才是战争取胜的重要因素。所以《少共苏区中央局关于扩大红军工作的决定》动员广大青年加入红军，直接参与革命斗争。为了让革命的青年红军知道上了战场可能就会随时流血牺牲生命，所以让他们做好思想准备。苏维埃政府优待和照顾红军及其家属，为了让红军战士们放心上战场，使红军战士们没有后顾之忧。战士得以在前线放心奋勇杀敌，使红军在对国民党的几次反“围剿”战争中赢得胜利。

客观地讲，从全国范围内来看，中央苏区的“星星之火”尚未形成完全意义上的“燎原”之势。所以，思想政治教育必须为取得战争的胜利服务。由于国民党的封锁和不断地“围剿”进攻，使得苏区的经济状况十分落后，苏区的建设和发展一直在受到阻碍，政府财力不足，粮食也严重不足，致使苏区的战士们的营养得不到保障。在严重困难的情形下，老百姓主动帮助政府，节约自己的生活消耗，给苏区的经济提供了保障，使得前线的战争开展顺利。苏区政府发行公债，农民群众纷纷购买，充裕战争的经费。《青年实话》发表了《节省菜钱来帮助革命战争》《青年工人是退还公债的领导者》等 8 篇以节省经济为革命胜利的教育主题的文章。为了全力回击国民党的疯狂进攻，取得最后的革命胜利，甚至受伤的士兵或者残废士兵也主动申请减少生活开支，来帮助革命节省军费，成为大家学习的对象。

在那个特殊的年代里，思想政治教育还承担着健康生活教育的任务，而生活健康就是为了战争的胜利。身体是革命的本钱，身体健康强壮，革命战争才能会有可能获得胜利。在中央苏区后期，由于前线的战火不断，在苏区人口基数有限的情况下，红军战士的身体素质不断下降，红军的战斗力也急剧下降。《青年实话》开辟了“赤色体育”专栏，介绍赤色体育运动的意义，报道青年赤色体育运动的情况；《青年实话》还大力宣传“锻炼工农群众的钢筋铁骨，战胜一切敌人”，“为着战争的利益，保障你身体健康”，身体被赋予革命的意义，所以中央苏区在对青年进行思想政治教育时，还特别重视健康生活的教育。

二、多样性

多样性就是采用典型示范的教育方式。

各种各样的教育方式，如口号宣传、贴大字宣传、研讨会、组织动员等解决实际问题，是中央苏区青年思想政治教育的具体教育方式，这些都属于典型示范教育方式，这要是中央苏区青年思想政治教育最重要的教育方式。在当时的报刊《青年实话》中指出：“成功的方式在于开始用个人模范法去推动思想政治教育工作的发展”，文章运用各种典型示范。有正反面对比的示范，在实际生活中用正面教育引导大家，反面典型用于警示。

第一种典型就是苏联成就典型。苏联的国际共产主义，是实践了马克思主义成效，使苏联人民生活水平得到提高，把马克思主义变为现实为共产国际做了一个先锋者。中国的早期革命就受到了苏联的影响，是中国革命的榜样。一大批出国留学的青年积极学者宣传苏联的革命成果。

第二种就是党组织和团组织的成员，中央苏区地区以先进代表中，最积极最活跃的革命知识分子建立一个群众青年群体典型。先对这些先进的青年进行科学理论教育、政治思想教育、以理论和实际相结合的方式参与到苏区地区的保卫工作当中。青年团作为一个积极向上的组织，成为中国共产党革命斗争坚强的后备军主力组织。中央苏区政府呼吁青年团组织积极参加红军、慰问红军战士、优待红军家属、节省经济等革命任务。苏区的党员和团员认真落实了这些任务，发挥了积极的示范作用。

第三种是成立模范组的典型方式。中央苏维埃地区建立了少年先锋队、模范组、模范师、少共国际师等组织成为典型示范组。目的是为了更好的让党员和团员发挥自身模范的作用，达到影响教育他人的目的。其中有很多党员团员严格要求自己、不断提升和进步。成为典型中的典型代表，模范中的模范代表。有很多模范青年加入革命、加入红军，愿意上前线奋勇杀敌等要比直接宣传个群众的作用和效果好得多，很多群众在模范青年的带动下也积极加入革命斗争，成为红军的一分子。

第四种就是青年妇女作为典型。在苏维埃地区的青年思想政治教育工作中，劳动妇女的进步对革命战争起到了推波助澜的重要作用。劳动妇女作为苏区的一个特殊群体，在旧社会中地位很低，在政治上没有说话的权利，身体和思想上也得到束缚，没有经济地位，一直处于卑微的状态。但是，苏维埃政权的建立，不仅解放了妇女，提高了其社会地位，并且苏区的妇女和男性一样都享有选举与被选举的政治权利，在经济上通过土地革命，从地主手里拿回了属于自己的土地，男女都分到了田地，妇女在党的带领下得到了真正的解放。党对劳动妇女进行科学的教育的引导，使他们成为革命斗争部队重要的力量。他们支持革命，愿意让自己的丈夫和孩子加入红军，积极成为少共国际师、模范队的一名战士。当时，不少劳动妇女鼓动丈夫参加红军与国民党这个死对头拼命，想要生活安定幸福就要上前线参加红军。当时流传最广的就是“夫呀，你要去当红军，才能保障夫妻幸福和阶级利益啊”这样振奋人心的话语。丈夫去前线作战，妇女们就在后方做好保障工作。

第五种就是树立模范人物和模范地区，带动更多的青年。让苏区各地互相竞争，工作做得最好的地区就评选为模范区，然后在苏区其他地区进行宣传和表扬，分享自己当模范取得的经验，来帮助其他区得到提升和进步。当时，兴国县就是这方面的一个典型，苏区兴国县仅 23 万人，参军参战 8.5 万人，在慰劳红军、优待军属、筹集军粮、节省经费、发展生产、普及教育等工作中，都创造了第一等的成绩。毛泽东还为兴国苏维埃地区亲自提笔写了“模范兴国”四个大字。十县参观团去学习兴国的经验。

第六种是反面典型。正面典型是用来起鼓励教育、积极带动作用。反面典型是用来起发现问题，避免问题，改正问题作用。用正面典型的作用去带动他们、感染宣传他们，使他们的反面问题得到改正。对于正面典型引导作用没有用的对象，就会成为革命的反面人物。苏维埃政府和党以及共青团用正面典型作对比，突出他们的错误行为，可耻行为和不堪行为。让他们后悔，感到羞愧，认识错误并能积极改正错误，更好地投入到革命工作中。

三、群众性

群众性，就是在思想政治教育中坚持群众工作路线。

中央苏区当时的工作路线就是以群众路线为根本路线，我党群众路线形成时期是中央发展的重要时期。苏维埃地区青年思想政治教育也是以群众路线为主要教育路线。在《青年实话》报刊中详细的讲解了关于领导群众路线文化知识。让苏区党和政府深刻认识到人民群众在历史发展的主要地位，所以一定要坚持群众路线。在教育群众，宣传、动员群众加入革命部队、支持前线、节约生活，照顾红军、文化建设等各个方面的思想政治教育工作中，要运用马克思主义的群众观点，不可以欺压群众、对群众使用武力手段，要消灭所有的剥削、指令、命令、收买等旧的恶习。苏维埃政府和我党、共青团坚持正确的群众路线，拥有正确的群众论观点，深入群众生活中教导群众文化知识、用科学的革命理论讲解革命的重要意义等动员宣传工作，使群众参与到革命工作当中，支持革命。

如果革命的各项工作没有完成，不应该是群众身上的问题，应当从党、共青团自身、从宣传工作的各个方面以及宣传人员身上寻找不足，不能怪群众没有做好，而是宣传工作的不到位。如果是宣传工作不到位，首先从宣传人员身上查找问题。发现了有很多负责宣传的干部，平时没有积极向群众进行教育和宣传。《强迫命令与宣传鼓动》就明确了对强迫的行为的批判，警示其他宣传人员，引以为戒，避免同等事情发生。[1]

党和苏维埃政府坚持群众路线目的就是为了保护人民群众的利益，关心群众的生活水平。中央苏维埃政府十分重视这方面，经讨论提出的法令和政策如下：1931 年 11 月的《中华苏维埃劳动法》、1931 年 11 月的《中华苏维埃宪法大纲》、1931 年 11 月的《中国工农红军优待条例》、1931 年 11 月 28 日《中华苏维埃共和国婚姻条例》、1933 年 8 月 9 日《中华苏维埃暂行选举法》。所有这些就是为了保护广大人民的切身利益，包括了经济、文化、政治等方面。党在思想政治教育过程中，首先要关心人民群众的生活状况，只有解决了基本问题人民群众才能真正的拥护党和政府，帮助他们解决了他们的实际苦难，群众才会听党的指挥和教育，保证教育的效果。党在这样的思想政治教育下，才能了解群众，帮助群众，发动群众和号召群众，群众才能加入革命、支持革命、服务革命。苏区人民最关心和最急切的问题就是土地的问题，所以党和政府必须抓住群众内心最想要的东西，满足群众，无不是雪中送炭，群众会绝对地信任和支持党。所以，苏维埃政府和党就在苏区实行土地革命，使他们都分到了土地，农民群众分到地后也纷纷加入红军。红军战士都去参军了，家里缺少劳动力，这时候党和苏维埃政府在各村组织了耕田队，帮助参加红军的战士家庭种田，体现了从群众利益考虑，保障了他们的利益，红军战士他们就可以放心去前线奋勇杀敌。

第三节 中央苏区青年思想政治教育的作用

苏维埃地区的青年在党和政府的思想政治教育下，通过对理论教育、参军教育、拥军教育、思想端正和积极向上的生活态度的教育，在思想政治方面有了觉悟，革命的热情也被不断地提高、文化水平明显提高。在教育方式和方

---

[1] 强迫命令与宣传鼓动［N］. 青年实话（第一卷第 28、29 期合刊），1932-10-30.

法、教育主题、教育关系和工作的规划等方面都有了独特的特点，为革命斗争储备了后备力量。苏区的青年思想政治教育在共产党的领导下得到了快速的发展和进步，成为教育发展历史上不可缺少的一部分。尽管，中央苏区的青年思想政治教育也存在很多的不足，并没有全面的完善。但其历史贡献不可小觑。

一、群众团体青年思想政治教育的作用

（一）农民青年思想政治教育的作用

（1）提高了农民青年的政治觉悟。自古以来中国的农民深受几千年封建制度影响，封建制度下的迷信思想已经根深蒂固。广大的农民群众长期遭受着封建统治者实施的封建迷信、奴性等思想的侵害，并生活在黑暗愚昧无知的痛苦生活中。中央苏区的农民青年在党和苏维埃政府的思想政治教育下，意识到了阶级斗争的观念，通过讲故事、演戏、唱歌等通俗易懂形式的宣传下，植入在苏区的青年农民的大脑中，慢慢的形成自我觉悟的意识，使青年农民意识到为什么自己的生活如此贫穷，社会地位如此低贱，只有通过革命才能获得自由，明白了必须撸起袖子干革命的真理。中国共产党通过通俗易懂的苏区当地文艺活动进行宣传，揭示当时地主豪绅对农民的残酷压榨，形象地表现出了地主阶级对农民阶级的压迫和剥削，启发了苏区的农民的阶级觉悟。对青年农民进行文化教育，武装他们的头脑，用知识打开了他们的精神枷锁，逐渐的摆脱了封建迷信思想和愚昧无知的状态，对之后共产党领导的无产阶级革命斗争具有积极的意义。

（2）增强了农民青年加入红军的积极性。中央苏区处于战争时期，党和苏维埃政府用多种通俗易懂的形式进行宣传，使人民群众更团结，教育人民与政治任务相结合，做到打击敌人、消灭敌人的作用。1932 年成立了工农剧社，通过各种活动调动了青年农民的积极性，学习汉字，阅读文章，提高政治文化水平。使广大青年农民参加到土地革命斗争当中，成为土地的主人。在一些文艺作品中，使青年农民在娱乐中自觉明白了党的政治路线、党的方针、党的性质，增加了对党和政府的了解。使广大农民青年明白了党和政府是为了广大受苦受难的人民群众的利益而奋斗，从而提升了自身的政治觉悟，知道了自身的权利和义务，积极报名参加红军，加入到革命的队伍当中来。

（3）提升了农民青年的文化水平。中央苏区在加强和提升青年农民的文化水平的同时，也对儿童开展了义务教育，让所有孩子都学会识字。

党和苏维埃政府为了加强对苏区扫盲运动的领导，中央和省、教育部设有社会教育科，区、乡教委员会设有专职社会教育干部，具体承担扫盲识字运动的领导职责。各村普遍成立了识字委员会、分会和识字小组，具体组织工农群众学习

文化[1]。1933 年 10 月为了更好的适应扫盲识字运动大面积展开的需求，召开了中央苏区文化教育大会并颁布了《消灭文盲决议案》决定："旧有识字运动委员会和分会取消，从乡镇到中央，均成立消灭文盲协会，成为独立系统的广泛的群众组织。在行政上，受各级教育部指挥、监督并帮助进行。"[2] 1934 年 3 月，中央苏区教育人民委员部颁布重新修订的《消灭文盲协会新章程》。章程规定：凡是赞成该会宗旨愿负责为本会工作执行本会决议的苏维埃公民，皆可加入本会。苏维埃公民，经分会建议区协会干事会同意之后，也可加入该会，但须要积极为协会工作，遵守苏维埃法令。消灭文盲协会以村协会为基本组织。村协会之下，分为若干消灭文盲小组，每个小组同时就是一个识字班或夜学校或半日学校。村协会设干事会，其干事即由各识字班各补习学校选举的组长充任，并互选一人为主任。乡协会的干事由村协会的主任联合组成。区、县、省的协会机关各由下一级主任联席会选举干事会组成，区协会主任，一般是区教育委员会委员；县协会 1 人、省协会 3 人（小的省 2 人）常驻办公。中央协会要求省级以下的协会，设组织科、巡视科，中央加设编审科。负责发展会员，将下级的经验总结之后再做推广，检查消灭文盲的成绩和不足之处的是组织科；负责检查扫盲运动在各地开展的情况和安排巡视员的检查工作是巡视科；专门负责编写扫盲识字教材课本的是编审科。[3] 各级苏维埃党政机关都专门成立了扫盲识字小组，并将小组作为识字扫盲的班级或者夜校。每一级苏维埃政府设立负责干事，干事也是一个小组的组长，再从中选择一人做主任。

各级组织的消灭文盲协会的使用经费都由组员自行解决或者捐款筹集，各级的党政机关组织的识字班以及补习的夜校需要的费用统统都是自行解决。识字班及补课的学校需要的所有课本，全部是由中央教育人民委员部和中央苏区扫盲组织协会的编审科统一编写和出版。1933 年以前，各省、县、区文化教育部门也自行编印了各类扫盲识字课本。基本上在中央苏区所有的地区都在使用教育部门统一编印的教材，使得苏区地区人民的知识性（识字）、政治性和实用性有效的统一。

中央苏区各级开展扫盲识字运动主要方法还是办夜校、列宁室、识字组、业余补习班和识字班、半日学校、俱乐部等多种方式，适应农民青年的时间，在一些村头路口、街头桥边，每个人流量较多的地方都设立识字牌，布满每个乡镇，形成一个教育网。

苏区的扫盲识字运动取得了辉煌成绩。根据统计以苏区江西省为依据：据江

---

[1] 李晓明．党在苏区和抗日根据地的农村文化建设实践——纪念中国共产党成立九十周年［J］．传承（学术理论版），2011（4）．

[2] 《中央教育人民委员部重要文件汇集》［Z］，湘赣省苏教育部翻印，1934 年 1 月 10 日．

[3] 张挚，张玉龙．中央苏区教育史料汇编［M］．南京：南京大学出版社，2016：122～124．

西省苏维埃政府1932年11月报告，仅胜利、于都、宁都等4个县统计，共办起夜校3289所，识字小组19812个，俱乐部712个，建立识字委员会2744个，参加夜校和识字组学习的共140208人，占失学成年人和儿童总数的47%❶。至1933年7月，全省19个县夜校发展到有5557所，俱乐部发展有1571个，识字组发展到27349个。同年7月29日，江西省苏维埃政府又制定了《江西省六个月教育工作计划大纲》，要求至1934年1月，全省夜校要发展到15827所，俱乐部发展到2502个，识字组发展到54388个。不久，这一目标基本实现。兴国县1933年12月底统计，全县已建立乡识字运动总会130个，村识字运动分会561个，识字小组3387个，参加识字小组的组员22519人。全县35岁以下不识字的男女青年，差不多都上了夜校，其中大多数人都摘除了文盲帽子。尤其是妇女，参加扫盲识字的热情更为高涨，成效更为显著。❶

毛泽东在第二次全国苏维埃代表大会报告中欣慰并开心地说，中央苏区“人民群众学习识字的总人数在快速增加”，“中央苏区群众文化运动的推广速度的迅速，我们通过报纸的印刷后发行的数量也能看的出，中央苏区有三十四种不同种类，不同型号的报纸，其中如《红色中华》，从三千份增至四万份，《青年实话》发行二万八千份，《斗争》二万七千一百份，《红星》一万七千三百份，证明群众文化水平是迅速地提高了”。❷

（二）妇女组织青年思想政治教育的作用

中国共产党为了帮助广大劳动妇女获得翻身解放，从土地革命一开始，就将妇女解放运动作为苏维埃运动的一个重要组成部分，十分注意发动妇女参加革命斗争。如在赣西南地区，党代表劳动妇女提出了翻身解放的12条迫切要求：“（1）男女平均分配土地。（2）铲除封建势力。（3）打破一切桎梏妇女的旧礼教。（4）废除买卖和包办婚姻。（5）禁止虐待童养媳。（6）反对翁姑丈夫无理打骂妇女。（7）妇女有权参加苏维埃政权。（8）男女有受同等教育之权利。（9）男女工资待遇一律平等。（10）改良劳动妇女生活。（11）妇女工人产前产后应有3个月的休息，工资照给。（12）青年妇女要言论行动自由。”❸ 这些要求，都反映了根据地劳动妇女的共同心声。

在党的教育、发动和领导下，广大劳动妇女深刻地认识到只有打到土豪劣

---

❶ 余伯流，凌步机．中央苏区史［M］．南昌：江西人民出版社，2017：966～967.

❷ 毛泽东：《在第二次全国苏维埃代表大会上的报告》，1934年1月24日至25日，见江西省档案馆、中共江西省委党校史教研室编：《中央革命根据地史料选编》（下），江西人民出版社1982年版，第330页。

❸ 江西省妇女联合会、江西省档案馆选编．江西苏区妇女运动史料选编［M］．南昌：江西人民出版社，1982.

绅，推翻封建统治，建立苏维埃政权，才能得到劳动妇女的翻身解放。于是，她们冲破各种封建礼教的罗网，勇敢地投身到如火如荼的土地革命斗争洪流，对妇女思想政治教育有以下几点作用。

（1）在政治上彻底翻身，成为苏维埃国家的主人。苏区的妇女在政治上彻底翻身，与男子一样成为苏维埃国家的主人。1934 年在第一次全国苏维埃代表大会上通过的《宪法大纲》中明确规定：在苏维埃区域内的工人、农民、红军士兵及一切劳苦民众和他们的家属，不分性别种族，在苏维埃法律面前一律平等。苏区女性与男子一样，只要是年龄满十六周岁，都拥有选举权和被选举权，拥有参与政治议论政治的权利。召开各级党代表大会和苏维埃代表大会及各群众团体代表大会时，妇女代表都占一定份额。1933 年 8 月，在进行第二次全国苏维埃代表大会代表选举时，苏维埃中央执行委员会在下达的关于选举运动的训令中，着重指出："其中应提出劳动妇女的部分，至少要使占 25% 的劳动妇女当选。如果放在过去全苏维埃地区全无妇女代表的地方，这点尤须注意。"[1] 选举结果，市、乡苏维埃代表中妇女所占比例一般都达到 25% 的要求，有的地方甚至达到 60% 以上。

劳动妇女参加各级党政权机关工作，这在革命前是想都不敢想的事情。可是在中央苏区，各级党政群领导机关中都有一定数量的妇女工作人员。党和苏维埃政府通过举办各种训练班、选拔妇女干部到各级学校去学习深造等办法，加速培养和锻炼妇女干部。例如，1933 年 8 月江西省苏维埃政府在制定省苏维埃干部学校招生计划时，着重说明"应有 1/3 的女性"。[2]同年 10 月中央司法部要求各级裁判部举办训练班时，要招收妇女学做裁判工作，"将来要做到裁判机关的工作人员的大部分是劳动妇女来担任，把原先男的裁判工作人员，派去建立边区和新区的工作或参加前方作战"[2]。中共苏区中央局 1933 年在开展"红五月征收党员突击月"活动中，提出要在一个月中扩大一倍新党员，其中女党员要扩大一倍半。

（2）苏区青年妇女经济上得到解放，同男人一样成为土地的主人。苏区的青年妇女经济上得到解放，苏区的妇女都分得了田地，实行男女同酬。苏区贫困妇女和男子一样分得了土地，成为土地的主人。妇女同志们发挥吃苦耐劳的传统美德，解放了自己，打破了旧时期对妇女的腐朽的观念。解放自己的双脚摆脱裹足的封建习俗，打着赤脚与男子一样积极的投入到了农业的生产。在苏区扩红的时候，男人都去前线打仗了，妇女同志们挑起了农业生产的重任，成为苏区经济建设主力军。为了鼓励妇女参加生产劳动，党和苏维埃政府提出了"每个劳动妇女英勇的踏上生产战线，如红军战士上火线一样奋勇杀敌"的口号，成立各级妇

---

[1] 《中华苏维埃共和国中央执行委员会训令第二十二号—关于此次选举运动的指示》，1933 年 8 月 9 日，载《中华苏维埃共和国法律文件选编》，江西人民出版社 1986 年版，第 129 页.

[2] 江西省妇女联合会、江西省档案馆选编．江西苏区妇女运动史料选编［M］．南昌：江西人民出版社，1982.

女劳动委员会，动员女人下田干活，组织有经验的老农，帮助妇女同志学习务农的技能，如犁地、耕田、插秧。妇女们积极参加农业的生产，解决了农业生产劳动力紧缺的困难。农业生产没有减少，反而增加了，苏区的妇女为革命作出了重要的贡献。为了在经济上保障妇女的利益，苏维埃政府中央颁布了劳动法，对女工利益除规定男女同工同酬，享有同样的劳动保护外，还特别规定了：禁止招收女工从事特别繁重或危险的工作任务，如地下矿工和橡胶、铅、铜、锡等行业；女工工作时间不得超过正常时间的2/3；18岁以下的女工和哺乳女工严禁作夜工；所有从事体力劳动的女工，产前产后休息，工资照发；为便于女工哺乳，工厂内应设立哺乳室和托儿所，由工厂负责管理等。这一系列保护妇女儿童权益法令、条例的颁布实施不仅在经济上保护了妇女的利益，还对妇女的身心和儿童的健康成长，给予了特殊的呵护。

（3）婚姻方面得到了解放，提倡自由恋爱。苏区的青年妇女在婚姻方面获得了自由解放。封建婚姻制度是束缚妇女的一根罪恶绳索，广大妇女深受其害。党和苏维埃政府在土地革命开战后，便带领广大妇女，向落后野蛮的封建婚姻制度发起了猛烈的攻击，提出了"实行婚姻自由，反对包买包办的婚姻""反对童养媳""反对纳妾"等口号，受到苏区妇女的热烈拥护。1931年11月28日，苏维埃中央执行委员会第一次会议，通过了《中华苏维埃共和国婚姻条例》，并宣布从1931年12月1日起公布实施。这是中国有史以来第一部实行男女婚姻自主的民主进步的婚姻法规。这部法规明确的规定："以自由为原则，废除一切封建的包买包办和强迫的买卖婚姻制度，禁止童养媳""实行一夫一妻，禁止一夫多妻""结婚的年龄，男子需满二十岁，女子需满十八岁""男女结婚，需双方同意，不允许任何一方或者第三者加以强迫""禁止男女在五代以内亲族血统的结婚""严禁花柳病、麻风、肺病等危险性传染病症的结婚，上述病症经过医生验明许可者才可以结婚""禁止神经病及疯子和瘫痪的结婚""男女结婚，要去自己的乡苏维埃政府登记。实行结婚证制度，废除封建旧俗聘礼及嫁妆""确定婚姻自由，凡男女双方同意离婚的，即办离婚，男女其中有一方要求离婚，即办离婚"。《婚姻条例》对男子双方离婚后的子女抚养及土地、财产分割等，都做了明确的规定，而且这些规定都明显偏袒于保护妇女利益的。苏维埃中央政府执行委员在公布这些条例时说："女子刚从封建社会压迫下解放出来，她们的身体受到了很大损害，如缠足，身体还没有恢复好，她们的经济能力暂时还不能完全独立，所以现在离婚问题，偏袒与保护女子，男子应承担大多数离婚后的义务和责任。"❶

中央苏区的妇女获得了婚姻制度自由，是人类社会制度进步的一个重要标

---

❶ 见《中华苏维埃共和国婚姻条例》，1931年11月28日，载《中华苏维埃共和国法律文件选编》，江西人民出版社1986年版，第231～233页.

志。正如毛主席所说的在第二次的全国苏维埃大会上作报告时赞扬苏区的婚姻制度，是民主主义婚姻制度，符合人性的新规律，打破了封建主义的对女子的束缚，这是人类历史上伟大的胜利之一。[1]

(4) 文化水平得到提高，积极投入到苏维埃革命的事业中。中央苏区的青年妇女文化水平得到了明显的提高，党和苏维埃政府非常重视妇女的文化水平。在1932年6月建立的苏维埃妇女生活改善委员会就是为保护妇女的权利，要让妇女同志在政治文化水平上也得到提高，苏维埃各级党政机关计划并安排文体部设立了妇女同志的半日学校、组织妇女同志的识字班、举办家庭临时训练班、白天的流动识字班，苏维埃各级党政机关通过从学校选拔教师作为教员，领取教学任务。各级妇女组织积极配合党和教育部门的工作，实事求是的做事方法，帮助妇女学习文化，扫除文盲。

中央苏区妇女学习文化知识的积极性很高。在江西兴国的劳动妇女，受到了教育，从文盲中解放了自己，并在很多的小学继续做教员或者夜校的校长。中央苏维埃地区的其他地方也如兴国县一样。

中央苏区劳动妇女在获得解放之后，革命斗争的热情继续高涨，积极参加政治议会，更多是动员自己的丈夫、孩子等亲人参加红军，加入革命。当时，有很多妇女鼓励自己丈夫参加红军，去前线保卫苏维埃，鼓励他们说："保护好了苏维埃这个大家，我们的这个小家才能安定幸福的生活"。并让自己的丈夫放心，劳动妇女会照料好家里的事，让他们安心去加入红色革命。劳动妇女在后方组织起来承担起生产的任务，并积极参加洗衣、担架队、慰劳队、运输队等队伍，全力支持前线作战部队，给他们提供补给。妇女同志们做军鞋，利用自己的强项，劳动妇女们千针万线的做起了军鞋，一双双军鞋送到了红军手上，红军穿着军鞋便想起家人，使红军战士们信心倍增、英勇作战，奔赴前线、彻底打败敌人，获得革命的胜利。

（三）工会组织青年思想政治教育的作用

工会组织的青年工人思想政治教育，推动了土地革命，为苏维埃政权奠定了扎实的经济基础，为苏区的经济发展做出了巨大的贡献。

(1) 使苏区的工会组织制度更加完善，工会和工作关系更加融洽。建立完善的工会组织有利于中央苏区革命事业发展，对工会青年工人进行思想政治教育，指导工人们发展生产，保护自己的权益，使青年工人成为工会的主力军，支持苏维埃事业的发展，使工会成为中央苏区革命斗争提供物质基础的坚实基石。

---

[1] 毛泽东：《在第二次全国苏维埃代表大会上的报告》，1934年1月24~25日，见江西省档案馆，中共江西省委党校史教研室编：《中央革命根据地史料选编》（下），江西人民出版社1982年版，第173页.

当时，中央苏区经济的发展是在困难重重的条件下进行的，但关乎着共产党和中央革命根据地的生死存亡。1931 年 11 月，中华苏维埃共和国临时中央政府诞生了，毛泽东领导苏维埃临时中央政府工作任务，着重开展经济建设，工业生产和发展，开始举行打土豪、分田地的革命运动，已获得丰厚的物资，保障物质基础，影响和教育广大的青年工人积极分子加入红军，使得土地革命得到发展。刘少奇同志 1932 年冬到达中央苏区后，大力支持毛泽东同志对中央苏区经济发展制定的一系列的建设方针和政策。对工会的工人进行思想政治教育工作，让青年的工人正确了解中央苏区政治机关和工会的工作关系，突出了工会的重要性，将工会的组织系统健全，加强了青年工人生产的积极性，让青年工人全身心地投入到发展经济当中，大量生产出物品，支援前线的革命战争中。为当时打破蒋介石的“围剿”奉献出了巨大的力量。

（2）坚决纠正了苏区的不良劳资关系，维护了工人阶级的经济利益。1931 年 11 月，中央苏区的工会和政治机关部门存在着极为严重的机会主义错误，最明显的是“左倾”错误。建立苏维埃中央临时政府时就根据中央苏区地区的实际情况考虑，为了工人阶级的根本利益和长远发展，召开了第一次全国工农兵代表大会并通过了《中华苏维埃共和国劳动法》，保障了工人阶级的利益，提升了工人阶级的地位，凸显出工人阶级的主要地位，但也由于过于效仿苏联的，没有根据本国实际的国情，一些调理对于我国是不合理的。例如，说不断地改善劳动条件，不断地提高工资待遇，增添福利待遇，要求提供袜子、衣服、洗衣桶之类，还要减少劳动时间等。这些不合理的要求，苏区大多数地区都是经济极不发达的，大多数都是农村革命根据地，与实际情况不适应，导致了劳资关系紧张。刘少奇对此情况了解之后，随后就在《苏区工人》发布了“在两条战线斗争中来改订合同”“在改订合同中应注意的几个问题”等重要的文章，提出正确解决问题的意见和方法。他说“教育苏区的青年工人根据自身的实际情况，从地方的生活环境，雇主使用的营业方式以及该项产业的特殊劳动条件等，来灵活的运用《劳动法》的条例”❶。

中央苏区地区根据当时实际工商业情况，着眼于工人阶级的根本利益和长远利益，正确对待劳资关系，实施苏区地区工人的实际利益和长远利益相结合，提升了工人阶级和商业家的积极性，也给苏区经济和红军补给提供了很大的帮助。

（3）为红军主力增添有生力量，投身苏维埃政权的保卫和建设。1931 年春，全国总工会中央苏区执行局成立，下设省、县、镇、区总工会。工会组织建立后，开展群众运动，打土豪，分田地，扩大红军，支援前线。1932 年秋，全国总工会从上海迁入中央苏区，加强了对苏区工会工作的领导。各级工会组织不断

❶ 金冲及．刘少奇传（上）［M］．北京：中央文献出版社，1998：189.

把工人阶级的先进分子输送给党、政府和红军，促进了各级政府工作，也大大增强了红军的战斗力。1933年8月1日，中国工农红军工人师在瑞金成立，它是我党军事史和工运史上第一支以“工人”命名的正规武装。

（四）少共国际师青年思想政治教育的作用

加强了少共国际师团结性，起到了打击敌人、消灭敌人的作用。

提升了青年群众的文化水平和思想觉悟。党和苏维埃政府创办了夜校、半日制学校、列宁室，扫盲组织等，青年群众在这里学习到了文化知识，参加文化娱乐活动，定期会开展青年马克思主义理论研讨会和《青年实话》报刊交流会，培养青年群众的兴趣，中央苏区和党非常重视苏区青年学习革命理论，在少共中央组织了全部的力量下，成功的编写出了《青年读本》为广大青年提供马克思主义基本理论的内容，加强了马克思主义在中央苏区的宣传。为培养出优秀的青年干部，少共国际师中央局1932年创办了列宁团校，招收的学生年龄都是14岁到25岁的青年，并开展了中共党史课、共青团团史课、政治课、地理常识课、军事战术等课程。少共国际师的政治训练有革命理想、军人知识、军纪等项目。师政治部从连队到团部普遍建立了“列宁室”“俱乐部”“体育队”等组织，师部则专门成立了“宣传队”“演剧队”，活跃了部队的文化生活，提高了思想政治教育的效果，增强了部队的战斗意志。1933年在闽北拿口，少共国际师与敌军打了第一仗，歼敌500余人，取得首战告捷的胜利。全师指战员喜笑颜开，部队士气高涨。

二、军队青年思想政治教育的作用

中央苏区时期，对军队青年开展的教育内容主要有：思想政治教育、文化教育和军事技能教育。由于当时的苏区面临着严峻的形势，国民党进行大规模的“围剿”，苏区的土地上战火连天，军队中每天都有受伤和牺牲的同志，总的来说人员流动过于频繁，变动也很快。还有一些刚入伍的工农子弟不仅没有文化知识，也没有军事技能就得去前线参战，还有一部分改邪归正投诚或者被俘虏的旧军队军官加入队伍，都需要思想政治教育进行重大改造。

青年们刚步入军队，从农村生活转化到军队生活还未习惯。旧时代的传统家庭观念根深蒂固，青年对全国红军的与苏区的战争形势，以及军队中的纪律和文化等等，并没有深刻的了解。因此，对加入红军的青年农民进行思想政治教育的内容有：让军队的青年们正确认识世界和了解自身的社会责任感，树立正确的世界观和方法论作为基础；以建立牢固的新型军民关系为基础，并时刻注意“三大纪律，六项注意”的纪律标准，严格按照此标准规范自身；加强青年红军对自身的认识。了解红军的历史、红军的三大任务、红军的宗旨、红军的系统等；对青年红军进行政治常识教育，巩固刚加入的青年拥戴红军的思想基础，是红军作战的思想武器；最后以农民为主的青年红军，奋勇顽强、不惧艰苦，但文化水平普遍较低，甚至大多数青年红军都不识字。因此，开展深入和持久的识字学习运动的文化教育，通过识字运动的开展促进思想政治教育、军事教育、纪律教育。

主要包括以下几个方面。

（一）团结军队，净化了红军队伍

新加入的青年红军受到了教育，从而使红军军队的整体实力得到了质的飞越。在军事技能和文化水平得到了巨大的提高，并纠正了部队中一些不正当的非无产主义阶级思想和封建主义思想的不良倾向，从根本少了改变了管理新兵的模式，不再有歧视、辱骂等一些不良现象，大大减少了打骂士兵的现象，彻底解决了逃兵行为的存在。加强了军队的纪律，思想上一致跟着党走，严格按照党的政策执行任务，把党内的不法分子清出党外，巩固了军心，净化了队伍，整个红军部队呈现出了一片清廉正气的新气象。红军战士面对未来的战事能够齐心协力，积极投入到革命事业中的作用。

（二）建立牢固的群众基础，塑造良好的红军形象

群众才是社会进步的主力军，只有群众的觉醒，才能使社会进步，共产党和红军要与人民群众保持亲人般的血肉关系，并长期维护。中央苏区时期，党对新加入的青年红军进行教育，告知他们必须始终贯彻全心全意为人民服务的宗旨，人民的利益高于一切，与人民群众情同鱼水，大大提升了共产党在人民群众心中的地位。对青年红军进行了严厉明确的思想政治教育，要求青年红军严守纪律，听从指挥，以“三大纪律八项注意”规范自身行为。毛泽东说：“军民一致的原则，是秋毫无犯的民众纪律，宣传、组织和武装民众，减轻人民的经济负担打击危害军民的汉奸卖国贼，因此军民团结一致，才能得到人民的欢迎。”[1] 红军和民众团结一致，纪律严明，使苏区红军获得了广大农民群众的拥护和爱戴，在农民群众心中塑造了良好的形象。苏区红军与民众的关系就是“鱼与水”的关系，紧密相连，红军是“鱼”，人民群众是水。

中央苏区红军与民众关系的思想政治教育，让青年红军战士们认识到了民主平等对于苏区人民的重要性，建立了红军与民众相辅相成的关系。对苏区红军思想政治教育，不仅增加了青年红军的学习的积极性，还加强了红军内部的团结性，提升了苏区青年红军的政治影响，为青年红军在民众的心目中打造了深厚的基础，成为日后红军夺取胜利、解放全中国发挥重大作用。

---

[1] 毛泽东. 毛泽东选集（第二卷）[M]. 北京：人民出版社，1991：379.

（三）提高政治影响力，加强了共产党对军队的绝对领导

中央苏区时期，通过对青年红军进行了红军的历史了解、政治常识教育等思想政治教育，纠正并改变了一些错误思想，引导青年红军为自身奋斗，为广大受苦受难的农民群众奋斗的正确思想，从而坚定了将革命奋斗到底的思想信念，积极影响了青年红军内部的政治影响力。

在红军刚开始创立时期，有不少的红军有着农民的散漫拖拉、不遵守纪律的不良倾向。经过纪律教育，加强了党在军队中的绝对领导。大多数青年红军在严肃的纪律教育面前也逐渐懂得遵守部队的纪律和条例法规，党在教育青年红军的同时也加强了绝对的领导地位，树立了党的威严。红军的党员以身示范，带领青年红军严格执行“三大纪律，八项注意”，不仅在人民群众中树立了良好的形象，也加强了党和军队纪律性。在作战过程中党员要起到先锋模范的作用，党员领导普通的红军冲锋陷阵，绝对不会往后撤退；在生活中也是要发扬吃苦耐劳的精神，争做先锋多吃苦，带动红军战士遵纪守法，加强党在人民群众中的思想建设。培养出了一批作风良好、纪律严明、行为规范、能打胜仗的铁血红军部队。

三、学校青年思想政治教育的作用

在中央苏区时期，苏区的各级的学校都强调以学生自我管理为主，积极发挥儿童团、少年先锋队和共青团在学校的思想政治教育中的作用，目标为了创建学校集体生活的正常秩序，培育出革命优秀的新后代。

（一）提升了学校中青年群众组织在思想政治教育中的积极性

对青少年群众进行思想政治教育的主要途径是通过把青年群众组织起来开展的活动，分配和利用好苏区各种类型的学校中儿童团、少年先锋队和共青团的作用，将其在学校中的思想政治教育的作用发挥至最大。共青团、少年先锋队和儿童团之间相互配合、相互协调积极鼓励青少年学生加入实际的革命斗争中，例如安排站岗放哨、侦察敌情、拥护宣传、加入劳动生产、节约募捐运动和扫盲识字运动等。并在每个团组织中建立列宁室、读书班、阅读室等帮忙教书识字；建立了许多小组、讨论组、演讲组；开展许多舞台活动、歌舞团、演剧组；体育项目、文艺活动，举行革命竞赛，让思想政治教育变得常态化、丰富化、制度化。丰富多彩的活动不仅是团、队组织的生活变得丰富多彩，也使得团员、队员们在活动中加强了思想上的教育。

赓雅在“赤区教育的断片”一文中作了如下阐述：“学校中还有儿童团的组织，奉行所谓十一字的口号，是时刻准备着，时时刻刻的准备着。经常组织会议讨论一些浅近的政治问题。且与其他较年长的青年，组成之共青团、少年先锋队

等，互派代表，以通声息。必要时且须轮当儿童步哨、儿童侦探，或写标语、散传单、清查户口等工作。”

另外，中央苏区还通过出版发行《青年实话》《少年先锋》《列宁青年》《团的建设》《时刻准备》《红孩儿报》等报刊来进行政治宣传。这些报刊立场鲜明，笔锋犀利，体裁短小精悍，文章内容形象生动，形式多样，既是宣传党和苏维埃政府各项方针、政策的喉舌，也是充实革命根据地团、队组织的文化教育和思想教育的良好教材。在儿童团、少先队和共青团的不懈努力下为苏维埃地区的文化教育和思想教育等事业做出了巨大的贡献，并在中央苏区各类学校思想政治教育的发展上做出了很好的协助和积极的推进作用。

（二）提升学生日常思想政治教育，提高了学生的政治觉悟

提升学生平时生活中的思想政治教育，成为中央苏区学校教育中的一个显著的特点。为了加强思想政治教育实践性，学校使用了很多的方法。例如，在闽西地区执行了训导员制度，新制度要求的所有的教员和学生成为亦师亦友的关系，了解学生的困难，结合时效性进行思想政治教育。组织“训导生团”，吸引学生加入团队，执行训导中的工作，以一个月时间作为轮换。学生的加入使训导工作效率大大提高，也对学生的思想政治工作能力得到锻炼。在为同学提供帮助的同时，学生自身也同时受到教育。[1] 这种工作方式提升了思想政治工作普及性，为思想政治教育者提供了宝贵的经验，使学校的思想政治教育工作变得更有深入性、普及性。

（三）提高了学生自我约束能力

中央苏区各类学校为了对学生加强管理，基本上都制定了校规和校纪来教育学生遵守。1931 年 3 月 10 日，中央苏区闽西苏维埃政府文化部颁布了《劳动小学校训导材料》，规定学生守则共 23 条。主要内容包括要求学生有良好的行为习惯，改掉不好的嗜好和习惯，遵纪守法、遵守公德、遵守社会公共秩序和学校校规。另外，一些学校还增加了奖惩制度，有奖有罚。针对认真、努力学习，学习成绩优良，工作方面积极并遵纪守纪的学生分发一些必要的奖励，并在儿童墙报“红榜”栏上进行表扬，颁发奖品和锦旗；对不遵守纪律、懒散怠工、破坏学校校规校纪的学生，进行适当的处罚。主要坚持正面教育，以鼓励表扬为主，成为中央苏区学校思想政治教育的一条宝贵经验。

总而言之，我们共产党在开创中央革命根据地的斗争中、将马克思主义理论与中国革命实际情况相结合，为造就革命的新一代，始终将学校的思想政治教育

---

[1] 袁征．中央苏区思想政治工作研究［M］．南昌：江西高校出版社，1999：168.

工作放在重要的地位，使苏维埃教育事业蓬勃发展，培育出一大批适应革命斗争和苏维埃各类工作发展的有用人才，同时也为学校思想政治教育工作方面积攒了更多宝贵的经验。

四、党政机关青年思想政治教育的作用

中央苏区时期，苏维埃政府积极探索党政机关青年在思想政治中的教育，并获得了一些成就。中央苏区的党政机关获得了苏区群众的支持和拥护，极大增强了苏区党政机关的威信，逐步加强了党的纪律，形成了苏区党政机关好作风的形象。

（一）促进了苏区党政机关作风转变，形成了“苏区干部好作风”❶

中央苏区党政机关中的青年干部作风的转变，是由中央领导干部的示范教育影响下，也是所有党政机关中清正廉洁的环境影响下形成的。

1. 中央领导干部吃苦耐劳作风

吃苦耐劳、勤勤恳恳是中华民族自古以来流传下来的优良传统之一，也成了中国共产党的优良传统之一，成就了一部艰苦奋斗的革命史，毛泽东主席也曾指出：“没有吃苦耐劳的作风也就不能执行正确的政治方向。”❷

中央苏区吃苦耐劳的好作风离不开毛泽东、周恩来、朱德等苏区领导人的带头示范作用，他们成为中央苏区党政机关干部的作风优良的先锋榜样引领着党政机关中青年的进步和发展。

毛泽东作为中华苏维埃共和国的主席、工农群众尊敬的革命领袖，依然保持着吃苦耐劳的作风，从不奢侈特殊化，生活过得纯朴简洁。“当年在闽西时候苏家坡村一间小小的储物里，放置着一床深褐色的破棉絮，这是当年毛泽东在指导闽西工作时盖的，这一床棉絮见证了一代伟人艰苦奋斗、励精图治的历史。”❸

2. 端正了苏区党政机关青年干部廉洁自律的作风

中央苏区时期的廉政建设特别要求党政机关领导做到廉洁自律的带头作用，从严治党。苏区青年党政干部在思想政治教育下，在办公的时候都是自带干粮，不拿群众的一针一线，日日穿着草鞋干革命，夜夜走在山路上打着灯笼。真实地讲述了当时苏区党政机关干部干革命的工作、生活情景。正如山歌所唱：“苏区干部好作风，自带干粮去办公，日着草鞋干革命，夜打灯笼访贫农”。

党政机关干部主动节省了自己经济开销用于支援前线。在苏区有些地方的干部是没有工资的，只能领取到伙食费和穿衣服的费用。在 1934 年中央苏区的土

❶ 刘芳萍．中央苏区党风廉政建设研究［D］．南昌：江西师范大学，2017.

❷ 毛泽东：《国民精神总动员的政治方向》(1939 年 5 月 1 日)，1939 年 5 月 10《新中华报》.

❸ 中国井冈山干部学院．苏区风范［M］．北京：中央文献出版社，2011：143.

地上举行了一场节省的斗争，苏维埃政府发出“在四个月内节省出 80 万元而斗争”❶ 的号召。为了响应这个号召，家在苏区的青年党政机关干部，开始自带伙食来办公，不要公家的伙食费，节省经济用来支援战争。

苏区的党政机关干部不仅不要政府发工资，连伙食费也省去，从家里自带食物，这一做法是史无前例的，没有一个政府出现过这样的事例。所以，在老百姓的心目中苏区的党政机关干部都是清正廉洁的，使党政机关干部更能融入到老百姓当中。

（二）得到民众的拥护和支持，使党和人民群众关系密切

中央苏区时期，党和青年党政机关干部，与群众关系密切，处处为群众着想，时时刻刻关心群众的生活状态，及时发现群众在生活中遇到难以解决的问题，便立即为群众帮忙解决，直到群众满意为止。苏区的党政机关干部为老百姓们解决的问题有大有小，大的事情大到帮助农民实现土地解放、发展经济、分田地、造桥、建房子；小的事情小到群众的衣食住行，冷暖温饱，党政机关干部都竭尽全力地为群众找到解决的办法。

中央苏区的干部处处为老百姓着想的事迹一直在民间流传着，使得老百姓们非常的拥护和爱戴苏维埃政府，发自内心的认为“共产党真的好，所有的事情都会替我们着想。”❷

在中央苏区地区，在党和苏维埃政府全心全意的为人民服务下，心系群众，为民众解决困难和问题，与广大的人民的利益绑在一起，同甘共苦，清正廉洁。苏区的群众都是真心实意的拥护党，拥护革命，拥护苏维埃政府，影响了大批青年踊跃参军，前赴后继的奔赴战场，在历次战争中，中央苏区的群众也是对共产党和红军达到了完全的信任程度。

1. 中央苏区地区的群众都积极参军支持党和苏维埃政权

中央苏区的红军是保卫苏维埃政府的主力军，是反“围剿”国民党的前提和主要条件。只有红军部队的不断壮大，才能保证苏维埃事业的发展和稳定。

中央苏区的红军日益壮大离不开群众的支持，苏区地区群众在扩红工作当中体现了极大的热情和帮助。到处出现父母送子、妻子送郎积极加入红军的事迹，更有一位老母亲将自己的 7 个儿子加入红军，送到了战场上，追随共产党，长征路上 7 个儿子全部壮烈牺牲。根据当时的参加长征红军人数的统计，中央苏区红军出发时人数就有八万七千人，其中赣南地区出生的红军就有五六万人，赣南苏区为革命牺牲的烈士人数有两万三千多人，在长征的路上牺牲的人数有一万两千

---

❶ 何友良．中央苏区史研究的创新力作读余伯流、凌步机著《中央苏区史》［J］．江西社会科学，2002（4）：234.

❷ 毛泽东．毛泽东选集（第一卷）［M］．北京：人民出版社，1991：138.

名烈士，瑞金县为革命牺牲的人数也高达1.72万名烈士。❶ 长征路上，平均每公里就有3名赣南籍烈士倒下。

由此看来，中央苏区的老百姓都积极投入到革命队伍当中，广大的人民群众加入红军，加入共产党，这就是党和苏维埃政府为群众着想，与群众关系密切为群众利益考虑的结果。

2. 中央苏区的群众为红军部队提供了物质上的支援

苏区多年战争不断，再加上国民党对苏区进行的经济封锁，当时苏区的红军和人民群众的生活是处于极端困难的状态，物资极为匮乏。就是在这样艰苦的物质环境下，苏区的党政机关干部和工作人员，带头开展节约运动，省吃俭用，为了支援前线的战争，苏区的老百姓也是一如既往的支持和积极响应党和苏维埃政府的号召。

首先，粮食就是苏区红军战士的生命，瑞金、会昌、博生、石城在老百姓的支持下，短短一个月之内就收到了五万担谷子支持苏区前线的战斗。1934年2~3月期间，苏维埃政府号召所有苏区地区开展征收粮食的突击运动，得到了老百姓的积极支持和配合，截至1934年3月10日，整个中央苏区共收到19.8万担谷子。当年的7月更是以一倍以上的数量超额完成收集粮食的计划，粮食的充足为前线战斗的红军提供了物质的保障。

而后，为红军提供衣物、被褥等日常生活用品，为前线的战士送去了温暖，使红军的队伍越扩越大。在反“围剿”战争中，国民党对苏区进行了经济封锁，以至于粮食、武器以及日常用品极为缺乏。中央苏区的老百姓与政府党政机关的亲密关系，老百姓表现出极大的热情，为红军战士提供大量的生活物资。特别是苏区的劳动妇女们得到解放，妇女们成立妇女协会，每天做鞋子、缝被子。前线战士们穿的盖的都是苏区妇女同志们为他们提供的，妇女们的物质和人工的支持，为苏区事业发展提供了坚实的后勤保障。

面对中央苏区群众的无私奉献精神，周恩来总理曾经感慨道：“于都人民真好，苏区人民真亲”。

参考文献

[1] 毛泽东．毛泽东选集（第一卷）[M]．北京：人民出版社，1991.
[2] 毛泽东．毛泽东选集（第二卷）[M]．北京：人民出版社，1991.
[3] 中共江西省委党校，党史教研室．央革命根据地史料选编（中册）[M]．南昌：江西人民出版社，1982.
[4] 余伯流，凌步机．中央苏区史 [M]．南昌：江西人民出版社，2001.
[5] 袁征．中央苏区思想政治工作研究 [M]．南昌：江西高校出版社，1999，9.

❶ 中共赣州地委党史办编．赣南人民革命史 [M]．北京：中共党史出版社，1998：1.

[6] 王丽丽. 中央苏区妇女政治动员研究 [D]. 杭州: 浙江师范大学, 2016.

[7] 刘光华. 论中央苏区农民思想政治教育及其启示 [D]. 南昌: 江西师范大学, 2012.

[8] 胡军华. 异军与正道——以中央苏区妇女解放运动为考察 [D]. 上海: 华东师范大学, 2014.

[9] 谢思明. 中央苏区时期思想政治教育研究 [D]. 西安: 西安交通大学, 2014.

[10] 梁洋洋. 中央苏区妇女干部教育的历史考察与启示 [D]. 赣州: 江西理工大学, 2017.

[11] 徐鹏. 中央苏区时期思想政治教育当代价值研究 [D]. 南昌: 南昌大学, 2016.

[12] 李媛. 中央苏区农民思想政治教育研究 [D]. 赣州: 赣南师范大学, 2011.

[13] 张业振.《青年实话》与中央苏区青年思想政治教育 [D]. 北京: 中国青年政治学院, 2016.

[14] 韩玉霞. 新农村建设中的中国特色社会主义理论教育问题研究 [D]. 郑州: 郑州大学, 2010.

[15] 韩平. 中央苏区社会建设研究 [D]. 长沙: 湖南科技大学, 2014.

[16] 陈悦悦. 大革命时期党对妇女的思想政治教育及其启示 [J]. 重庆三峡学院学报, 2003 (5): 66 ~ 70.

[17] 胡军华. 异军与正道——对中央苏区妇女解放运动的历史考察 [J]. 苏区研究, 2017 (4): 128.

[18] 邱红霞. 农民的思想政治教育和建设社会主义新农村的关系 [J]. 法制与社会, 2008 (14): 205 ~ 206.

[19] 张弛. 论以人为本的中央苏区妇女解放运动 [J]. 理论月刊, 2010 (9): 54 ~ 56.

[20] 丁俊萍. 毛泽东农民革命思想与中国革命新道路的开辟 [J]. 井冈山大学学报 (社会科学版), 2018 (3): 55 ~ 64.

[21] 刘芸. 建设社会主义新农村与农民思想教育问题研究 [J]. 武汉科技大学, 2018 (5): 65 ~ 75.

[22] 戴超. 女性解放与政治解放的互动——共产党革命中的农村妇女动员 [J]. 中共宁波市委党校学报, 2013 (6): 114 ~ 119.

[23] 张宏卿, 肖文燕. "边缘化战略": 中共动员与中央苏区民众的基本利益、社会感情 [J]. 开放时代, 2011 (8): 35 ~ 56.

[24] 林祖华. 土地革命时期中国共产党解决民生问题的历史考察 [J]. 中国井冈山干部学院学报, 2016 (3): 60 ~ 68.

[25] 颜梅生. 少共国际师: 中国工农红军唯一的"少儿师" [J]. 钟山雨林, 2011 (2): 45 ~ 47.

[26] 陈胜华. 浅析毛泽东中央苏区经济建设思想 [J]. 佳木斯大学社会科学学报, 2003 (3): 13 ~ 15.

[27] 何辉, 周琴. 苏区局部执政的环境与执政资源的开发 [J]. 传承, 2007 (6): 319 ~ 321.

[28] 钟杭娣, 刘淑兰. 闽西时期客家妇女教育的探索与启示——以农村留守教育妇女位例 [J]. 宁德市师范学院学报 (哲学社会科学版), 2018 (1): 44 ~ 48.

[29] 仪淑丽, 杨卫明. 近代中国妇女教育的新实践——以闽西苏区妇女教育为考察对象

[J]. 闽西职业技术学院学报, 2011 (3): 14 ~ 17.
[30] 杨正午. 加强对农民的思想政治教育 [J]. 党建研究, 2000 (6): 6 ~ 8.
[31] 周竹梅. 我党在大革命时期妇女思想政治工作的主要特点及其启示 [J]. 昆明师范高等专科学校学报, 2004 (3): 53 ~ 56.
[32] 陈悦悦. 大革命时期党对妇女的思想政治教育及其启示 [J]. 重庆三峡学院学报, 2003 (5): 66 ~ 70.
[33] 钟小芳, 缪海君. 中央苏区思想政治工作的主要内容及当代价值 [J]. 科教导刊 (中旬刊), 2018 (5): 82 ~ 89.
[34] 李震雷. 革命时期党开展妇女思想政治教育的途径 [J]. 学理论, 2015 (27): 180 ~ 181.
[35] 曹京燕, 卢忠萍, 徐鹏. 中央苏区思想政治教育的当代价值探析 [J]. 思想理论教育导刊, 2016 (6): 115 ~ 119.
[36] 张蕊, 陈佳, 张静. 中国共产党早期工人思想政治教育的当代启示 [J]. 商丘职业技术学院学报, 2016 (6): 28 ~ 30.
[37] 梁培. "少共国际师" 的组建与编成 [J]. 中共党史研究, 2011 (10): 119 ~ 125.
[38] 刘海峰. "少共国际师" 在中央苏区 [J]. 党史文苑, 2012 (19): 36 ~ 39.
[39] 谢庐明. 苏区时期中国共产党青年工作的经验及其启示 [J]. 赣南师范学院学报, 2010 (2): 44 ~ 48.
[40] 丁德超, 程永锋. 试论苏区文化在嘉应学院人才培养中的作用 [J]. 嘉应学院学报, 2014 (1): 89 ~ 92.
[41] 雷结斌, 陈满生, 李琦. 中央苏区思想政治教育的实践性及启示 [J]. 教育评论, 2012 (1): 141 ~ 143.
[42] 王国梁. 中央苏区红色歌谣与当代青年思想政治教育的关系探析 [J]. 科教文汇, 2013 (12): 3 ~ 4.

第八章

中央苏区青年思想政治教育的启示

中央苏区时期，是中国共产党开展思想政治教育较为重要的阶段，党在内外交困的环境下，推行了富有成效的青年思想政治教育工作，青年的思想政治教育实践也取得了重大进展，中国共产党将马克思主义和中国革命的具体的实践结合起来，探索出了思想政治教育的新途径，尤其是探索出了一条党的青年思想政治教育工作的新道路，在不断地丰富青年思想政治教育的理论、内容、原则，以及完善制度、方式、方法等方面，都取得了独创性的经验和成果，对于开展好当前的青年思想政治教育工作，有着重要而深远的启示和意义。

第一节　中央苏区青年思想政治教育的规律

中央苏区开展的青年思想政治教育取得了一定成效，开展过程中的具体规律表现如下。

一、开展的前提

进行系统的马克思列宁主义和党的正确路线的教育，保证党的正确路线的贯彻执行，是中央苏区青年思想政治教育工作开展的前提。在中央苏区的思想政治教育工作中，马克思列宁主义的教育像一条红线贯穿始终，在任何情况下，都抓紧不放。[1] 这是因为，马克思列宁主义是指南针，是指引中国革命走向胜利的有力保障，只有更加努力地学习马克思列宁主义，研究马克思列宁给我们的宝贵、丰富的经验与教训，将马克思列宁主义来武装头脑，才能战胜敌人。[2] 在具体开展的马克思列宁主义的教育中，中国共产党十分重视进行马克思主义与中国实践相结合的党的路线、方针和政策的教育，洗刷各种阻碍党的路线、方针、政策执行的非无产阶级思想，使具体的理论与实际的群众生活、实际的工作经验结合起来，从实际工作中来认识党的正确方针和路线，从而完成引导党员坚定对于共产

---

❶ 袁征．论中央苏区的思想政治工作［J］．南昌大学学报（人文社会科学版），1993（2）：86～90.

❷ 钟小芳，缪海君．中央苏区思想政治工作的主要内容及当代价值［J］．科教导刊（中旬刊），2018-05-15.

主义信仰的决心，执行党的目前任务和决议。

二、遵循的方针

坚持为革命战争以及阶级斗争服务，有着明显的革命性和战时性，这是党的青年思想政治教育工作遵循的方针。这也对争取革命战争的最终胜利有着重要意义。政治工作是红军的生命线的这一论断，深刻揭示了思想政治工作的性质、宗旨、地位以及作用。在《古田会议决议》中，这个思想就已经被确立下来，后由周恩来在 1934 年的红军政治工作会议上明确表述出来，它是共产党从思想政治上建军的科学概括。在中央苏区的斗争中，在敌我力量对比悬殊的特殊情况下，中国共产党之所以能够战胜敌人取得革命的胜利，不但要从战略和战术上下工夫，还需要不断投入对革命执着的热诚，这都要靠推行强有力的思想政治教育不断鼓励广大的指战员，提升指战员的觉悟，激励指战员昂扬的斗志和饱满的热情。实践证明，对青年开展的卓有成效的思想政治教育工作是有效的战斗力的源泉，进行革命战争离不开党的青年思想政治教育工作。

三、工作的着力点

了解群众实际，关心群众需求，解决群众生活中的实际问题，关注青年群众的劳动实践，是党的青年思想政治教育工作的着力点。党中央颁布了系列法令，推行了多种政策，旨在保护广大群众的切身利益。同时把关心群众利益与引导青年群众提升自身觉悟相结合，赢得了广大群众的支持，扩大了革命的队伍。

毛泽东同志就如何组织与动员广大群众参加革命战争，有着深刻的见解。毛泽东指出："我们现在的中心任务是动员广大群众参加革命战争，以革命战争打倒帝国主义和国民党。如果我们单单动员人民进行战争，一点别的工作也不做，就不能达到战胜敌人的目的。因此，要领导农民进行土地斗争，解决农民的土地问题；增加农业生产；保障工人的利益；发展经济和贸易；解决群众的穿衣问题，吃饭问题，住房问题，柴米油盐问题，疾病卫生问题，婚姻问题。总之，一切群众的实际生活问题，都是我们应当注意的问题。假如我们对这些问题注意了，解决了，满足了群众的需要，我们就真正成了群众生活的组织者，群众就会真正围绕在我们的周围，热烈地拥护我们。在革命政府的周围团结起千百万群众，发展我们的革命战争，我们就能消灭一切反革命，我们就能夺取全中国"。[1]毛泽东同志的这一思想，既是对当时的革命战争的科学概括和经验总结，同时也是党的青年思想政治教育工作必须遵循的基本原则。

---

[1] 毛泽东．毛泽东选集（第一卷）[M]．北京：人民出版社，1967：122～123.

四、工作的关键

充分发挥党组织的领导作用，发挥党员干部的先锋模范作用，以及基层党支部的战斗堡垒作用，这是能够有效做好青年思想政治教育工作的关键。中央苏区各级党组织非常重视党的基层组织建设，要求将基层支部都建设成为教育、培养党员的学校，以及能够带领群众的核心，真正筑成一致战斗、精诚团结的堡垒。支部也要求每名党员同志都要朝着党的宣传员、党的战斗员和党的组织员的方向不断努力，在言行上始终保持一致，在言语上要获得群众的拥护和信任，在行动上要成为群众的代表。各级党政机关也时刻督促引导党员做到吃苦在前，享受在后，冲锋在前，退却在后。

当时的兴国县委也提出，所有的苏维埃干部都必须做到“十带头”，即带头参军参战、带头遵守党的纪律、带头学习政治军事、带头生产劳动、带头节约粮食和支援红军、带头执行勤务、带头购买公债、带头优待红军家属、带头集股办合作社、带头慰劳捐献；努力使自己成为“四模范”，即干部作风的模范、“扩红”的模范、经济文化建设的模范以及土地革命的模范。这种对党员干部和支部要求做到言行一致、以身作则的树典型、立模范的做法和方式，也是对思想政治教育者的基本要求，同时也是青年思想政治教育中的一条主要原则。如此，党的青年思想政治教育才能达到使人信服的效果。

五、独特作风

结合实际，开展调查研究，这是中央苏区党的青年思想政治教育的独特作风。以毛泽东同志为代表的党中央，在中央苏区时期开展的青年思想政治教育的过程中，尤其重视做到深入实际，开展调查，并根据调查要确定斗争的方法和策略，并告知大家，如果离开了实际的调查，就要陷入空想的泥潭。还统一了思想政治工作人员的社会调查提纲和调查表格。调查的内容涉及封建势力的情况、社会关系以及老百姓的诉求，调查结束后，依据调查结果，召开群众大会，结合实例揭露地主阶级，宣传党的路线、方针，分析革命的道理。通过调查研究的环节，开展宣传工作时就有了较为明确的针对性，这样更有针对性、做到了有的放矢，如此开展青年思想政治教育，也收到了良好的效果。

六、队伍建设

发动全员的力量来开展青年思想政治教育。中央苏区时期党的青年思想政治教育，设立了专业的宣传队伍。此外，还增加了广大的群众性宣传活动，将专业宣传队伍和群众性活动有机结合，体现出了广泛的群众性。在红军队伍中，要求军政一把手亲自抓思想政治教育工作，从上至下，有从事思想政治教育的骨干队伍，同时也有协助配合做好思想政治教育工作的队伍。

《古田会议决议》中明确提到，“以支队为单位，军队纵队直属队均各成一单位，每单位组织一个中队，队长队副各一人，宣传员十六人，挑夫一人（挑宣传品），公差二人，每个中队的宣传员分为若干分队（按照大队或其他部队与机关的数目定出分队的多少），每个分队有分队长一人，宣传员三人”。❶“红军到达一个县城只要三小时，宣传工作可以普遍”，群众说：“红军一到，满街鲜红，等于过年”，地方的思想政治工作队伍，除了各级党委宣传部门工作人员以及文化教育工作人员外，各县、区、乡也有宣传队，这些宣传队以党团员为中心，每队三人至五人，吸收两个至三个群众参加，同时必须有妇女参加以便临时向妇女群众作宣传鼓动。❷ 除了配备专业的思想政治教育工作队伍，中央苏区的所有党员和干部，都属于思想政治教育工作者。从苏维埃临时中央政府主席毛泽东同志、红军总司令朱德同志，到农村的普通党员和普通干部，到了哪里就将革命宣传到哪里，甚至有众多的普普通通的劳动妇女也加入到宣传的队伍中。

七、鲜明特色

形式多样、生动活泼、通俗易懂、涉及多领域，这是中央苏区青年思想政治工作的鲜明特色。在思想教育的手段和形式方面，中央苏区青年思想政治教育工作积累了宝贵经验。开展政治课、组织民主生活会、政治讨论会、个别谈话、办训练班、读书读报等都是开展青年思想政治教育工作的具体方式方法。就宣传教育而言，也有多种多样的形式，例如文字宣传、口头宣传、形象宣传。通过多种方式来进行文字宣传，如张贴布告、印发传单、出版图书杂志、刊发报纸等。还有不少的口头宣传，包括各种集会上的宣传鼓动报告、现场演讲宣传；军事方面的战前动员、战场鼓动等、学术方面开设的专题讲座。还有诸如电台、歌曲、画报、戏剧、漫画等形式的形象宣传，使得广大群众喜闻乐见，特别受到了青年人的欢迎，增强了教育的效果。

中央苏区时期，党的青年思想政治教育已涉及了政治、文化、经济等多领域，丰富、发展着中国共产党的思想政治教育的理论体系。

第二节　中央苏区青年思想政治教育的基本内容

中央苏区党的青年思想政治教育是中央苏区党的思想政治工作的重要内容和形式之一，其基本内容主要包括以下内容。

---

❶ 《中共中央文件选集》第5卷［M］. 北京：中共中央党校出版社，1990：821～822.

❷ 中央苏区中央局宣传部. 怎样做宣传鼓动工作［M］. 1932-04-15.

一、进行马克思主义基本理论教育

中央苏区时期，中国共产党的处境极其困难，开展了艰苦卓绝的斗争，为了进一步扩大和巩固革命根据地，共产党大力开展马克思主义的学习，推进马克思主义的大众化。1929 年，毛泽东在“关于纠正党内的错误思想”中指出，“党内不正确思想的原因之一是缺乏对党员作正确路线的教育”，“纠正主观主义的方法之一就是教育党员用马克思列宁主义的方法去作政治形势的分析和阶级势力的估量，以代替主观主义的分析和估量”。

充分认识到高度重视是带领青年开展好马克思主义理论学习的前提。共产党通过各类文件、通知、指示等，为强化马克思主义的学习教育作出具体的规划与安排。中共中央下发的《关于党内教育计划致各级党部的信》，其中就指出，要有针对性、有目的的逐步提升党内政治理论水平，用马克思列宁主义的思想武装所有同志头脑，定期开展教育工作。党中央派出党内干部到各类学校亲自授课，指导青年学习，开展系统教育。毛泽东讲授《苏维埃运动史》《乡苏维埃怎样工作》，还多次作了时事报告。在领导干部的重视下，党内领导干部的素养进一步提升，党内青年的马克思主义理论水平得到了提升，同时也影响到了各级学校。

重视学习教育宣传队伍作用的发挥。通过组建以广大青年党员干部与红军战士为主力军的队伍，不断建设队伍，较好的发挥了广大青年军民的主观能动性，一定程度上实现了马克思主义的大众化。党中央多次强调，宣传工作是每个党员的工作，要使宣传能够深入到群众，每个党员，甚至是每个赤色工会会员，都应负起责任。中央苏区时期建立的马克思主义宣传队伍，有长期固定的、也有临时短期的，还有的是跨部门组建的，他们成为中央苏区马克思主义大众化中不可替代的重要推动力量。

构建起了马克思主义大众化多层次的网格传播渠道。涵盖了从中央到地方的，以宣传教育、刊发出版等形式的纵向渠道。同时，包含了各级文化机构的横向渠道。中央宣传部成为常设机构，下设审查科、翻译科、材料科、统计科、出版科、编辑委员会与文化工作委员会。中央苏区的省委宣传部门也应运而生，承担指导全省宣传工作的职责。对于基层支部宣传干事的职责和工作内容进行了规定。同时，中央教育人民委员部成立，下设初等教育局、高等教育局、社会教育局、艺术局、编审局等。这些机关、部门、科室的设立，成了马克思主义大众化传播的主渠道。

注重马克思主义大众化的方法和实效。主张以学校和社会教育为主的马克思主义大众化传播。结合当时的实际，开始推行各类型的学校教育，提高民众的基本文化水平，创办了小学、大学以及专科学校等，不断加强对人民群众关于革命理论的教育，使马克思主义教育不断推进。共产党人坚持从实际出发，站在人民群众的立场，以鲜活的语言创作出标语、红色歌谣、歌舞、戏剧，以人民群众喜闻乐见的方式宣传党的理论、方针、政策，教育人民群众，以实现党在中央苏区马克思主义基本理论的教育。此外，共产党非常重视用创办红色报刊来开展马克思主义教育，当时创办了各类大小报刊30余种，对党的理论、路线进行宣传，巩固扩大了革命果实，也证明了红色报刊的宣传是开展马克思主义教育的重要方式。

中央苏区的思想政治教育从多个方面、多角度，要求全党带领青年努力学习马克思主义的基本理论，用以解决中国当时的实际问题，证明其必须使之与中国实际相结合才能取得成功。也正是在学习马克思主义的过程中不断与中国实际相结合，才形成中国化的马克思主义的理论成果，才能指导中国革命和建设不断取得胜利。

二、开展人生观和价值观的教育

中央苏区的政权建立初期，共产党面临着许许多多的问题，处境极为艰难，最为迫切的是青年文化水平低、没有目标、没有理想。中国革命的现实决定了其需要获得广大青年的理解和认同，共产党也深刻意识到，这都需要从源头抓起，唤醒青年的意识，引导青年树立正确的人生观和价值观，从而树立远大的革命理想。

坚持为人民服务的价值原则。中央苏区时期，毛泽东根据党的性质明确指出，党和军队的基本价值是为人民服务。毛泽东在《关心群众生活，注意工作方法》中提到："我们对广大群众的切身利益问题。群众的生活问题，就一点也不能疏忽，一点也不能看轻"，"从土地、劳动问题，到柴米油问题。……一切这些群众生活上的问题，都应该把它提到自己的议事日程上来。……要让广大农民明白党是代表他们的利益的，是和他们呼吸相通的"。以毛泽东同志为代表的中国共产党人和党所领导的人民军队的基本价值原则就是为人民的利益而努力，甚至是不惜付出自己的生命。

善于提炼教育学习内容。中央苏区青年思想政治教育工作是始终服务于革命战争这一党的中心任务的。为了确保青年的思想政治教育服务于革命战争，党中央规定，群众思想政治工作的主要任务，就是通过教育和学习的方式来提升其政治觉悟和科学文化水平，激发其热情，动员其参加到革命斗争中去。中国共产党广泛宣传党、红军和苏维埃政府性质、任务和宗旨，集中代表了广大人民群众的根本利益，也体现了群众的愿望和要求。通过各类通俗易懂的方式，把革命的原因、方式和目的传达给青年，在革命斗争的实践中，共产党人通过严格要求、不断激励等方式逐步激发人民群众完成自己的历史使命的主动性与自觉性。围绕为什么要革命，如何才能翻身，革命成功后能获得什么这些内容，开展人生观和价值观的教育，较好地引导了青年树立了对革命事业坚定不移的信念。

深入普及革命教育及丰富学习形式。1931 年，中华苏维埃第一次全国代表大会通过了《中华苏维埃共和国宪法大纲》，其中就规定："中国苏维埃政权以保证工农劳苦民众有受教育的权利为目的，在进行阶级战争许可的范围内，应开始施行完全免费的普及教育"。中央苏区教育的对象是广大的工农群众，尤其针对青年是普及性的教育。在教育工作的具体落实中，为保证受教育的广泛性，开展了多种多样的办学形式，针对青年开设了专门的红军教育学校，考虑到青年群体的多样实际，还开设了非学校的教育形式，如干部训练班，定期的会议培训学习教育，业余教育等，取得了良好效果。

重点改革教学内容和改进教学方法。为了让青年群众能够更容易理解革命的内容、意义和宗旨，提高参与革命的热情，激发革命斗志，中央苏区结合了战争环境和青年群众的实际情况，教育凸显出了革命性和通俗易懂性，便于当时文化水平低的青年易于接收和理解。在教学方法的改进方面，毛泽东提出了"十项教授法"，引入了启发式教学、情景教学等内容，形象生动，取得了较好的教学效果。

中国共产党开展的党的性质、宗旨及人生观、价值观的教育，极大地提高了广大党员理论素养与水平，更为重要的是促进青年的心理及精神面貌发生了大的变化，乃至青年的人生观、价值观也发生了变化，较大鼓励了中央苏区青年的革命斗志，为革命的主要力量的发展壮大提供了坚实的保障。

三、进行革命纪律的教育

中央苏区时期，随着执政地位的变化，党内违反党章党纪的现象时有发生，中国共产党也清醒地认识到，如不能克服党内的各种非无产阶级思想，将不利于革命胜利果实的巩固，为了保持好共产党的先进性和战斗力，中国共产党组织开展了革命纪律的学习教育，积累了宝贵的历史经验。

推行"三大纪律"和"八项注意"，强化教育。"三大纪律"和"八项注意"最早于 1927 年中国革命军到达荆竹山时由毛泽东提出，在中央苏区广为传播，并得到进一步的推进。"三大纪律"是指：行动听指挥；不拿工人农民一点东西；打土豪要归公。"八项注意"即：上门板；捆铺草；说话和气；买卖公平；借东西要还；损坏东西要赔；洗澡避女人；不搜俘虏腰包。这是针对部队官兵提出的要严格遵守的纪律，也是对人民军队最早提出的纪律要求。"三大纪律"和"八项注意"提出后，深深教育了红军战士，成为人民军队纪律建设的基本原则。当地群众还把其内容编进了红色歌谣中，歌颂红军铁的纪律、艰苦奋斗，这些优良的品行在群众中广为传唱。

严格干部要求，注重培养教育。中央苏区环境艰苦，这就要求广大党员干部在革命实践中保持勤俭节约，抵制腐败退化，克服艰难困苦，发扬优良作风，不断地锻造自身的革命性，做党和人民需要的、具有好作风的好干部。党中央通过各种方式，通过正反两个方面，不断加强党员的学习教育，在学习中引导党员干部保持先进性。在党内开展批评与自我批评，引导党员干部时刻反省自我，不断围绕清正廉洁、为民服务的理念，提高党员干部思想理论水平，从而提升其个人觉悟。当时的政策也明确规定，党员干部必须带好头严守党的纪律，党组织也必须执行纪律，对违反党纪的党员干部要依法追究其责任，对违反党纪的组织也要进行处理。

进一步完善法规制度建设。以毛泽东为代表的中国共产党坚持从严治党、治军，对自己领导的革命军队提出了相关纪律和注意事项的严格要求。对于严重违纪违法的人员严肃处理，决不姑息。针对党的内部纪律松散的情况，1931 年 11 月苏区召开党代会，会上明确提到："严格执行党的铁的纪律，是严密并巩固党的组织，提高党在群众中威信的方法。现在各政权机关红军及各种群众组织中，多半是党员担负着最重要的工作。为要保障这些同志真正成为群众中的模范者，防止一切腐化官僚化贪污等现象的产生，党必须严格地执行纪律。"关于政权管理方面，出台了《政府工作人员惩办条例》《关于惩治贪污浪费行为》等制度；在群众监督制度上，通过了《工农检查处问题的决议案》，发布了《怎样检举贪污浪费》等指示，形成了较为完善的法规以及监察体制。

纪律严明是我们党和军队的光荣传统。纪律严明是中国共产党不变色、是党和军队有战斗力的保证。在党的青年思想政治教育过程中，只有保持艰苦奋斗这一共产党人的政治本色，才能克服一切困难，不断取得革命和建设事业的胜利。其过程中克服了各种艰难困苦，并以此作为行动指南，取得青年群众对于共产党的信任和尊敬，激发了青年的革命斗志。

四、启发青年群体的革命觉悟

在对青年的具体教育中，揭露帝国主义、封建主义、国民党军阀政府的滔天罪行，讲清工农群众灾难深重的原因，启发青年的革命觉悟，扩大党的政治影响，使他们了解共产党的宗旨、了解红军和苏维埃政权的性质和任务，从而唤起广大的青年群体起来开展土地革命，建立和巩固苏维埃政权，发展苏区经济，支援革命战争。1930 年 11 月颁布的《扩大红军的具体办法》写道："要使革命得到确切的保证，要完成我们推翻统治阶级的任务，就一定要参加红军。汇合全国几百万红军的力量与工农暴动，彻底消灭帝国主义、军阀制度，争取全国胜利，工农群众才能得到最后的解放与和平。"1932 年 4 月 21 日，毛泽东、项英、张国焘联名在《红色中华》上发表《关于动员对日宣战的训令》，指出："只有中国工农劳苦大众，才是真正反帝国主义的力量，只有苏维埃红军，才能对日本帝国主义进行民族革命战争。”

五、强化时事政策的现实教育

让青年群体了解粉碎敌人“围剿”的意义，了解这一战争与他们本身的关系，然后使他们认识自己应该做些什么工作，尽些什么责任。1934 年 5 月 19 日，《斗争》报发表“中共中央给各级党部党团和动员机关的信”。公开信指出：“已经到来的最近几个月的决战，将要决定我们的生存或者死亡，是争取我们胜利和敌人死亡的最残酷的决战的关头。”《斗争》报还配发社论“争取决战面前扩红突击的胜利”，强调指出：“‘扩红’计划完成与否的问题，直接就是我们胜利或者死亡的问题。”

六、宣传维护土地革命成果的意义

不断激发青年的革命积极性，针对一些群众分得了土地，能够吃饱饭，乐于居家过日子，不愿参加革命的心态，教育他们懂得如果国民党反动派反攻倒算，那么已经取得的革命成果将可能付之东流，因此只有踊跃参加红军，才能维护自己的利益，捍卫自己的政权，长久当家做主人。通过“扩红”运动中先进人物和事迹的宣传，营造“扩红”运动氛围。红色媒体对各个时期“扩红”运动中的先进事迹和人物进行了大量报道。如红色中华报曾先后刊载了题为“扩大红军的模范乡”“劳动妇女送郎当红军”“鼓动儿子去当红军”等文章，呼吁“全苏区的劳动妇女们，要来鼓励自己的丈夫和儿子到前方去，争取战争全部胜利”。此外，还通过会议、通报、奖状等形式进行表彰。在 1934 年 1 月 27 日全国第二次工农兵代表大会上，毛泽东对“扩红”模范乡——长冈乡、才溪乡进行了表彰，时任中共中央局瑞金突击队队长的金维映、总政治部驻兴国突击工作组组长罗荣桓、兴国县委书记兼突击队队长谢名仁、全总执行局西岗突击队队长邓振询等都因“扩红”有功受到了中央表彰，并获模范突击队奖旗。

七、加强拥军优属政策的宣传和解释

打消部分群众，特别是青年的后顾之忧。为调动苏区群众，尤其是青年参加红军的积极性，同时解除他们参军后的后顾之忧，中央制定了许多拥军优属政策，鼓励广大群众加入革命队伍。如何使群众知晓这些政策，也是“扩红”运动中宣传工作的一项重要任务。例如，1932 年 2 月 1 日，中华苏维埃共和国颁布了执行优待红军条例的 19 项实施办法，《红色中华》分两期及时对办法进行了宣传报道。除对上述内容进行宣传外，中央还加大了对“扩红”运动中的方式方法、经验措施、“扩红”政策等方面的宣传。

第三节 中央苏区青年思想政治教育的方法

毛泽东同志坚持马克思主义与中国实际相结合，不仅创立了思想政治工作理论，而且提出了一系列思想政治工作的原则，如党的领导的原则、马克思主义指导的原则，实事求是、灌输教育、积极引导、与群众物质利益相结合、循序渐进等原则。尤其是在“关心群众生活，注意工作方法”一文中对思想政治工作与群众物质利益相结合的原则作了全面论述，毛泽东指出，为了完成动员广大人民群众参加革命战争的中心任务，就要关心群众的物质利益。他说：“我们对于广大群众的切身利益问题，群众的生活问题，就一点也不能疏忽，一点也不能看轻。”“要群众拿出他们的全力放到战线上去么？那么，就得和群众在一起，就得去发动群众的积极性，就得关心群众的痛痒，就得真心实意地为群众谋利益，解决群众的一切问题。”

中央苏区党的青年思想政治工作经过长期实践经验积累，形成了一系列原则，这些原则现已成为思想政治工作科学理论的核心内容和思想精华。如理论与实际相结合的原则；发扬民主与正确指导相结合的原则；思想政治工作结合经济、业务工作一道做的原则；物质鼓励与精神鼓励相结合，以精神鼓励为主的原则；解决思想问题与解决实际问题相结合的原则；身教同言教相结合，以身教为主的原则；表扬与批评相结合，以表扬为主的原则；耐心说服教育与严守组织纪律的原则，等等。这些原则是我们在各项工作过程中正确处理教育与管理、政治与经济、思想与实际、精神与物质等各种关系，解决人与事、人与人、事与事之间矛盾的重要依据。这些原则充分体现了以马列主义和马克思主义中国化理论成果为指导的中国共产党人的管理哲学，它们不仅对做好思想教育工作具有重要意义，而且对做好现代管理工作也具有深远的指导意义。

以毛泽东为代表的中国共产党人在实践中还探索和总结了一系列行之有效的思想政治工作方法，从而保障开展思想政治工作的实效。概括起来主要有以下工作方法。

一、说服教育法

毛泽东指出，在社会主义条件下，社会矛盾主要的表现为人民内部矛盾，而人民内部矛盾和人们的思想认识问题，只能通过摆事实，讲道理，用民主的、讨论的、说服教育的方法，通过教育疏导去解决。而不能用命令的方法、强制的方法去解决，否则，不但没有实效，反而是有害的。比如，为了反对王明的“左”倾机会主义，毛泽东先后找王稼祥、张闻天、周恩来、朱德、彭德怀等人促膝谈心，在关键时刻，让党内越来越多的同志认识到左倾机会主义的危害，接受毛泽东同志等人的正确主张，最终确立了毛泽东同志在党和红军中的领导地位，在关键时刻挽救了党、挽救了红军、挽救了革命。针对军政大学中有部分青年不了解情况而发牢骚的现象，毛泽东同志亲自做说服教育工作，使青年人消除了思想上的疑虑，积极投身革命。毛泽东指出："凡属于思想性质的问题，凡属于人民内部的争论问题，只能用民主的方法去解决，只能用讨论的方法、批评的方法、说服教育的方法去解决，而不能用强制的、压服的方法去解决。"这不仅为用说服教育的方法做思想政治工作树立了榜样，而且为我们通过说服教育方式开展思想政治工作奠定了理论基础。

二、批评与自我批评的方法

毛泽东指出，我们党的性质决定了我们的党是最善于讲民主的，只有这样，党才有凝聚力，才能从群众中吸取智慧，也才能有效地宣传群众、动员群众和组织群众。毛泽东多次指出，批评与自我批评是坚持真理、修正错误的好方法，是人民进行自我教育和自我改造的好方法。我们党在革命实践中形成了三大优良作风，其中就包括了批评与自我批评这一优良作风。批评与自我批评不仅是我们党的优良传统，而且是做好思想政治工作的一条基本方法。

三、以情动人的方法

思想政治工作的对象是人，人是有感情的，人非草木，孰能无情。思想政治工作要收到实效，实现人的思想观念的转化，必须触动人的情感，这要求我们在思想政治工作实践中既要晓之以理，又要动之以情。为此，在思想政治工作中，思想政治工作者要学会关心人、体贴人和帮助人。以毛泽东为代表的中国共产党人经常关心群众的生活，并在体贴人的基础上与群众建立了深厚的情谊，为开展青年思想政治教育树立了典范。

四、载体多样化和特色化

中央苏区青年思想政治工作的载体主要有标语、布告、宣传单、新闻出版物、红色中华新闻台、漫画、邮票、戏剧和山歌等。1928 年，中共江西省第二次代表大会指出以党或政府的名义出版宣传单、标语、漫画、邮票和歌曲等载体来宣传革命，让更多的群众了解和参与革命。基于这个认识，毛泽东到达井冈山后，通过带领红军战士在街头巷尾刷写标语和发放传单等形式宣传共产党的革命主张。1931 年苏区成立中央出版局，根据《江西苏区图书出版物研究》显示苏区出版的图书达到 428 种，根据《中央苏区报刊图史》显示苏区的报刊种类有 312 种。其中，《红色中华》《红星》《青年实话》和《斗争》四种报刊的发行量曾达到 12 万份，被称为中央苏区最具影响力的四大红色报刊。苏维埃政府利用缴获敌人的电台创办了红色中华新闻台，这是我国最早的红色广播电视机构。苏维埃政府运用刚刚成立的中华新闻台发布了第一次全国苏维埃代表大会召开的消息。苏维埃政府运用漫画、邮票和山歌等通俗易懂的形式，使群众能够深刻理解思想政治教育的内涵，增强群众参加土地革命的积极性和主动性。

五、针对性的教育方法

中央苏区时期，青年思想政治工作的主要任务是服务和服从于党的中心工作，根据教育对象的不同确立不同的教学内容和教学方法，有针对性地对党员、干部、红军和群众开展思想政治工作。针对红军队伍中存在的无产阶级思想，红军政治部有计划、有步骤地在红军队伍中开展了革命形势教育、红军常识教育、政治常识教育和军民关系教育。通过印制马克思主义理论读本、小册子、创办党报、召开党员支部大会和讨论会等对苏区党员进行马克思主义理论教育和党的基本知识教育。针对苏区干部存在纪律松懈和思想极端等问题，通过马克思主义理论教育、党的基本理论知识教育、阶级教育和纪律教育等形式对其开展思想政治教育。苏区通过宣传党的方针政策和革命主张等形式对群众进行思想政治教育。对一般群众的思想政治教育主要通过创办业余学校、开展扫盲运动和群众文化活动，将思想政治教育内容融入到文化教育之中。针对深受封建思想严重影响的妇女，对其灌输男女平等的思想。

六、扩大工作有效覆盖面

建立和发展团的组织，将青年团结起来。共青团江西省委统计，截至 1932 年 1 月，江西苏区兴国、于都、胜利等 15 个县统计，共有团员 10389 人，而同时期全省有党员约 15000 人。1932 年 11 月 15 日开幕的苏区共青团第一次代表大会，对此问题引起了重视。会议通过的《团的建设问题决议》指出："广泛发展团的组织，应成为目前团的建设工作中最主要的任务。"此后，共青团组织出现了迅速发展的局面。江西、福建两省 1933 年 5 月底，共青团员发展到 73780 人，比 1932 年春增加 6 倍以上。红军部队中，据 1933 年 9 月统计，"党团员占全体战士 45.5%""军事指挥员中党团员占 55.1%"。

针对青年特点，开展宣传鼓动和政治教育工作，提高青年的革命觉悟和文化科学水平开办团校和各种训练班，或组织短期的列宁学校、青年俱乐部、干部学校、或办团员流动训练班、或选拔优秀团员到学校学习、少先队员去红军学校接受训练等教育青年群众。在团队组织内，建立夜校、识字班、阅报室、读书班，成立俱乐部、列宁室；组织各种研究小组、讲演组；举办报告会、讨论会；组织歌舞团、演剧队，开展体育、游艺活动等，来进行政治、文化教育工作。在中央苏区，团的支部、小组普遍成立了读报小组，定时地、有组织地阅读党、团报刊，对青年进行马列主义教育、革命形势教育和团的纪律教育。在红军部队中，各连部组织有读报班、讲演班、成立了俱乐部、列宁室，团支部把读报活动与识字活动、演讲活动结合起来，既丰富活跃了团的组织生活，又使团员学到了文化知识，受到了思想教育。同时，出版发行《青年实话》《少先先锋》《列宁青年》《团的建设》《时刻准备着》《红孩儿报》等报刊；编印《识字课本》《少队读本》《少队游戏》《革命歌曲集》《革命山歌小调集》等学习材料和各种宣传品；组织墙报、壁报、画报等，来广泛发动青年，进行宣传教育工作。从1931年起，除团中央、少先队中央总部、中央儿童局出版了机关刊物外，江西、湘赣、闽浙赣、湘鄂赣等省的团、队和儿童团省级机关也都先后出版了机关刊物，共有十多种。这些刊物既是宣传党和苏维埃政府各项方针、政策的喉舌，也是活跃苏区团队组织、青年文化教育的良好教材。

第四节　中央苏区青年思想政治教育的历史经验

中央苏区思想政治工作，尤其是青年思想政治教育工作所取得的这些独创性经验，是我们党的宝贵的精神财富，对如今而言，有着重要的借鉴与参考价值。

一、服务和服从于党的中心工作

中央苏区时期，中国共产党为了确保思想政治工作能够准确服务、服从于当时党和工农红军的政治总任务，而对当时的思想政治工作道路出台了多项规定——党史的所有工作都要服从于革命战争，都要服务于革命战争，这是当时党的革命战争和阶级斗争能够赢得胜利的一切工作的要求。1932年10月27日，在第四次反“围剿”战争中，红军总政治部发出了《关于粉碎敌人大举进攻的政治工作训令》，要求在红军队伍中必须保证党的绝对领导，用党的统一意志来领导红军；在敌军中的中心任务是争取白军士兵群众，瓦解敌军；在地方群众中应加紧争取白区群众，争取苏区的扩大，优待红军家属，巩固和发展苏维埃区域，造成红军极巩固的后方；1933年7月7日，中央教育人民委员部第四号训令强调：“在目前一切给予战争，一切服从斗争利益这一国内战争环境中，苏区文化教育不应是和平的建设事业，恰恰相反，文化教育应成为战争动员一个不可缺少的力量，提高广大群众的政治文化水平，吸引广大群众积极参加一切战争动员工作。”❶ 毛泽东在《中华苏维埃共和国中央执行委员会与人民委员会对第二次全国苏维埃代表大会的报告》中，指出思想政治文化教育的任务是：“为着革命战争的胜利，为着苏维埃政权的巩固与发展，为着动员群众的一切力量加入伟大的

---

❶ 苏区教育资料选编［M］. 南昌：江西人民出版社，1981：12.

革命战争，为着创造革命的新后代。”❶

二、坚持党的领导地位

《古田会议决议》对党的思想政治工作进行了经验的初步总结和理论的概括，规定了党对红军绝对领导的原则，并把思想建设放在党的建设的首位。规定在红军中要建立党的领导中枢，促进全党的各级组织厉行集中指导下的民主生活，实行集体领导的原则，一切工作必须在经过党的讨论和决议之后，再通过群众路线的方法去执行；党的领导机关要有正确的指导路线，上级机关要明了下级机关的情况和群众生活的情况，成为正确指导的基础。上级机关的重要决议，应迅速传达到下级机关和党员群众中去，并研究贯彻执行的具体办法。在解决党对军队实行政治领导的同时，强调要搞好党的自身建设，要加强党的政治建设、组织建设以及思想建设，把思想建设放在首位。只有形成全党思想上的统一，才能实现政治上的统一和组织上的统一，才能使党和红军团结一致，有坚强的战斗力。党不断加强青年思想政治教育工作，把思想政治教育渗透到各个方面，建立和加强各级党的组织和政治工作机关，进一步发挥它们的威力。在加强政治工作中，应着重做好思想工作，政治思想工作做好了，人的积极性和创造性就能充分发挥出来，党的战斗力也就增强了。

三、重视马列主义的学习和宣传

中共苏区的党组织和苏维埃政府，对于学习和宣传马克思列宁主义非常重视。在残酷的战争环境里，苏区党和政府根据苏区的实际情况，为了切实提高广大干部的马列主义理论水平，创办了许多种报刊，出版和翻印了大量的革命书籍。

在瑞金，用木版印刷了一批《共产党宣言》。当时发行量达几万份的中共苏区中央局机关报《斗争》，在1934年7月21日发行的第68期上，刊载了马克思在1853年6月为美国《纽约每日论坛》报写的社论“中国革命和欧洲革命”以及恩格斯1857年5月为该报写的重要评论“波斯和中国”的全译文。这时正值中央苏区第五次反“围剿”前夕，它们的发表对鼓舞根据地人民和工农红军继续进行艰苦的革命斗争，具有现实意义。1933年3月14日是马克思逝世50周年，中共中央在3月17日作出决议，要求各地组织纪念大会，报告马克思主义学说，编译马列主义理论基础知识等小册子。这些活动都密切结合中国革命斗争的实际，产生了很好的效果，激发了大家学习马列主义理论的积极性。由于条件艰苦，缺乏印刷设备和纸张，即使是像中央苏区这样最大的革命根据地，马列主

❶ 毛泽东．苏维埃的文化教育［M］．红色中华，1934-01-26.

义理论著作印刷的数量也不能满足大家要求，一些同志就抄下马列主义著作进行学习。

为了加强中央苏区和群众马克思列宁主义基本理论教育，党曾采取了多种办法：一是组织读报班，读党报、小册子和决议案，从这里面提出问题讨论；二是在支部大会或特别召集干部会议，作浅显的政治理论问题报告；三是组织各种问题研究会；四是出版各种问题的小册子并收集和编写其他材料供给党员作研究的参考。当时还创办了红军大学、苏维埃大学、马克思共产主义学校等许多干部教育学校，培养了大批的政治理论工作干部。

由于马列主义理论的宣传教育，苏区农民的政治觉悟不断提高，无论男女老幼，都能唱国际歌、少先队歌等。群众的阶级意识很强，无论三岁孩童或者八十岁的老人，都痛恨地主阶级，尤其是被青年人普遍接受，打倒帝国主义和地主阶级，拥护苏维埃及拥护共产党的主张，已经深入人心，这也是思想政治教育卓有成效的关键所在。

四、重视党内青年思想政治教育

在农村革命根据地中建党，必然使党内的农民成分大量地增加。为了保持共产党的无产阶级先锋队性质，毛泽东特别重视党的无产阶级思想领导和思想政治教育。他说："我们感觉无产阶级思想领导的问题，是一个非常重要的问题。边界各县的党，几乎完全是农民成分的党，若不给以无产阶级的思想领导，其趋向是会要错误的。"[1] 为了加强党的思想领导，必须重视党内思想教育。为此，他撰写了"井冈山的斗争""中国的红色政权为什么能够存在?"，亲自主持召开了湘赣边区党的第二次代表大会，着重总结了在创建红军和革命根据地过程中建党的经验，加强对党员和干部的思想政治教育。当时，由于受到左倾盲动主义的干扰和一月斗争的失败，红军和根据地有些党员和干部提出了"红旗到底还能打多久?""红色政权到底能否存在下去"。毛泽东针对上述问题，科学地论证了中国红色政权能够存在和发展的五个主要条件，使红军和根据地的广大党员、干部和群众逐步树立和坚定了革命必胜的信念，解决了党内外群众思想上的疑难问题，鼓舞人们坚持不懈地斗争。同时，毛泽东十分注意把说理与实际斗争结合起来，克服左、右倾机会主义思想，克服地方主义和家族观念，克服土籍和客籍两部分党员之间的不团结问题，从而大大加强了党内思想政治教育的针对性有效。

五、团结群众，关心群众生活

在革命根据地的思想政治工作中，毛泽东很重视把思想政治教育与关心群众

[1] 毛泽东．毛泽东选集（第一卷）[M]．北京：人民出版社，1966：76．

生活结合起来，以提高青年思想政治教育的效果。为此，他在 1934 年 1 月召开的第二次全国工农代表大会上作的结论中，专门讲了关心群众生活，注意工作方法的问题。首先，讲了依靠人民群众进行革命战争的重大意义，提出了“人民群众是真正的铜墙铁壁”的科学论断，教育党员干部要相信群众，依靠群众，密切联系群众。其次，讲了实现党的中心任务与关心群众生活的关系，认为只有关心群众的切身利益，使群众把自己的切身利益同土地革命战争紧密联系起来，他们才会积极参加和拥护革命战争，保卫苏维埃政权。再次，提出了群众路线的领导方式和工作方法，强调必须坚持实事求是的工作方法，反对官僚主义的工作方法；必须坚持耐心说服的工作方法，反对命令主义的工作方法。一切应从群众中来，然后又回到群众中去，接受群众实践的检验；必须从群众的日常生活问题做起，解决他们迫切需要解决的问题，如盐的问题、米的问题、房子的问题、衣的问题、生小孩子的问题等，然后对他们的思想加以引导，提高到关心整个农民的解放和民族的解放。实践证明，关心群众生活，注意工作方法，是青年思想政治教育工作的优良传统，任何时候都必须坚持和发扬这一优良传统。

六、与文化知识教育融合

在中央苏区时期，中国共产党的思想政治教育中，提倡将思想政治教育和大众文化教育有机结合起来。以党的理论、路线、方针等相关的口号、标语作为认字的教材，在曾经开展的识字运动中达成了使人民群众识字的同时受到思想政治教育，起到了双倍的效果。《工农兵三字经》这篇教材的开头就写道：“天地间，人最灵；创造者，工农兵；男和女，都是人；一不平，大家鸣”；识字课本“造福”一文的内容是：“造福人，不享福，雇农自己没有谷，泥匠自己没有屋，裁缝穿着破衣服。”当时的很多通识教育教材、课本，以浅显易懂的文字较为深刻地揭露了国民党反动派的腐朽，同时也反映了那些生存在高度压迫之下的工人们、农民们和士兵们悲惨的生活状况，激发人民群众的同情心，同时也提出工农兵们唯有靠自己，团结一致，齐心协力，走革命的道路，才能寻找到光明的出路。还充分发挥了群众性戏剧和文娱宣传的作用，在俱乐部和工农剧社的带动下，中央苏区的群众几乎全部都会唱当时流行的红歌。1930 年 10 月 7 日，赣西南特委书记刘士奇，在给中央的报告中写道：“苏府范围内的农民，无论男女老幼，都能明白国际歌，少先歌，十骂反革命，十骂国民党，十骂蒋介石，红军歌及各种革命歌曲。尤其是阶级意识强，无论三岁小孩，八十岁老人，都痛恨地主阶级。打倒帝国主义，拥护苏维埃及拥护共产党的主张，几乎成了每个群众的口头禅。”[1]

---

[1] 中央革命根据地词典［M］. 北京：档案出版社，1993：165.

七、将青年工作作为党的群众工作的重要内容

1929年7月，《中共闽西第一次代表大会之政治决议案》指出："青年工农群众在革命中有很大力量而且有特殊要求，发动广大青年群众参加革命是十分必要的。"❶ 1930年11月24日，江西省行委通告第11号《加紧团的工作号召广大青年群众实行阶级决战与团目前的工作》指出："青年工作是整个的革命工作中最主要的部分，这不是站在青年工作的观点来争论的，这是为了整个的中国革命利益而着想的，假如革命没有广大的英勇青年群众参加革命是难取得胜利的，这就是说青年运动做得不好，团的工作不健全确实是要影响整个的革命运动革命必然不能顺利的向前开展和胜利，这是在过去一切的革命斗争中都证明了青年的伟大作用，表现了青年的英勇斗争力量。"❷ 中央苏区青年在党的领导下，在苏维埃政府的领导下，在政治方面做到拥护党和苏维埃政权，在军事方面做到参军参战，在经济方面做到积极参加土地革命，在宣传教育方面成为党的助手和后备力量。

八、建立具有领导核心的苏区青年工作网

1930年底，为加强对苏区共青团工作的领导，当时设在上海的共青团中央，派出两名同志前往中央苏区；1931年2月，正式开展筹备，准备成立共青团苏区中央局；1931年4月，原共青团中央组织部长顾作霖、任弼时、王稼祥抵达江西宁都县青塘乡，少共苏区中央局正式成立，少共苏区中央局书记由顾作霖兼任；1931年7月，机关报《青年实话》刊发；1932年1月15～20日，苏区共青团第一次代表大会在瑞金召开，产生了领导机构，书记由顾作霖担任，秘书长由张爱萍担任，组织部长由胡均鹤担任，宣传部长由陆定一担任。除了设置秘书处、宣传部、组织部外，还设有经济法权部、苏区少先队中央总队部、中央儿童局等部门，并且还开办了列宁团校。中央苏区共青团第一次代表大会，通过的《红军中团的工作决议》中提到，团组织隶属于党组织系统下开展工作，团组织不能成立单独支部，而应纳入党支部中，建立了列宁青年组，在党支部的领导下开展各项工作。军事学校中应设立独立的团支部，要求处在中国共产党的领导之下。之后，在红军中，团的工作的重要性和意义也被认识并逐渐加以重视，提出了将广泛发展团组织，作为团组织建设中最重要的任务。

---

❶ 江西省档案馆，中共江西省委党校党史教研室．中央革命根据地史料选编（中册）[G]．南昌：江西人民出版社，1982：124.

❷ 江西省档案馆，中共江西省委党校党史教研室．中央革命根据地史料选编（下册）[G]．南昌：江西人民出版社，1982：725.

第五节 中央苏区青年思想政治教育的当代价值

现如今，各种思潮冲击着人们的思想观念，给党的青年思想政治工作带来许多新的课题，中央苏区党的青年思想政治教育工作模式、方法为现今党的青年思想政治教育工作提供了参考和借鉴，促使青年健康发展和成长，并在建设中国特色社会主义的伟大实践中发挥积极作用，是一项重要课题。

一、正确认识思想政治教育地位

高度重视思想政治教育的作用，加强对青年的思想政治教育，是中国共产党的优良传统和政治优势。党在中央苏区时期，始终把青年的思想政治教育作为教育群众、组织群众和动员群众为实现其自身利益而奋斗的强大思想武器，一再强调思想政治工作是一切工作的生命线，是团结人民群众实现各项任务的中心环节，是党的重要政治优势，是党的历史经验和结晶。党正是靠着思想政治教育，有效克服党内、军队、群众中的分歧以及有害的思想，团结一心，夺取胜利的。中国共产党不断深化和创新关于思想政治教育地位与作用的理论，对于我们在新的历史起点上进一步推动思想政治教育的发展，做好青年思想政治教育工作，具有十分重要的理论意义和现实价值。

二、重视和正确认识青年

在中央苏区，以毛泽东为代表的中国共产党人，高瞻远瞩，从战略高度看待青年、重视青年，在各个方面争取青年人的力量，并分别从关系党的革命力量的发展、革命事业的成败等角度，着眼、着手、着力于认识开展青年和思想政治教育工作。青年是未来的生力军，在社会不断向前发展的过程中，青年并不是作为独立阶级而存在的，一旦青年们逐渐成长起来，在接触社会的过程中，一定会和社会中的某一阶级或者是某一政治力量有着接触，经过一段时间的体验经历后，他们会慢慢融入到某一阶级当中去。可以毫不夸张地说，谁赢得了青年群体，谁就将拥有了光明的未来。党对青年群体寄予了厚望，一定要培育好青年一代，习近平总书记曾说，“广大青年生逢其时，也重任在肩。中华民族伟大复兴，绝不是轻轻松松、敲锣打鼓就能实现的，我们必须准备付出更为艰巨、更为艰苦的努力。广大青年要成为实现中华民族伟大复兴的生力军，肩负起国家和民族的希望。”[1] 当代青年是同新时代共同前进的一代。我们面临的新时代，既是近代以来中华民族发展的最好时代，也是实现中华民族伟大复兴的最关键时代。广大青

---

[1] 习近平．在北京大学师生座谈会上的讲话［J］．中国高等教育，2018-05-03.

年既拥有广阔发展空间，也承载着伟大时代使命。

三、青年工作要坚持党的领导

中央苏区时期，青年的运动都直接受到党的领导和密切关怀。在各个重要阶段，在充分尊重青年的组织的独立性前提下，再加之各级青年组织中党员的先锋带头模范行动和广大青年们的衷心拥护，党中央为青年运动及时地指明了政治方向、工作方针和政策，从而实现对各地各级青年运动的正确领导。在坚持党领导的前提下，各地的各级青年组织都建立了有效的职能系统，这既充分考虑到了青年们的特点，又明确了青年们在党的各项中心工作中发挥出的积极作用。这一宝贵经验充分显示，青年群体的作用发挥得如何、发挥得是否充分，关键是在于能否坚持党的正确领导。青年的群体都有着其自身的特质，青年工作也有着属于它自身的鲜明的特殊性和时代性。既坚持了青年组织的独立性，又遵循了青年成长发展的规律和自身特点。这样，一来能激发和调动青年的积极性和主动性，二来保证了党的正确政治方向和有力领导。有效地引导青年将精力投入到党的各项工作中去，让青年们在革命和建设的广阔天地中，充分施展好各自的才华，为着保家卫国，为着建功立业，在青春中闪光发热。

四、青年思想政治教育坚持以青年为本

思想政治教育本质上是做人的工作，正确把握人的思想认识特点和行为活动规律，使人们的思想向社会发展所需要的方向转变，是思想政治教育的立足点和出发点。青年思想政治教育更是如此，贴近青年的实际、贴近青年的生活。在思想政治教育中坚持以人为本，必须充分重视并满足人的物质和精神需求这一支配人们思想行为的基本因素，把发挥人的能动作用与满足人的利益结合起来，在思想政治教育中充分体现人文关怀，既教育人、引导人、鼓舞人，又尊重人、理解人、关心人，切实保障人民群众的政治、经济和文化权益，不断提高青年的文化素养和思想道德素质，促进全面发展。坚持贴近实际、贴近生活、贴近群众是思想政治教育以人为本的实现途径，只有立足于社会主义初级阶段这个最大的实际，面向改革开放和现代化建设的火热生活，准确把握新形势下青年人思想活动的新特点，才能提高青年思想政治教育的感召力、亲和力和说服力。

五、创新青年思想政治教育的方式方法

根据党的中心任务与思想政治教育内容的变化，不断探索和改进适合时代特点和形势需要的思想政治教育的方式方法，是党的思想政治教育的优良传统。中国共产党的思想政治教育实践，形成了极为丰富的青年思想政治教育方式方法。如正面引导为主，妥善处理思想理论领域的问题；把解决思想问题同解决实际问

题结合起来；典型引路，把先进性要求和广泛性要求紧密结合起来；把开展丰富多彩的文化活动与思想教育结合起来；坚持教育与管理相结合，把耐心细致的思想教育同科学规范的严格管理结合起来；充分调动群众在思想政治教育中的主动精神，把说理教育和形象化教育、有意识教育和无意识教育、灌输教育和自我教育有机结合起来等，有效解决了思想政治教育“船”与“桥”的问题。

现如今，人们思想活动的独立性、选择性、多变性、差异性不断增强，社会思想日趋多元、多样、多变，这些对不断创新改进思想政治教育方式方法提出了更新、更高的要求。只有在坚持过去行之有效的好方法的同时，不断探索青年思想政治教育的新手段和方法，善于把现代社会的新知识、新手段，如网络、新闻媒体、影视音像、各学科知识等，与思想政治教育紧密结合起来，才能增强青年思想政治教育的吸引力。

六、重视青年思想政治教育的机构队伍建设

坚持和改善党的领导，建立健全组织机构和职能部门，加大人才培养和队伍建设力度，建设高素质的思想政治教育队伍，是思想政治教育的组织保障。组织机构与职能部门建设是思想政治教育的依托，党成立后，就建立了相应的宣传教育职能部门。在人民军队中建立了以党委制、政治委员制和政治机关制为核心的政治工作制度。之后也在不断健全完善各级宣传职能部门，在全国范围确立了由中央统一领导，以党的各级组织为基础，各级宣传职能部门负责实施、动员社会各方面力量共同参与的思想政治教育领导体制和运行机制，为思想政治教育的社会化奠定了坚实基础。

加强队伍自身建设是思想政治教育的关键性因素。革命战争年代，思想政治教育之所以有威力，很重要的原因就在于政工人员以身作则。新的时期，党对思想政治教育队伍提出了政治强、业务精、纪律严、作风正的标准，要求打造一支数量相对稳定、学历水平逐步提高、年龄构成日趋合理、知识结构和专业特长互促互补，思想理论好，综合素质高、具有丰富党务工作和群众工作经验的复合型政工干部队伍，只有以自身实际行动为群众作出表率，才能把真理的力量和人格的力量统一起来，使青年思想政治教育更具说服力和感召力。

七、青年思想政治教育重视青年成长

中央苏区时期，以毛泽东同志为代表的中国共产党人非常重视青年的成长发展的道路问题，毛泽东强调革命为了工农，革命依靠工农，人民群众是历史的创造者。青年的自然缺点是缺乏经验，部分青年知识分子存在个人主义和主观主义的弱点。根据当时的国内环境形势与革命工作的需要，党为了使青年人更加了解中国农村的事迹情况和人民疾苦处境，使深化对中国革命问题的理论和党的方针

政策的理解，使与工农群体的感情增进，使心中的责任感、使命感增强，使自觉投身于人民革命的这股历史洪流之中，开始有计划地号召并组织青年辅助地方政府工作，深入到工农群众当中去，积极动员参与各项革命斗争活动。这一历史经验显现了：青年群体、青年人只有坚持走“理论联系实际”，“与工农群众相结合”的道路，他们才能得到正确的发展道路。现在，中华民族伟大复兴和中国特色社会主义现代化建设的宏伟事业正渴求着大批的人才，时代向青年发出了召唤，呼唤青年努力成长成才。

在新的历史条件下，在这一培育青年的成功经验，我们党要积极引导广大青年，像习近平总书记曾说的，“广大青年既是追梦者，也是圆梦人。追梦需要激情和理想，圆梦需要奋斗和奉献。广大青年应该在奋斗中释放青春激情、追逐青春理想，以青春之我、奋斗之我，为民族复兴铺路架桥，为祖国建设添砖加瓦。坚持好、发展好中国特色社会主义，把我国建设成为社会主义现代化强国，是一项长期任务，需要一代又一代人接续奋斗。我们的今天就是这样走过来的，我们的明天需要青年人接着奋斗下去，一代接着一代不断前进。”唯有促使青年努力成长，才能为民族复兴和社会主义现代化建设的搭建出美好未来。

八、促进青年思想政治教育的制度化与科学化

规章制度建设是思想政治教育的重要保证。中央苏区时期，党通过制定各种党内和军队规章，明确规定了宣传思想教育工作的地位、作用、领导体制、方针原则，逐步建立了党和人民军队的思想政治教育制度，颁布了各类规定和条款，初步形成了思想政治教育领导管理体制和相应机制。毛泽东早在《古田会议决议》中就提出实现党内思想教育科学化的愿景。如今，思想政治教育理论研究也得到空前发展，为思想政治教育学科发展奠定了坚实根基，青年思想政治教育中，不断地使思想政治教育制度化、科学化，使思想政治教育真正走上科学化、系统化、正规化的发展道路。

九、青年思想政治教育必须从教育对象出发

科学确定教育目标，合理选择教育内容和方法。科学地认识思想政治工作的对象，是确定思想政治工作目标和内容的前提，也是增强思想政治工作实效性的保证。中央苏区时期，党从中心任务出发，根据教育对象的实际情况，分别确立不同的教育目标和任务。井冈山革命根据地时期，毛泽东多次强调：“红军宣传员找群众谈话首先要放下官架子，要看不同对象说不同的话，不能讲一大篇。”红军政治工作领导人罗荣桓后来强调说：“连队的政治教育，主要是实事求是，基本教育应有充分的现实内容，切忌任何抽象的东西，一切问题要从战士能够领会讲起。”新时期的思想政治教育工作，同样要求教育者要根据思想政治教育的

差异性原则要求，从教育对象的实际出发，联系社会生活的实际，掌握教育对象的思想动态，选择合适的教育内容和方法，从而增强教育的针对性。

十、青年思想政治教育要注重隐性教育

革命战争时期，党思想政治教育的一个重要特点就是把思想政治教育与战争、生产、生活、学习结合起来。例如，早晚点名讲话时士兵要呼政治口号；文化课结合政治内容来进行教学；扫盲活动与思想教育结合起来，规定每人每天认识五六个字，每天记一条标语，等等。“综合影响”与“渐次发展”规律是人的思想形成发展的基本规律，因此寓教于乐，寓教于文，把思想政治教育贯穿于人们的生活、学习、工作、休闲之中，使人在潜移默化中接受教育是增强思想政治教育实效性的重要途径。当前，随着生产力的发展，现代传媒技术的遍及，物质生活和精神生活的不断丰富，影响人们思想形成的因素越来越多。因此，党的青年思想政治教育必须扩大和寻找新的教育载体，进一步把思想政治教育渗透到青年的工作、学习、生活、娱乐中去，形成齐抓共管的思想政治教育网络，使思想政治教育产生合力。

中国共产党将苏区青年工作作为群众工作的重要组成部分，开展了卓有成效的青年工作，确保了苏维埃革命的开展，初步显示出党苏区局部执政的政治优势和组织优势，积累了宝贵的经验，在中共党史和青年运动史上具有十分重要的地位。

中国共产党在中央苏区革命和建设实践中，注重对全体青年进行思想动员，开展了较为系统的思想政治教育，作为夺取政权、开展建设的有力思想武器，重视思想政治教育巨大的能动作用，形成了党的青年思想政治教育的优良传统和宝贵经验，对于加强和改进当前党的青年思想政治教育，具有极为重要的理论和实践意义。

参考文献

[1] 刘勉玉．中央苏区三年游击战争史［M］．南昌：江西人民出版社，1993.
[2] 肖小华．试析中央苏区时期思想政治教育的针对性［J］．福建党史月刊，2008（3）.
[3] 陈建华．谈苏区高等教育的办学特点［J］．江西大学学报（社会科学版），1991（3）.
[4] 马齐彬，黄少群等．中央革命根据地史社［M］．南昌：江西人民出版，1986.
[5] 编写组．湘赣革命根据地斗争史［M］．南昌：江西人民出版社，1982.
[6] 毛泽东．苏维埃的文化教育［N］．红色中华．二苏大特刊第3期，1964-01-26.
[7] 本书编委会．军队政治工作历史资料（第3册）［M］．北京：解放军出版社，1982.
[8] 刘佳．中央苏区时期毛泽东对意识形态建设的重要贡献与启示［J］．井冈山大学学报（社会科学版），2014（3）.
[9] 江西省档案馆，中共江西省委党校党史教研室．中央革命根据地史料选编（中册）［G］．

南昌：江西人民出版社，1982.
[10] 江西省档案馆，中共江西省委党校党史教研室．中央革命根据地史料选编（下册）[G]．南昌：江西人民出版社，1982.
[11] 红军中团的工作决议——苏区第一次代表大会通过 [R]，1932-01-16.
[12] 江怀．红军历史上的“少共国际师”[J]．档案天地，2006（2）.
[13] 周爱民．任弼时同志出席兴国团代会 [M]．南昌：江西人民出版社，1981.
[14] 陈毅，肖华．回忆中央苏区 [M]．南昌：江西人民出版社，1981.
[15] 江西苏区中共省委工作总结报告 [G]．江西省档案馆，中共江西省委党校党史教研室．中央革命根据地史料选编（上册）．南昌：江西人民出版社，1982.
[16] 团的建设问题决议案——苏区团第一次代表大会通过 [R]，1932-01.
[17] 贺昌．红军全国政治工作会议 [N]．红星报，1934-02.
[18] 毛泽东农村调查文集 [M]．北京：人民出版社，1982.
[19] 邵雍．苏区少年先锋队述略 [J]．江西师范大学学报，2007（4）.
[20] 顾作霖．建立团报的领导作用 [N]．青年实话，1931-07-01.
[21] 共青团中央青运史研究室．中国青年运动史 [M]．北京：中国青年出版社，1982.
[22] 谢济堂．中央苏区革命歌谣选集 [M]．厦门：鹭江出版社，1990.

后　记

青年群体，作为整个社会最有朝气、最有生气、最能代表社会发展方向的一个群体，是促进社会的发展与变革的重要生力军。把党的路线、方针、政策，积极贯彻落实到各项青年工作和青年群众中的重要保证，就是做好对青年的思想政治教育工作。帮助引导广大青年树立崇高的理想，并能将社会理想和人生理想相结合，将自己的个人奋斗与中国特色社会主义共同理想紧密结合，在为党和人民的事业奋斗中实现辉煌人生，不仅能促使青年们健康成长，并且能促使青年群体在建设中国特色社会主义伟大事业中坚定理想信念，发挥积极作用。

思想政治教育，一直以来便是党的优良传统和政治优势，中央苏区的青年思想政治教育工作，是在中国共产党的领导下，结合中央苏区的实际情况，在革命斗争的实践过程中逐步形成的，是宣传党的路线、方针和政策，以及引导青年坚持正确的思想政治教育与青年实际相结合的产物，促进青年不断提高其思想觉悟。

中央苏区时期的青年思想政治教育坚持的指导方针是坚持为苏维埃建设服务，坚持将对青年的思想政治教育与青年群众的劳动实践相结合。中央苏区青年思想政治教育坚持为革命战争和阶级斗争服务，在其思想政治教育的内容、思想政治教育的方式方法、思想政治教育的形式等方面，体现了浓厚的马克思主义色彩，并且非常注重利用各类载体开展教育，如当时的红色报刊、图画、标语、当时盛行的演说、红色电台、戏剧等多种生动形象的教育方式，坚持理论与实际结合，丰富了青年思想政治教育的形式和内容，也为日后的抗日战争、解放战争等提供了良好的青年思想政治教育经验。

在当时的环境下，中央苏区的青年思想受到赣闽文化、革命形势和青年自身因素的影响，使得苏区的青年思想政治工作的发展具有其独特的历程。面对日益严峻的革命形势，急需在苏区开展青年思想政治工作，动员青年群体加入革命的队伍，持续革命的热情，其方式方法的运用恰到好处，工作开展得卓有成效，大批青年加入了革命战争，并且团员青年在革命斗争中都发挥了主体作用，巩固了苏维埃政权。

在硝烟弥漫的战火中，苏区青年拥护革命、拥护中国共产党，为苏区的生产运动和革命战争做出杰出贡献，这就在于苏区的青年思想政治工作做得好。共青团组织通过利益保障的方式满足了青年的现实需求，尤其是在赣南一带，毛泽东在调查时发现，客家青年妇女生活比较悲惨。在客家有“男逸妇劳”的传统，因此，妇女在要承担家庭中绝大部分劳动，没有任何的人身自由和政治地位，她们的痛苦要比一切人大。正所谓：“痛苦越大，解放的渴望程度就越大”，共产党深知客家青年妇女的需求，找到了打开妇女之心的钥匙，不仅从形式上给予妇女平等地位，还带领广大青年妇女用自己的力量去斗争。这不仅激发了广大青年妇女参与革命的热情，还动员了大批青年投身到革命中来，广大青年不断增强认同感，积极拥护共产党和中华苏维埃政府，增强了中国共产党的权威。

时代赋予青年的责任和青年自身的身心发展特征决定了这一群体成为中国共产党思想政治教育的对象。中央苏区高度重视青年思想，加强系统领导，关心青年群众发展，深入了解青年群众需求，把提高青年思想觉悟同关心青年利益相结合，后来这成为中央苏区党的思想政治工作的重点经验和特点。在中央苏区，由于革命形势的迫切需求，吸纳当地的青年参与革命是中国共产党的重要任务。党和共青团组织为了调动青年参与革命的热情，带领广大青年农民进行土地改革，轰轰烈烈的土地改革把革命推向了高潮，一时间大批青年农民纷纷加入工农红军。战时组建的工会、少先队、儿童团、赤卫队、轻骑队、互济会和女子农妇代表会等组织，广大青年都积极加入。毛泽东曾在中华苏维埃第二次全国代表大会上说：“江西长冈乡青年壮年男子中，一百个人里有八十个当红军去了，福建才溪乡一百个人里有八十八个当红军去了”。与此同时，苏区的女青年，她们不仅参加生产、支前、扩红、侦察和策反工作，而且还直接参加战斗，据统计，长冈乡的赤卫队中妇女就占了全队的75%，少年先锋队中女子占80%。在很大程度上，这无疑唤醒了青年的革命意识，提高了青年参与革命战争的热情。

在中央苏区战火纷飞的峥嵘岁月里，广大青年身上体现出了不怕牺牲、无私奉献的精神，一切为了苏维埃，广大青年倾其所有，积极参军支前，支援红军和革命战争。从1930年到1934年，中央苏区进行的五次反“围剿”过程中，共青团组织积极配合党的工作，一方面动员广大团员青年和少先队员积极参与革命战争，另一方面动员大家努力耕种，多打粮食，保证前线的红军战士吃得饱、穿得暖。尤其后期，由于敌人的军事“围剿”和对苏区的经济封锁，苏区食盐严重匮乏，青年们通过各种途径到敌人占领区购买食盐，不少青年遭遇到了敌人的追捕、献出了年轻的生命；有的为了节约粮食和盐，每天只吃三四两粮食。在如此艰难的条件下，正是青年的无私奉献，牢牢巩固了苏维埃政权。

综上所述，中央苏区的青年思想政治教育成效明显，其意义重大，更是为后期思想政治教育的开展提供了经验和参考。这也正是我们研究中央苏区青年思想政治教育的意义所在。

在撰写本书的一年多的时间里，从最开始思考的思路，到花了大量时间收集各类资料，到最终框架的确定，随后进行各章节的编写、修改等各个环节，花费了巨大精力。青年思想政治教育涉及研究领域面宽广，中央苏区的青年思想政治教育研究史料非常有限。在这一前提下，对中央苏区的青年思想政治教育进行深入研究，探究其特点、规律，有效地丰富了青年思想政治教育的研究成果，为今后更好地开展苏区青年思想政治教育提供借鉴，同时也为今后更好更深入地开展青年思想政治教育起到积极的促进作用。

本书在拟定框架的过程中，要感谢魏建克博士和严九发博士提出了许多好的建议；在资料整理过程中，要感谢曾素芬、张和立和何伟等人的辛勤付出。本书由江西理工大学资助出版，要感谢江西理工大学相关领导和部门的大力支持。虽然在写作的过程中，也遭遇了重重困难，但是，我们还是秉着为青年思想政治教育工作的发展尽绵薄之力的初衷，克服每一个障碍，最终完成此书。但愿此书能给中央苏区青年思想政治教育研究提供借鉴，为当今青年思想政治教育发展带来一丝微光，给人们一丝启发！

作　者

2019 年 10 月 1 日